陕西省社科著作资助出版项目
西安文理学院学术专著出版基金资助项目
国家社科基金项目《关陇名人祠庙保护与文化传承研究》资助

丝路明珠
大慈恩寺与大雁塔

贾俊侠　张大兴　王博　著

陕西新华出版
陕西人民教育出版社
·西安·

图书在版编目（CIP）数据

丝路明珠：大慈恩寺与大雁塔／贾俊侠，张大兴，王博著. -- 西安：陕西人民教育出版社，2024.4
ISBN 978-7-5450-9336-0

Ⅰ.①丝… Ⅱ.①贾… ②张… ③王… Ⅲ.①佛教-寺庙-介绍-西安②佛塔-古塔-介绍-西安 Ⅳ.①B947.241.1②K928.75

中国国家版本馆 CIP 数据核字（2023）第 068995 号

丝路明珠：大慈恩寺与大雁塔
贾俊侠　张大兴　王　博　著

出版发行	陕西人民教育出版社
地　　址	西安市丈八五路 58 号
邮　　编	710077
印　　刷	陕西金集贤实业有限公司
开　　本	787 mm×1092 mm　1/16
印　　张	21
字　　数	300 千字
版　　次	2024 年 4 月第 1 版
印　　次	2024 年 4 月第 1 次印刷
书　　号	ISBN 978-7-5450-9336-0
定　　价	58.00 元

序

这两年，贾俊侠教授相继多次与我联系，讨论有关玄奘和大慈恩寺的相关问题，还曾因为带领学生到大慈恩寺考察之事，请我帮忙联系对接。在这些交往的过程中，我知道贾老师对唐代的玄奘大师怀有深切的崇敬，对玄奘身上所凝结的那段辉煌历史情有独钟，对唐代的大慈恩寺特别是留存至今的大雁塔心存敬畏与自豪，所以，她不但对相关研究工作充满热情，而且在文献的解读、文物的考察等方面也非常认真。

前段时间，贾老师发来一部名为《丝路明珠：大慈恩寺与大雁塔》的书稿，我才知道原来贾老师已写成一部专著。我初阅后的感觉是，该书从书名到各章的标题，从结构到行文，都非常新颖，不禁令人随喜赞叹。贾老师向我索序，其实也是给我一个同结善缘的机会，我就借贾老师给我的这个珍贵平台，谈一些想法，也算是对贾老师大作出版的祝贺与回应。

贾老师的书名正标题是《丝路明珠》，也就是说，贾老师对大慈恩寺与大雁塔的总体定位已经突破了常见的佛教宗派史、译经史、建筑史、政教关系史以及长安地方文化史等方面的观察进路，而是从横跨欧亚大陆、贯通古代中国与世界的丝绸之路人类文明交往史的角度进行定位。这也是联合国教科文组织 2014 年将大雁塔列入"丝绸之路：长安-天山廊道路网"

这一世界文化遗产名录之后第一部从丝绸之路视角定位大慈恩寺和大雁塔的学术专著。从丝绸之路人类文明交往的视角观察、探讨、评价玄奘及其主要译经场所大慈恩寺，这是一种视野的开拓、境界的提升，只有这样，才能更加真切地把握到玄奘的伟大之处以及大慈恩寺的历史地位。

记得在2013年9月的"文明自觉论"高层论坛的发言中，我曾经将人类文明交往划分为四个阶段，除了前丝绸之路时期和目前正在露出曙光的人类文明交往新时代之外，人类历史上最具世界文化格局塑造力的文明交往阶段其实只有两个：一是在轴心时代之后逐渐形成的丝绸之路，架构起古代人类文明交往的第一平台，在长达两千年的历史中，成为古代世界文明交往的主轴，深刻影响了不同文明的内涵和体系；二是16世纪地理大发现之后的新航路，以大西洋为中心，西方与世界各地之间的文明交往成为全球交往的主轴，西方文明以现代文明的角色引领全球发生巨大变革，形成传统与现代这一主体性文明关系，重新塑造了人类文明存在与发展的格局，开启了全球化的人类发展新方向。

人类文明交往的这两个历史阶段在中国体现得极为深刻，其中丝绸之路架构的人类文明交往在中国突出体现在佛教传入中国，改变了中国文化的结构，重新塑造了中华民族的精神，形成儒佛道并立互补的中华文化体系；新航路开启的人类文明交往，在中国体现为洋务运动对西方物质文明的学习，戊戌变法和辛亥革命对西方制度文明的借鉴，新文化运动开始热情迎接"德先生"和"赛先生"等西方文化的根本精神以及马克思主义的到来，这一文化传播过程也深刻影响了中国文化的内在结构，重塑了中华民族的精神。当然，新航路以后的人类文明交往也引发了全球性的文明冲突，于是回顾并借鉴丝绸之路时期人类文明交往的历史经验，便成为这个时代的必然呼唤。

那么，丝绸之路所架构起来的人类文明交往到底有何值得借鉴的历史经验呢？2014年6月，联合国教科文组织将丝绸之路列入世界文化遗产名录时，主持这一工作的世界遗产委员会认为，"丝绸之路是东西方之间融合、交流和对话之路，近两千年以来为人类的共同繁荣做出了重要的贡献"。我们又该如何理解这一定位呢？2017年12月，我在以"世界新丝路时代新征程"为主题的"长安与罗马对话"的演讲中，提出丝绸之路人类文明交往的特点主要体现在以下五个方面：

多向交通：即在东西框架下的多途沟通，从而在空间关系方面形成多方对接、次第相连的特征，建构了丝绸之路文明交往时期的多个空间彼此链接、相互依存的空间互动关系。从宏观上来看，这种多向交通主要由四条通道支撑起来，从北向南依次是草原丝绸之路、沙漠绿洲丝绸之路、西南丝绸之路和海上丝绸之路。四条通道都是宏观视野下的存在，实际的交通路线在不同时期和不同地段都呈现出动态演化的特征，而四条通道之间也存在着相互呼应与彼此对接的复杂关系。这种多向度的交通框架本质上是丝绸之路文明交往在空间关系上的彼此依存与相互沟通的体现。

多极支撑：丝绸之路所贯通的文明交往不是中国一家的事情，而是希腊及随后的罗马、印度、中东等很多国家和地区共同发起、共同促成的多边文明交往的壮举。从东方来看，当然中国具有主体的支撑性，一个东方大国推动并维系着丝绸之路东端的长期挺立与西向延伸。但若从西方来讲，西方探索通往东方的道路也带着对财富的期待、对东方神韵的幻想，堪称一种充满浪漫、充满神秘、充满期待的探险之旅，其中也蕴含着强劲的支撑与推动之力。中国、印度、中东、欧洲四极支撑下的丝绸之路文明交往框架牵动着无数个国家和地区，它们像珍珠一样镶嵌在丝绸之路上，形成一个又一个的支撑点。这与新航路开辟之后的人类文明交往格局有很大的不同，因为新航路开辟之后的文明交往是以西欧为中心的强势挤压下的文明交往，具有明显的一极化倾向。

多系链接：即丝绸之路所贯通的文明交往链接着社会的各个系统，尤其是最重要的社会系统，如经济、政治和文化。总体上看，丝绸之路上行走的，有怀抱发财梦想的商人，有出使他国的使节，有率领千军万马的将军，有随民族迁徙的民众，有边塞采风的浪漫诗人，更有虽然清贫但怀着虔诚信仰的传教之士。但最重要的其实是三类文明交往，即经济贸易驱动的物质文明交往，军事冲突与外交往来所激发的政治文明交往，以信仰为基础的各种精神文明交往。所以，丝绸之路不仅仅是一条商贸之路，也是一条政治交往之路，更是一条以宗教文化为主题的精神文明的传播之路。商贸是永恒的动力，外交是强劲的引领，而信仰驱使下的宗教文化往来则是最深厚的维系。多个社会系统的相互链接，使文明交往具有了丰富的内涵，构成丝绸之路的灿烂画卷。

多元互鉴：即丝绸之路人类文明交往是不同地区不同类型的文明之间的交流与互鉴，不像新航路开辟之后的文明交往，一元性强，单向性明显，全球被裹挟在西方文化的体系之中，其他各种文明根基受损，遭遇强势挤压，至今未能摆脱由此所带来的严峻挑战。丝绸之路的多元性文明交往贯通了中华文明、印度文明、阿拉伯文明和欧洲文明等人类最重要的四大文明。在这种多元性交往过程中，不同文明根基牢靠，彼此独立，相互尊重，在此前提下相互借鉴。在那个时代，尽管一个文明区在拓展过程中会伴随着文化的前后更替与走向合一，但不同文明体系之间却是平等的交流。这种平等交流总体上保持了友好和平的态势，同时在空间和时间方面，也保持了逐渐展开、次第推进的交往过程。

多方受益：丝绸之路人类文明交往给所有相关方都带来了好处。以中印两地来说，中国从印度获得了佛教文化，并在实现了中国化之后，与儒道两家并驾齐驱，在互补中圆融一体，终于重构了中华文化的结构，重塑了中华民族的精神，成为古代中国所获得的最深厚的外来文化馈赠。而印度则获得中国的很多物质文明成果，如钢铁、制糖以及丝绸、纸张等涉及民众日常生活的产品及其制作技术。从中国的角度来说，这个处在世界东方的大国，因为丝绸之路而与整个世界连接在一起，由此而融入国际社会，与遥远的南亚、西亚和欧洲建立了密切的关系，从而以自己的智慧以及智慧所创造的成果，如四大发明，影响了整个世界，为人类做出了巨大的贡献，同时也获得来自欧洲、印度和中东地区的很多文明成就，形成了以"胡"命名的很多物质文明和精神文明的馈赠，胡麻、胡桃、胡椒、胡瓜、胡本、胡语、胡乐、胡舞等，极大地丰富了中国的文化与生活。正是因为这种互惠性和多方同时受益的交往效果，才使得丝绸之路成为沿线各国共同推动与共同维系的文明交往之路。

在丝绸之路所架构的人类文明交往总体格局下观察玄奘，我们必然会发现几个彼此交织的重要史实：大唐时代的长安，以当时世界人口最多、规模最大的宏丽景象，成为丝绸之路的东方起点，以开放包容的雄姿，迎接世界各地的客人，并由此直通世界各地，将中国的丝绸等各种商品与文化传向异国他乡，堪称开启和支撑丝绸之路文明交往的第一桥头堡；大慈恩寺作为皇家寺院，号称仿照历史上佛陀驻锡的祇园精舍格式而建，寺域宏阔，殿堂巍峨，犹如天上宫阙，以崇高的地位和恢弘的气势，矗立在长安东南高地上，成为那个时代文化活动最繁荣也最有影响力的佛教文化基地；玄奘，这位在那个时代沿着丝绸之路走的最远、见识最多的中国人，以西天取经的惊天伟业和威震丝路的无上荣耀，应皇帝之请，入主大慈恩寺，主持当时规格与水平最高、成果与影响最著的翻译活动，成为丝路历史上不同语言文献翻译活动的典范，既是人类文明交往的一面旗帜，也是中华文化基本体系的主要塑造者；大雁塔，这座由高宗特批、皇室资助、玄奘创意并亲手参与建设的慈恩寺浮图，珍藏西天取回的经像及上万粒佛舍利，不仅成为慈恩神韵的第一象征，也为整个长安城乃至漫漫丝路嵌上一颗瑰丽的明珠,闪耀着人类文明交往的灿烂光芒。

这些彼此交织着的史实圆融一体,蕴涵着一股勃发的精神气象,与那个时代的大唐长安彼此激荡,成就了中华民族的千年自豪。特别是在以下四个方面,依然值得我们感佩与借鉴。

开放与自信:玄奘西天取经,慈恩译经,体现了中国人虚心向外国学习的精神。那个时候的大唐,尤其是长安城,与玄奘的这种精神也是完全呼应的。长安城对外开放,兼容并蓄,勇于承认不足,积极向外国学习。大慈恩寺大规模翻译外来经典,新思想的传入受到国家支持。而当时向外国学习的主体是佛教文化,从当时中国文化的总体态势来讲,这种文化更加精辟,更加深刻,恰恰是当时中国所缺少的一种文化形态。从当时的世界来讲,这种文化也是一种先进的文化,而且这种先进性,跨越时空,具有广泛的影响力。玄奘虚心向外学习的精神,体现了大唐时代长安城对外开放的博大胸怀和高度自信,成就了一种勇于接纳外来先进文化的气象,大慈恩寺也成为传播新思想的重要阵地。

融会与贯通:玄奘拥有宏大的格局和深刻的领悟力,他对中国本土文化的特质有清醒的认识,对佛教文化的优势有高度的肯定,善于将以佛教文化为主的外来文化与以儒道文化为主的中华文化相融合,进一步促成佛教文化在中国大地上找到自己的角色定位,并以其不可替代的文化价值建构起全新的中国文化关系,助推形成儒佛道三教并立互补、圆融一体的文化结构,所以,他是中华文化体系的探索者和建构者之一。玄奘居住的大慈恩寺见证了中外文化的彼此交锋与融会,沉淀着曾经的自由奔放与融会贯通的神韵。回顾这段历史,我们如果从东西两个世界彼此呼应的角度来看,公元1世纪以后,基督教进入罗马,形成西方两希文化传统;公元1世纪以后,佛教进入长安,形成东方三教文化传统。在这一历史进程中,大慈恩寺所在的长安城,为文化的多元与思想的争鸣留下了充足的社会生存空间,仅从其时长安城十万多名外国人的存在便可看到这种文化融会的气势,长安成为当时外来文化的天堂。

信仰与精神:玄奘是一个有信仰的人,而且是一位在生活中实践信仰的人。大慈恩寺是一处神圣的空间,是佛教信仰的传播之地和践行之地。大雁塔以其雄浑的气势向全世界彰显信仰的力量,整个长安城也迎来了中国古代历史上信仰普及、精神富足的时代。信仰与精神,勇气与力量,这是长安城的一种特别气象,在千年后的今天,也能穿越历史的时空,俯视这个信仰贫瘠的时代,激发我们重整内心的敬畏和终极的超越。

文明与力量:玄奘通过丝绸之路西天取经,一路艰险,一路向前,靠的不是大唐的军力与财富,而是追求真理的坚强意志,普度众生的崇高情怀,这是一种和平的力量、友善的力量,一种特别的软实力。玄奘的一生都是在和平友好的状态中探索真理、实践真理。尽管大唐时代的长安曾经也有过军事战争,但它之所以能够感召四方,成为一个国际化大都市,是因为它的胸怀与情趣以及它完善的典章制度和灿烂的精神文明。所以,当时韩国、日本、越南等众多国家,他们愿意来到大唐,来到长安,向中国学习。玄奘多次拒绝皇帝对他的从政要求,继续坚持他精神上、信仰上、文化上的宏伟事业,是因为他清晰地看到,一个社会,一个国家,一个城市,如果仅仅重视经济的发展,仅仅重视权力的建构,老百姓一窝蜂地都挤向行政公务领域或发财致富领域,这不但是不够的,而且是让人担忧的。只有在精神、在信仰、在文化方面不断努力,不断进步,以信仰为支撑的精神文明灿烂繁荣之时,整个城市、整个国家才会充满活力,充满希望。作为丝路明珠的大慈恩寺,似乎默默地向我们诉说着这一千年的忠告。

陕西历史博物馆张维慎研究员曾对《丝路明珠:大慈恩寺与大雁塔》一书做了详细的审读,并给出了中肯的评价。他认为,贾老师的这部大作结构新颖,框架周正,不仅让人有耳目一新的视觉冲击,还让人在阅读中感受历史叙述的创新魅力。全书以翔实的史料，丰富的内容，图文并茂的形式和深入浅出的文字，引领读者理解玄奘及大慈恩寺与大雁塔的厚重与辉煌，有知识的广度、历史的温度、文明的高度、宗教的厚度，让人在阅读中能感受到以故事说人物、以人物说历史、以历史说文化、以文化说人性的意蕴。

  因为我近期比较繁忙，尚未拜读全部书稿，但初阅之后的感受让我有理由完全同意张先生的以上看法。在这里，我也愿意向社会郑重推荐，相信这部书一定能带领读者揭示历史的幽邃，体验丝路的神韵，感受佛学思想的浸润与启迪。

西北大学玄奘研究院院长 李利安

2023 年 9 月 15 日

目　录

引言 ……………………………………… 001

一人一路一传奇 ……………………… 007

一、名门佛弟子 ……………………… 011
　　1. 出身名门 ……………………… 012
　　2. 结缘佛门 ……………………… 013
　　3. 避乱长安 ……………………… 014

二、西行求真法 ……………………… 015
　　1. 心念真谛 ……………………… 016
　　2. 跋涉西行 ……………………… 017
　　3. 传奇之路 ……………………… 022

三、扬名那烂陀 ……………………… 025
　　1. 初入那烂陀 …………………… 025
　　2. 辩法初峥嵘 …………………… 028
　　3. 扬名曲女城 …………………… 029
　　4. 学成兮归来 …………………… 031

四、《大唐西域记》 ………………………………… 034

1. 著述缘起 …………………………………… 035
2. 文学精品 …………………………………… 036
3. 史地明珠 …………………………………… 040

一寺一塔一典范 ………………………………… 043

一、慈母恩德 ………………………………… 045

1. 铭记慈恩 …………………………………… 046
2. 伽蓝选址 …………………………………… 049
3. 督造寺院 …………………………………… 051
4. 玄奘升座 …………………………………… 053

二、七级浮屠 ………………………………… 057

1. 浮屠缘由 …………………………………… 057
2. 御建宝塔 …………………………………… 059
3. "雁塔"之名 ………………………………… 062

三、庄严佛国 ………………………………… 066

1. 寺如天阙 …………………………………… 066
2. 勒石纪念 …………………………………… 070
3. 慈恩景物 …………………………………… 074

四、雁塔题名 ………………………………… 080

1. 雅集园林 …………………………………… 080
2. 慈恩题名 …………………………………… 088
3. 雁塔访碑 …………………………………… 091

一法一宗一祖庭 ··· 099

一、译经弘法 ··· 102
1. 译经长安城 ····································· 102
2. 规范新译法 ····································· 105
3. 圆寂玉华寺 ····································· 109
4. 归葬兴教寺 ····································· 111

二、奘门贤哲 ··· 113
1. 辩机 ··· 114
2. 窥基 ··· 116
3. 圆测 ··· 124
4. 慧沼与智周 ····································· 131

三、法相唯识 ··· 134
1. 地论宗 ··· 135
2. 弥勒信仰 ······································· 137
3. 唯识教义 ······································· 140
4. 因明之辩 ······································· 147

四、理贯八宗 ··· 154
1. 三论宗 ··· 156
2. 法相宗 ··· 159
3. 天台宗 ··· 160
4. 华严宗 ··· 161
5. 禅宗 ··· 163
6. 净土宗 ··· 165
7. 律宗 ··· 167

8. 密宗 ·· 168

一典一脉一传播 ·· 171

一、译经大德 ·· 173
　　1. 证义大德 ·· 174
　　2. 缀文大德 ·· 177
　　3. 笔受大德 ·· 179
　　4. 字学大德 ·· 182
　　5. 证梵语梵文大德 ·· 183
　　6. 参译大德 ·· 183

二、历代高僧 ·· 185
　　1. 唐五代高僧 ·· 186
　　2. 元明清高僧 ·· 190
　　3. 近现代高僧 ·· 191

三、域外交流 ·· 196
　　1. 朝鲜之传 ·· 196
　　2. 日本之传 ·· 202
　　3. 中印交流 ·· 206

一城一刹一宝藏 ·· 209

一、历代沿革 ·· 212
　　1. 唐五代的三存三毁 ·· 212
　　2. 宋元时期的存废 ·· 214
　　3. 明清时期的修缮 ·· 215
　　4. 民国以来的保护 ·· 220

二、古刹重光 ... 225
1. 梵刹新宇 ... 225
2. 巍巍雁塔 ... 249
3. 塔体保护 ... 254

三、文物遗存 ... 258
1. 佛舍利 ... 258
2. 释迦如来足迹碑 ... 259
3. 唐代善业泥佛像 ... 262
4. 石雕佛座 ... 263
5. "大悲心陀罗尼经"经幢 ... 264
6. 雁塔塔林 ... 264
7. 清代石狮 ... 266
8. 花岗石石灯 ... 266

四、西安名片 ... 268
1. 大雁塔北广场 ... 268
2. 雁塔东苑 ... 271
3. 雁塔西苑 ... 273
4. 唐大慈恩寺遗址公园 ... 275
5. 南广场与不夜城 ... 278

余论 ... 281

附录：碑文　塔铭　玄奘法师译经目录 ... 285
一、碑文 ... 285
1. 《大唐三藏圣教序》碑文 ... 285

2. 《大唐三藏圣教序记》碑文 …………………… 286

3. 《重修大慈恩禅寺记》碑文 …………………… 287

4. 《重修大雁塔寺遇仙桥记》碑文 ……………… 289

5. 《重修大雁塔寺前轩记》碑文 ………………… 290

6. 《慈恩寺功行碑记》碑文 ……………………… 291

7. 《重修慈恩寺碑记》碑文 ……………………… 292

8. 《重修慈恩寺记》碑文 ………………………… 294

9. 《朱将军重修大慈恩寺功德碑》碑文 ………… 295

10. 《重修大慈恩寺纪念碑》碑文 ………………… 296

二、塔铭 …………………………………………………… 298

1. 大唐三藏大遍觉法师塔铭并序 ………………… 298

2. 大周西明寺故大德圆测法师佛舍利塔铭并序 … 303

3. 大慈恩寺大法师基公塔铭并序 ………………… 304

三、玄奘法师译经目录 …………………………………… 305

参考书目 ……………………………………………… 311

后　记 ………………………………………………… 316

引　言

关中平原南依秦岭，北靠渭北高原，是在渭水、泾水、灞水等河流冲击下形成的冲积平原，土壤肥沃、气候温润，地理条件得天独厚。上古时期，它就是古人类生息聚居的场所，仰韶文化的核心区域。西安，古称长安，坐落在素有"天府"之称的关中平原腹地，是一座有着3000多年建城史和1100多年建都史的古老城市。历史上先后曾有13个王朝在此建都，其中就包括中国历史上最为辉煌的周、秦、汉、唐四个朝代，因此有"秦中自古帝王州"之美誉。

城市是人类社会进入文明时代的显著标志之一，城市地标性建筑则是一座城市文化性格的集中体现。大雁塔对于位列"世界四大文明古都"的西安来说，无疑是最为重要的地标性建筑。它之于西安，犹如天安门之于北京，东方明珠之于上海。它古朴、庄严、雄浑、厚重、气魄宏大，既经历了昨日长安的历史沧桑，又是今日西安再现辉煌的见证，最能代表西安这座城市的精神。

西安自古以来就是一个世界性的城市，是闻名世界的"丝绸之路"起点。虽然盛唐时期"九天阊阖开宫殿，万国衣冠拜冕旒"的盛景已消逝在历史的长河之中，但伫立在城南的大雁塔，极目四望，我们依然可以遥想它当年的壮丽与辉煌。

大慈恩寺与大雁塔全景图

大雁塔，原名慈恩寺塔，始建于唐高宗（李治）永徽三年（652），是西安市保存最为完好，同时也是最为古老的地面建筑之一。此塔是唐代高僧玄奘法师西行求法归来后，为了存放其所携带经文而建造的藏经塔。初建时，仿照古印度的佛塔样式，塔身为5层。其后，经过历代多次重修，吸收融合了中原传统建筑的风格。今天的大雁塔，其形制定型于明万历三十二年（1604），也就是我们所看到的四方形楼阁式七层佛塔建筑的样貌。

闻名中外的大雁塔并不是一个独立的建筑，它是大慈恩寺的一部分。

大慈恩寺是一座唐代皇家愿寺①，兴建于唐贞观二十二年（648），是时为太子的唐高宗李治为纪念自己的母亲——太宗文德皇后长孙氏而修建的，寺址选在北魏净觉寺的旧址之上，命名为"大慈恩寺"，意为怀念慈母的恩德，为亡母积德、祈福。寺院建成后，高宗礼聘著名的三藏法师玄奘驻锡本寺。在高宗支持下，玄奘法师在寺内开设译经场，弘扬唯识宗法门，因此后世将大慈恩寺列为"唐长安三大佛经译经场"之一，成为中国佛教法相唯识宗祖庭。

在20世纪80年代以前，大雁塔一直是西安城南最高的建筑，是历代经行长安的文人墨客必去之地。"题名雁塔"是新科进士最为风雅的事情。如今，大雁塔是怀古览胜、踏春游玩的宝地。登上雁塔，南眺终南，北览长安，怀古抚今之情油然而生。因此，大雁塔不仅是西安最为古老的地标性建筑，而且是我国最著名的佛教圣地之一，同时还是西安最具代表性的历史文化符号。

---

① 愿寺：愿即许愿，佛教名词，指对神佛有所祈求时许下的酬谢诺言。有三层含义：（1）还愿，实践"许愿"。（2）"追福"（追荐、追善），为死者做功德，祈祷冥福，即为死者在"冥间"幸福而举行的修善活动、法会等，如读经、写经、施斋、施财、修造寺院、祭祀等。（3）"功德"，"功"指做善事（善有资润福利之功），"德"指得福报（德者得也），一般指念佛、诵经、布施等，据说因此可以得到善的报应。

今天的大慈恩寺是国家5A级景区和首批国家级文化产业示范区曲江新区的中心机体，整个景区以寺院为中心，呈现"一体两翼"的格局。

大雁塔景区于2004年正式落成，沿中轴线从北到南分别是大雁塔北广场、大慈恩寺、大雁塔南广场。大雁塔北广场，东西宽218米，南北长356米，其主体部分，为亚洲最大的音乐喷泉。由于北广场南北有9米左右的高低差，因此音乐喷泉被分割为8个部分，由北向南逐次阶梯式上升，共9级，每级之间又有5级踏步台阶，这一布局大概包含了"九五之尊"的寓意，体现出对佛教圣地大雁塔及大慈恩寺的顶礼膜拜。广场东西则辅以旅游商贸设施。大雁塔南广场位于大慈恩寺南门外，广场上矗立着玄奘法师立像。玄奘法师像十分庄严，呈行进状态，右手拄锡杖，左手作揖，给人一种风尘仆仆的感觉，展现了法师的智慧和坚毅的精神。寺院东西两翼，分别是在原西安市植物园、唐春晓园的基础上，改建的雁塔东苑和雁塔西苑。广场之南即是著名的全国级示范步行街大唐不夜城。

在大雁塔景区的周边，还坐落着陕西历史博物馆、曲江池、大唐芙蓉园等著名景点；云集着西安交通大学、长安大学、陕西师范大学、西安科技大学、西安财经大学等高等学府，是西安乃至中国的文化荟萃之地。

2013年9月和10月，中国国家主席习近平在出访中亚和东南亚国家期间，先后提出共建"丝绸之路经济带"和"21世纪海上丝绸之路"的倡议，简称为共建"一带一路"倡议，从此揭开了复兴丝绸之路的新篇章。2014年6月，在第38届世界遗产大会上，由中国、吉尔吉斯斯坦、哈萨克斯坦三国联合申报的"丝绸之路：长安-天山廊道路网"世界文化遗产，获得了成功。位于西安的西汉长安城未央宫遗址、唐长安城大明宫遗址、大雁塔、小雁塔以及兴教寺等5处古迹跻身世界文化遗产行列，西安的国际声望更上了一层楼。大雁塔作为西安市的市徽也被更多的人所喜爱，2017年"一带一路"国际合作北京高峰论坛上的会标采用的也正是西安大雁塔形象。

大雁塔南广场一角

曾经有人说，如果把中国比作一棵大树，上海就是大树的树冠，北京就是大树的树干，而西安则是深深埋在地下的树根，要想真正了解中国文化，必须要到西安来。而对于西安来说，无论你通过何种途径了解其名胜古迹，大雁塔一定会立即跃入你的视野，它刚毅、雄健、挺拔，千年不倒，正是中国文化精髓的象征与写照。

在这个过程中，西安这座历史文化名城，对佛教融入中国文化的贡献巨大——玄奘法师在大慈恩寺译经的贡献是不言而喻的，玄奘法师安置佛经的大雁塔，已然成为佛教在中国发扬光大的象征以及西安市的文化地标和城市意象。

要想了解西安并不容易，需要去靠近它，用心感受它。让我们通过丝路明珠之大雁塔与大慈恩寺来一窥西安古城的历史风貌！

『一人一路一传奇』

时至今日,大慈恩寺这座千年古刹之所以仍然为人们所津津乐道,与唐代著名高僧——玄奘法师有着密不可分的联系。说起玄奘法师,有人可能还有一点陌生,但大家肯定对他的民间俗称耳熟能详,他便是被民间传说称为"唐僧"或"唐三藏"的那位高僧。他去印度取经的故事,被明代文学家吴承恩改编成了神话小说《西游记》,更是家喻户晓。

提起"三藏法师",我们就会想起玄奘。那玄奘法师又因何被后世尊为"三藏法师"的呢?所谓"三藏法师",是佛教徒对得道高僧的尊称。

法师,是佛教名词。梵语为 dharma-bhaNaka,巴利语为 dhamma-kathika,指通晓佛法又能引导众生修行之人。又作说法师、大法师。广义之法师,通指佛陀及其弟子;狭义则专指通晓经、论或律的行者,称为经师、论师或律师。据北本《大般涅槃经》卷18记载:"佛菩萨及其大弟子等,皆知深妙之法,又知众生根机之利钝而为之演说,故称大法师。"

三藏法师,梵语为 tripitakacarya,又作三藏圣师、三藏比丘,或称"圣教三藏",略称三藏。

"藏"一词在梵语中有容器之意。"三藏"之义有如下说法:

其一,指能够精通佛教中的"经藏""论藏"和"律藏"者。"经藏"指的是佛家所言的经典,上契诸佛之理,下契众生之机,有关佛陀教说之要义,皆属于经部类;"律藏"则指佛教所制定之律仪,能治众生之恶,调伏众生之心性,有关佛陀所制定教团之生活规则,皆属于律部类;"论藏",是指对佛典经义加以论议,化精简为详明,以抉择诸法性相,为佛陀教说之进一步发展，而后人以殊胜之智慧加以组织化、体系化的论议解释。

其二，指修持"戒定慧"三学有大成就者。"戒定慧"三学也称"三无漏学"①，是佛教最重要的修行原则。戒，就是戒律；定，就是禅定；慧，指的是般若智慧。修习"戒定慧"三学需要循序渐进：先是持戒，小乘佛教讲诸恶莫做，大乘佛教讲摄心为戒②；定，就是讲"制心一处"（心不为外界所动），是戒定慧三学的中心；慧，是人自性具有的般若智慧，但不经修行无法开启。

只有于外精通经、律、论三藏，于内修持戒、定、慧有大成就、大智慧者，才可以被称之为"三藏法师"。玄奘法师自天竺学成（取经）归来，其所学贯通大、小乘，精修戒、定、慧，达到了无比殊胜的成就，在当时的中国佛教界无人能及，因此被尊称为"三藏法师"。

---

①三无漏学：(1) 所谓"漏"，原意为漏泄，烦恼的异名。有二义：①"流"，众生不断从眼、耳、鼻、舌、身、意六处流出"不净"（过失），从而造成流转生死；②"住"，由于业因，使众生"留住"三界，不能摆脱生死轮回。(2) 有漏，与"无漏"相对。凡具烦恼、导致流转生死的一切法，均属于有漏法。无漏与"有漏"相对。涅槃、菩提和一切能断除三界烦恼之法，均属于无漏法。

②(1) 小乘佛教：原本是后来大乘佛教对原始佛教和部派佛教的贬称，学术界沿用之，而无褒贬之义。其主要经典是《阿含经》。在古代中国等北传佛教地区，开始曾有小乘佛教流行，但流布广泛影响最大的是大乘佛教。现今小乘佛教主要流传于斯里兰卡、泰国、缅甸、老挝、柬埔寨等南亚、东南亚各国，属于南传佛教。(2) 大乘佛教：形成于公元1世纪左右的佛教派别。所谓"大乘"，意为"乘载"（船、车）或道路。大乘佛教自称能运载无量众生从生死大河之此岸达到菩提涅槃之彼岸，成就佛果。而贬称原始佛教和部派佛教为小乘。大乘佛教在印度本土有三个发展时期，后期大乘在7世纪以后，佛教义学逐步衰微，密教起而代之，至13世纪初在印度绝迹。其传出印度本土的大乘佛教，属于北传佛教（传入中国、朝鲜、日本、越南等国家）。大乘佛教的主要经典有《般若经》《维摩经》《大般涅槃经》《法华经》《华严经》《无量寿经》等。(3) 小乘与大乘的主要区别：一是小乘把释迦牟尼视为教主，大乘则提倡三世十方有无数佛，并进一步把佛神化。二是小乘追求个人自我解脱，把"灰身灭智"、证得阿罗汉（修行的最高果位）作为最高目标；大乘宣传大慈大悲、普度众生，把成佛渡世、建立佛国净土作为最高目标。三是在义学上，小乘着重于三十七道品（意为达到佛教觉悟，趋向涅槃的途径）的宗教道德修养；大乘倡导以六度（六种从生死此岸到达涅槃彼岸的方法或途径）为内容的菩萨行。

"三藏法师"原本并非专指玄奘法师。中国佛教徒也经常把来自印度、西域的译经高僧尊称为"译经三藏"或"三藏法师",其中比较著名的有安世高法师(东汉末高僧,安息人)、鸠摩罗什法师(344—413,龟兹人)、求那跋陀罗法师(394—468,中天竺人)、菩提登法师(隋代高僧,天竺人)、实叉难陀法师(652—710,于阗人)、大广智不空法师(705—744,北天竺人)等等。但由于玄奘法师在译经和修持等方面都超越了前人,再加上在他所著的12卷《大唐西域记》基础上改编的神魔小说《西游记》,于民间广为流传。因此,后世的人们提到"三藏"一词的时候,自然而然地就想到了玄奘法师。

但是,小说毕竟只是小说,玄奘法师对于中国文化发展的意义,绝非只是取经那么简单。事实上,玄奘取经是没有徒弟跟随的,他一个人孤独地行进在漫漫长路上,从沙漠、沼泽、戈壁、高原到雪山,人的生命力在大自然的磨砺下,变得越发坚韧。到达印度后,他凭借超人的智慧遍通大、小乘佛法,扬名于异域。学有所成后,又携带675部佛教典籍回到大唐,创建慈恩寺译场,开创了汉传佛教中哲学体系最完善的法相唯识宗,弘扬唯识宗法门,成为中国古代译经最多的佛教翻译家和一代宗师。

可以毫不夸张地说,玄奘法师一个人往返印度19年,走了一条前辈僧人从没走过的取经路,拓展了一条前人没有走完的道,即后世所谓的"唐丝绸之路"。他以惊人的智慧和毅力肩负起了中印文化交流的重任,是丝绸之路上的文化使者,思想史上的圣哲,如果仅仅只是用"取经僧"来定义玄奘,那是远远不够的。

一、名门佛弟子

玄奘法师(602—664),俗姓陈,名祎,洛州缑氏县(今河南省偃师区缑氏镇)人;另说为陈留(今河南开封市东南)人,是小说《西游记》中"唐僧"的原型。

1. 出身名门

隋文帝仁寿二年（602），玄奘出生在河南洛州缑氏县少室山西北的游仙乡控鹤里凤凰谷陈村，又名"陈堡"，即现在的陈河村。

陈家出自河南大族颍川陈氏，是著名的书香门第，世代官宦。据说玄奘的远祖就是曾做过太丘（今河南永城市西北）长的东汉名士陈寔。① 另据记载，玄奘的高祖父名陈湛，做过北魏清河（今河北省清河县东）太守；曾祖父名陈山，官至北魏上党（今山西长子县一带）太守，曾被封为征东将军、南阳郡开国公。玄奘高祖一支先是迁到了河南陈留（即今河南省开封市陈留镇），祖父陈康时又迁居到了洛州缑氏（即今河南省洛阳市偃师区缑氏镇），他们都是博学多才的知识分子。祖父陈康，是北齐的国子博士，还担任过国子监的学政官司业，后升任礼部侍郎。父亲陈惠，饱读诗书，品格高雅，被时人比作东汉名儒郭林宗（郭泰），后经郡县举为孝廉，从此踏入仕途，先是担任陈留县令，后又升迁为江陵（今湖北荆州）令。但是，陈惠对于功名宦达并不热心，加上目睹隋朝政治腐败，国势日益衰微，便辞官回归故乡，潜心于研读儒家经典。玄奘的母亲为广平（今河北省鸡泽县）宋氏。玄奘之上有兄长三人，姊二人，他在家中排行最小。其二哥陈素出家为僧更早于玄奘，法名为长捷，日后也成为一代高僧。

玄奘自幼聪慧过人，随父亲通读经史。8岁时，父亲给他口授《孝经》，当说到曾子避席一段时，他忽然整理衣襟，站了起来。父亲问其缘故，他回答说："曾子听老师的教导，尚离开座位，恭敬而立，我现在接受父亲的

---

① 陈寔（104—187）：字仲弓，颍川许县（即今河南许昌长葛市古桥镇陈故村）人，东汉时期的名士。陈寔出身寒微，少为县吏，有志好学，县令邓邵使受业太学。除太丘长，后世称为"陈太丘"。修德清静，百姓以安。党锢祸起，人多逃避求免，陈寔自请囚禁，遇大赦得出。居于乡间，累征不就。与其子陈纪、陈谌并著高名，时号"三君"；又以清高有德行闻名于世，与钟皓、荀淑、韩韶合称为"颍川四长"。中平四年（187），卒于家，享年84岁，海内往吊者3万余人。谥号文范先生。

教诲，还怎么能安然地坐在那里呢？"①宗族邻里们听说后，对于玄奘的聪颖大为赞叹，认为玄奘将来必成大器。从此以后，玄奘越发努力学习，专心致志，对于圣贤哲人更是崇拜不已。

2. 结缘佛门

然而，年幼的玄奘经历了种种不幸。隋炀帝大业二年（606），玄奘5岁，母亲去世；大业七年（611），玄奘10岁，父亲又因病离开了人间。失去依靠的玄奘只好跟随二哥长捷法师来到东都洛阳净土寺学佛，从此结下终身佛缘。

在净土寺，玄奘每日跟随二哥长捷诵读佛教经典，勤学不辍。由于玄奘天赋资质过人，很快便显露出超群的佛学才华，进步迅速。隋炀帝大业八年（612），玄奘13岁，朝廷诏令将在洛阳超度二七僧②。当时，有数百名学业优异的沙弥和居士都在争取正式的僧人名额，玄奘也报了名，虽然成绩优异，却因年龄过小而未被录取。但玄奘并没有因此而放弃，而是站在公门之侧不肯离去。此时，恰好大理寺卿郑善果③经过，他看见一个少年站在门口伫立不动，便上前询问，在得知缘由后，遂问起玄奘出家为僧的志向。玄奘毫不犹豫地回答说："既是为了继承佛祖之事业，也是为了弘扬佛祖之遗法。"郑善果听后，对玄奘的远大志向大为赞赏，认定其将来必会有所成就，便向相关官署推荐他。于是，玄奘被破例录取，随即正式剃度出家，成为佛门弟子，得赐法名玄奘。此事在《大慈恩寺三藏法师传》中有详细记载："俄而有敕于洛阳度二七僧，时业优者数百，法师以幼少不预取限，立于公门之侧。时使人大理卿郑善果有知士之鉴，见而奇之，问曰：

---

①[唐]慧立、彦悰著，孙毓棠、谢方点校：《大慈恩寺三藏法师传》卷1，中华书局，2000年，第5页。
②原文见[唐]慧立、彦悰著，孙毓棠、谢方点校：《大慈恩寺三藏法师传》卷1，第5页："俄而有敕于洛阳度二七僧。"二七僧：应为度僧数量，一说为14人，一说为27人。
③大理寺卿：大理寺为隋唐时期中央政府的司法部门之一。主要"掌邦国折狱详刑之事"，其长官为大理寺卿（从三品级）。郑善果（569—629）：郑州荥泽（今河南郑州西北）人，历任沂州刺史、鲁郡太守，在隋炀帝大业（605—617）年间，任大理寺卿。

'子为谁家？'答以氏族。又问曰：'求度耶？'答曰：'然。但以习近业微，不蒙比预。'又问：'出家意何所为？'答曰：'意欲远绍如来，近光遗法。'果深嘉其志，又贤其器貌，故特而取之。"①

  出家之后的玄奘，志向更加高远，不但专注于钻研佛学经典，而且不满足一方之所学，立志要游学四方，遍寻名师，但凡对经义有疑惑不解之处，必定探其究竟。隋炀帝时，为了兴盛佛法，曾召集天下高僧于洛阳，建立了四大道场，一时间洛阳大德②云集，讲论成风，其中更以景（慧景）、脱（智脱）、基（道基）、暹（宝暹）四位法师最为有名。机敏好学的玄奘自然不会错过此良机，便到各寺参学，大为开悟。在听景法师讲《涅槃经》时，玄奘听得入迷，法师讲经结束后，玄奘依然沉醉于其中，于是便反复研读，达到了废寝忘食的地步。此后，又听严法师讲《摄大乘论》，结束后再次阅经一遍，便能够将其中内容全部记住。众僧对于这个小沙弥的聪明好学极为感佩和好奇，就让其复述经中所讲，玄奘也丝毫没有含糊，条分缕析，娓娓道来，已经颇具大师之风采。从此，玄奘的声名便传播开来，并因此与大乘佛教瑜伽行派③的学说结下了不解之缘。

3. 避乱长安

  隋末，天下战乱，洛阳及周边更是烽烟四起，民不聊生。民众为了求

---

① [唐] 慧立、彦悰著，孙毓棠、谢方点校：《大慈恩寺三藏法师传》卷1，中华书局，2000年，第5页
② 大德：佛教称谓。指有大德行者，用以对比丘中的长老或佛、菩萨的敬称；有时对高僧也泛用此称。隋朝曾任命"大德"统管天下僧尼。
③ 瑜伽行派：亦称"大乘有宗"，与中观学派并为印度大乘佛教的两大派别。"瑜伽"意为"相应"，指通过现观思悟佛教"真理"的修行方法。所谓"现观"，指通过禅定，不经语言概念的中介，用佛教"智慧"，使所谓真理直接呈现于面前的一种神秘的认识方法。此派因主张"万法唯识"，故亦名"唯识学派"。尊奉弥勒为始祖，以《解深密经》和《瑜伽师地论》为主要经典。公元五六世纪后，该派以印度那烂陀寺为中心，先后出现过许多著名学者。分为两派：（1）唯识古学；（2）唯识今学。南北朝时期，北天竺僧人菩提流支和西天竺僧人真谛（499—569）所传基本上属于唯识古学；唐玄奘主要传译唯识今学。

生四处奔逃，各大寺院、道场也因此逐渐衰败。"法师虽居童幼，而情达变通"，遂向其兄长捷法师建议西去长安。他说："此虽父母之邑，而丧乱若兹，岂可守而死也！今闻唐主驱晋阳之众，已据有长安，天下依归如适父母，愿与兄投也。"① 当时，恰逢有一位德高望重的高僧道基法师正打算前往长安避难，玄奘兄弟便跟随其一同来到长安，入住庄严寺。这一年是唐高祖（李渊）武德元年（618）。

然而，大唐建立，百废待兴，朝廷尚无暇顾及宗教事宜，因此长安之地的佛事并不像玄奘想象的那样兴隆，他便又和二哥一同前往蜀地求法。踏入成都之地后，玄奘四处寻访名师，向其请教，得到了蜀中各路高僧的指点，学问大为精进。玄奘21岁时，受具足戒②，之后坐夏③学习戒律。就这样玄奘在四川旅居了四五年，仔细研读了佛教各宗派的学说。天下稍定，他又继续游历各地，先后造访了赵州、荆州、扬州等地的著名寺院。27岁时，玄奘已精通经、律、论三藏，被称为三藏法师，声名远播。

二、西行求真法

虽然玄奘年纪轻轻就已经成为名满中华的佛学大师，但是他的心头仍然萦绕着无数的疑惑，于是他心中产生了一个强烈的愿望，到佛教的发源地印度去走一走、看一看，实地探寻佛法的真谛。

---

① [唐] 慧立、彦悰著，孙毓棠、谢方点校：《大慈恩寺三藏法师传》卷1，中华书局，2000年，第6页。
② 具足戒（大戒）：佛教名词。指佛教比丘、比丘尼戒律。因与沙弥、沙弥尼所受"十戒"相比，戒品具足，故称。其比丘戒二百五十条，比丘尼戒三百四十八条。出家人（指离家到寺院做僧尼）依照戒法规定、年满二十岁受持此戒，即取得正式僧、尼资格，称"比丘""比丘尼"。"比丘"意译为"乞士""乞士男"等，有五个意义：乞士（靠乞食为生）、破烦恼、出家人、净持戒、怖魔。
③ 坐夏：佛教语。僧人于夏季三个月中安居不出，坐禅静修，称坐夏。其时正当雨季，亦称"坐雨安居"。具体日期因地而异。

1. 心念真谛

唐高祖武德九年（626），玄奘再次来到长安访学。此时，历经了十余年奔波求学生涯的玄奘，已经真正成为一名见识高远、学识饱满的高僧，在京城佛教界业已声名远扬。此时的玄奘大可留在长安诸寺院开坛布讲，但是一心向佛的玄奘却并不满足于此，仍然怀揣着西行求法的梦。

当时的实际情况是，佛教自汉朝通过丝绸之路传入中国后已经有500多年，因为教派的差异和尊奉经典的差异，对佛教经典的翻译五花八门，存在大量错误之处。在研习佛法的过程中，玄奘发现中原佛教界对于瑜伽行派的理解纷繁杂乱，而且疑问颇多。现有的汉译佛经数量严重不足，无法从中得到圆满的解答，这些更坚定了玄奘去佛教发源地天竺国（印度）求取真经的信心。

不久玄奘法师在长安遇到了天竺高僧波罗颇蜜多罗[①]，从他那里知晓了印度那烂陀寺讲学的盛况，对于那烂陀寺精通瑜伽学说的大德戒贤长老也非常敬佩，心生神往。于是，他便下定决心亲赴天竺。玄奘对众人说道："我游历各地修习佛法，虽说颇有成就，但心中所存疑惑尚有许多。当下正是年少青壮之时，更应该胸怀必死之决心，亲自前往天竺探究佛法，待习得其真谛后归来，才能真正弘扬佛法。法显、智严两位大师曾亲身赴天竺求法，我也应当追随这一壮举。"于是便和志同道合者一同上书，请求朝廷批准其西行求法。

然而，当时僧俗出行受到了颇多限制，特别是离开中原西行，需要经过数重关口，更要携带批文（通行证）才能离开，如果擅自离境会被定以重罪。由于当时唐王朝与西域诸国的关系尚未稳定，而且玄奘本人也是难得

[①] 波罗颇蜜多罗：中印度摩揭陀国人，三藏法师。又作波罗颇迦罗蜜多罗、波颇蜜多罗，或略称波颇，意译作明知识、明友、光智。《续高僧传》记载："波罗颇迦罗蜜多罗，此言作明知识，或一云波颇，此云光智，中天竺人也。"翻译有《大乘庄严经论》等佛典。

的佛学人才，因此朝廷并未批准玄奘的请求。见此情景，同伴们纷纷放弃了这一念头，唯有玄奘在私下广泛学习西域各国的语言，准备等待时机西行。

2. 跋涉西行

唐太宗贞观元年（627）秋，关中遭遇霜害，情况十分严重，庄稼大面积歉收，朝廷于是特许京城的僧俗群众外出谋生。玄奘见此时机，便随着逃荒的饥民离开了长安，踏上了西行求法这条漫长而又艰苦的万里征程。

离开长安后，玄奘沿着丝绸之路古道一路向西北行进，先是到达秦州（今甘肃东南部，为陕、甘、川交界之地），后又途径兰州辗转至凉州（今甘肃武威市）暂歇，并在凉州僧众的请求下讲习佛法数月之久。当时，凉州都督李大亮得知玄奘在未经朝廷批准的情况下意欲西行，便下令玄奘即刻返京。但是，在凉州讲经的数月中，玄奘西行的决心感动了当地的僧众，得到了他们的支持。其中，惠威法师为河西佛教领袖，他非常理解并支持玄奘的求法举动，便派遣他的两个弟子惠琳和道整护送玄奘出关。玄奘在二人的护送和引导下，避开关防，昼伏夜行，自凉州到了瓜州

东京国立博物馆藏玄奘像

(今甘肃瓜州县东南)。与凉州的都督不同,瓜州刺史独孤达听说玄奘西去求法而至,并未加以阻拦,而是对其大行方便,玄奘也得以在此研究规划西去的路线。

就在玄奘准备离开瓜州继续前进时,追还玄奘的牒文也到达瓜州。所幸瓜州的州吏李昌也是信佛之人,及时将这一消息告知玄奘。在瓜州的第二天,恰巧有一位胡人前来请求玄奘法师传戒,希望做他的弟子,甘愿充当向导并送玄奘法师通过五个烽火台。玄奘非常高兴,于是就用衣服等东西换了一匹马,随后又于一个胡人老翁处调换成一匹熟悉西域路径的老马。准备充足后,师徒二人就启程上路了。

离开瓜州后,为了躲避官兵,只得绕道而行。玄奘继续向北行进50里,渡过瓠庐河。《大慈恩寺三藏法师传》卷一对此有详细记载:贞观三年(629)玄奘西行求法至瓜州问路,"或有报云:从此北行五十余里有瓠庐河,上广下窄,回波甚急,深不可渡,上置玉门关,路必由之,即西境之襟喉也。关外西北又有五烽,候望者居之,各相去百里,中无水草。五烽之外即莫贺延碛,伊吾国境……于是装束,与少胡夜发,三更许到河,遥见玉门关,去关上流十里许。两岸可阔丈余,傍有梧桐树丛,胡人乃斩木为桥,布草填沙,驰马而过。"[1]

在玄奘法师取经的路上黄沙漫漫,渺无人烟,除了玉门关外相隔百里而设的几处烽堠(负责传递军事信息)之外,再无人烟,路途极为凶险。除了烽火台,便找不到可饮的淡水。向导不愿再向前走,二人夜间露宿在沙漠中,那胡人先是提刀跟在玄奘身后,不久便劝法师说"沙漠漫漫,关卡森严",让他最好返回。之后又张弓搭箭相威胁,但始终没有动摇玄奘西行的决心。胡人只好跪倒在玄奘面前请求告辞回家,玄奘答应胡人的请求后便独自继续前行。

玄奘历经艰险到达第一烽后,晚上偷偷取水时被守军发现,被带到边

---

[1] [唐] 慧立、彦悰著,孙毓棠、谢方点校:《大慈恩寺三藏法师传》卷1,中华书局,2000年,第6页。《大慈恩寺三藏法师传》,后文简称《法师传》。

关将领烽堠校尉王祥面前。正巧王祥是一位虔诚的佛教徒，他担忧玄奘的安危，便建议玄奘放弃西行前往敦煌。他劝说玄奘："'西路艰远，师终不达，今亦不与师罪，弟子敦煌人，欲送师向敦煌。彼有张皎法师，钦贤尚德，见师必喜，请就之。'法师对曰：'奘桑梓洛阳，少而慕道。两京知法之匠，吴、蜀一艺之僧，无不负笈从之，穷其所解。对扬谈说，亦忝为时宗，欲养己修名，岂劣檀越敦煌耶？然恨佛化，经有不周，义有所阙，故无贪性命，不惮艰危，誓往西方遵求遗法。檀越不相励勉，专劝退还，岂谓同厌尘劳，共树涅槃之因也？必欲拘留，任即刑罚，玄奘终不东移一步以负先心。'"①听了玄奘的回答，王祥被其坚定的信念所感动，便不再劝阻，而是向玄奘提供了水和干粮，并相送十里，同时还写了一封书信，将玄奘介绍给第四烽校尉王伯陇接待。行至第四烽，玄奘得到了王伯陇提供的干粮和水后，绕过第五烽火台，继续西行，离开了大唐的国境，来到了八百里大漠莫贺延碛。在进入大漠100多里后，玄奘的水袋被打翻了，饥渴、劳累的玄奘在沙漠中出现了幻觉，在他眼前仿佛有成群的妖魔鬼怪，他只能不停地念诵《心经》来驱除恐惧，支撑自己前行。第五天时，滴水未进的玄奘曾一度昏迷倒下，多亏筋疲力尽的枣红瘦马突然发现了水源，这只识途的老马最终拯救了玄奘的生命。两天后，玄奘终于穿越荒漠，到达了西域的伊吾国（今新疆哈密）。他看到一座寺庙，里面有三个汉僧，其中一个老者听到玄奘法师来了，连衣服鞋子都来不及穿整齐就出来迎接，其他僧人也来参谒。伊吾国王得到消息，派人将玄奘接至自己的王宫，并热情款待。玄奘在瓜州逗留的时候，曾对僧俗讲经数十日，西域各国商人对玄奘都非常钦佩，并将他想去天竺求经的消息带了回去，因此，西域各国的人早就知道了玄奘这个人，并且都期待着他的到来。

玄奘在伊吾停留半月，国王却不放他西行，他便绝食对抗。笃信佛教的高昌（今新疆吐鲁番东）国王麴文泰听说玄奘到来，特地派遣使者来迎

---

①［唐］慧立、彦悰著，孙毓棠、谢方点校：《大慈恩寺三藏法师传》卷1，中华书局，2000年，第15-16页。

接，于是玄奘星夜兼程，跋涉数日前往高昌。高昌城位于火焰山附近，火焰山并没有火焰，其地地赤炎炎，气温极高，而高昌国王的热情高过了火焰山。玄奘至高昌城外时正值破晓，高昌王带领文武百官和王妃侍女列队亲自举烛迎接，请求玄奘常住国中，并拜为国师。玄奘见他信仰虔诚，便停留了一个多月，为王室成员讲《仁王护国经》。讲经之日，高昌王每天亲自捧着香炉，跪着迎送玄奘。高昌王爱惜玄奘的才学，当时他夹在强大的大唐与凶悍的突厥人之间左右为难，其间屡次劝说玄奘留在高昌，替他参谋国事，都被玄奘拒绝。在再三请求放行无果后，玄奘选择绝食以示西行决心。高昌王见状，被玄奘"只为求法，不可半途而废"的坚决态度所感动，最终选择了妥协，并与玄奘结拜为兄弟。出行之日，高昌王更是相送十里。不仅如此，高昌王给玄奘提供人马，又备24封书信和礼品作为通关之用，并致信西突厥的叶护可汗，请求其提供方便。据《法师传》记载，麴文泰为玄奘购置了30套不同的衣服，赠送黄金100两、银钱3万，绫绢500匹，提供了足够20年的路费，换算下来，相当于1500匹良马。除了准备钱以外，还为玄奘准备了25名随从、4名徒弟外加一位叫欢信的官员。玄奘被高昌王所感动，他承诺等西行归来之际，来高昌讲经说法3年，作为回报。[1]

玄奘离开高昌，前往焉耆[2]。据《大唐西域记》记载，焉耆是一个国无纲纪、法不严明的国家，强盗经常出没。玄奘一行进入焉耆后遭遇到一群强盗的打劫，所幸只是抢去了一部分钱财。当时高昌国和焉耆国因为抢夺

---

[1] [唐] 慧立、彦悰著，孙毓棠、谢方点校：《大慈恩寺三藏法师传》卷1，中华书局，2000年，第21页。

[2] 焉耆（qí）：西域古国名，今新疆焉耆县。焉耆的名称在中国古籍上，汉唐时基本上有三种写法：《汉书》《后汉书》《晋书》《魏书》《周书》《隋书》《新唐书》《旧唐书》《高僧传》《续高僧传》《悟空行记》都写作"焉耆"；《佛国记》《水经注》及《释氏西域记》写作"乌彝"；《大唐西域记》叫"阿耆尼"。后来的各派学者议论纷杂，相持不下。据日本松田寿南先生研究，"阿耆尼"是古代焉耆僧侣所使用的雅称，把焉耆一词梵语化了。梵语"阿耆尼"即火神之意。中国一些学者提出乌彝、阿耆尼都是"焉耆"的同音异译。

收税权正处在矛盾中，玄奘到达焉耆都城受到了焉耆国王的冷落，所以在焉耆只停留了一个晚上便继续西行。

焉耆国往西是龟兹（qiū cí）国，过了龟兹翻过葱岭就走出了西域。龟兹一直是西域的佛教文化中心，寺院林立，佛法兴盛，加之玄奘是大唐高僧，又是高昌国王的结拜兄弟，所以受到龟兹国王的热情款待。据《法师传》记载，玄奘在龟兹停留了两个月，一边讲经一边等待葱岭（今帕米尔高原）的雪山融化。玄奘一行选择在葱岭北端的凌山（今新疆温宿、伊犁间的冰达坂）翻越葱岭。这里（凌山）正如《法师传》所记，"抬头仰视望不见边际，散落两边的冰块，或高百尺、或广数丈"，凶险异常。玄奘一行损失惨重，"徒侣之中，冻死者十有三四，牛马逾甚"，[1]但终于穿越雪山，走出了西域，从此进入了中亚。

玄奘继续向西北行，就到了碎叶城（今吉尔吉斯斯坦北部的托克马克市附近），幸运地遇到了正在这一带打猎的西突厥叶护可汗。叶护可汗见到高昌王准备的介绍信及玄奘所送的礼物十分高兴，特地选派了一个通晓西域各国语言和汉语的翻译官，送玄奘到迦毕试国（今阿富汗首都喀布尔）；同时，叶护可汗也为玄奘备下了给沿途各国国王的国书，要他们保护玄奘。当时，西域各国都是西突厥的属国，有了叶护可汗的大力支持，玄奘通过这些国家进入天竺国，就方便很多了。玄奘等一行人马离开碎叶城，穿过一片沙漠，又经过了十多个国家，就到了迦毕试国。过了迦毕试国再往前，就到了北印度地界。

回溯望去，从伊吾到北印度地界，玄奘经过大大小小20多个国家。从今天的地图来看，玄奘西行的路程是从长安出发，沿丝绸之路向西北方向进发，到达一清池（今吉尔吉斯斯坦境内伊塞克湖）时已经完全离开了今天中国的国境。此后，玄奘又穿过今天的吉尔吉斯斯坦，向西南进入乌兹

---

[1]［唐］慧立、彦悰著，孙毓棠、谢方点校：《大慈恩寺三藏法师传》卷2，中华书局，2000年，第27页。

别克斯坦，由此又转向东南，经阿富汗、巴基斯坦，最终到达印度。

3. 传奇之路

东汉之后，中国国内陷入战乱，丝绸之路上的政治、经济、文化交流也逐渐沉寂。随着隋唐时期中原的再次统一，经略西域、重开丝绸之路再次摆在了中原王朝的议事日程上。经过隋唐数代帝王的努力，丝绸之路重新攀上了又一个高峰，上演出一幕幕不朽的传奇。而玄奘法师在这个过程中也扮演着一个让人难以忽视的角色。

早在隋大业年间，隋炀帝就采纳裴矩的建议，力图恢复东西贸易。但是由于隋朝二世而亡，重开丝路的脚步暂时中断。到了唐太宗贞观年间，唐王朝又重新确定了开拓西域的战略。

唐太宗贞观元年（627）秋，玄奘法师离开长安时，唐王朝尚未真正开始经略西域。唐太宗贞观十四年（640）八月，唐朝大将侯君集攻取了高昌。唐朝政府在此设置了安西都护府，管理西域地区军政事务。由此拉开了唐王朝经略西域、重开丝绸之路的序幕。等到了贞观十九年（645）正月，玄奘法师回到长安时，唐太宗已经相继平定了东突厥、吐谷浑、高昌、薛延陀等西域邦国，大大地改变了西北的地缘政治格局。

在玄奘法师之前，赴印度求取佛法的僧人不乏其人，但是论对重开丝路影响最大的还是玄奘法师。造就玄奘法师西行影响之巨的原因有如下几个方面：

首先，得益于唐王朝的统一和强盛。早在东晋时期，法显大师等就曾远赴印度学习佛法，他还写下了著名的史地著作《佛国记》。南北朝时期，赴印求法的中国僧侣源源不断，但都未能产生诸如玄奘法师这般的影响力。究其根本，处于分裂时期的中原王朝是无力重新打开丝绸之路的。

其次，玄奘法师博学多才，具有很高的文化素养。玄奘法师不但有着惊人的语言天赋，而且对于天文、历史、地理、逻辑学都有极高的造诣，他的著作对国家政治战略有着更强的参考价值。这在他佛经翻译和《大唐西域记》中有着充分的反映，兹不赘述。

再次，唐朝两代皇帝太宗和高宗对玄奘法师的仰慕，特别是唐高宗对玄奘法师的深厚感情。唐太宗曾数次劝说玄奘法师还俗，并邀请他入朝为官，玄奘拒绝后，唐太宗还多次邀请法师密谈，向他咨询有关西域的诸多事宜。唐高宗与玄奘法师更是感情深厚，不但延请他主持大慈恩寺，还把他当作高参常侍左右，随时向他问计。

总之，从具体的历史事实我们可以发现，在玄奘法师归来后，唐王朝对西域的经营明显上了一个新的台阶，而且唐王朝对西域的有效管辖基本是在唐高宗时期奠定的。这其中显然有玄奘法师的功劳。

贞观二十二年（648）之后，唐王朝将位于西州交河城（今新疆吐鲁番西交河故城遗址）的安西都护府移至故龟兹国都城（今新疆库车）。同时，还在安西都护府之下修筑了龟兹、焉耆、于阗（今新疆和田西南）、疏勒（今新疆喀什）等四座城城堡，并设立军镇，史称"安西四镇"。"安西四镇"的设置极大地限制了雄心勃勃的吐蕃向北扩张的步伐，保护了丝绸之路这条中西陆上交通要道，唐王朝的统治进一步向中亚地区延伸。

唐高宗显庆三年（658），升安西都护府为大都护府，管理天山以南以及中亚地区。唐高宗调露元年（679），唐安抚大使裴行俭护送波斯王子泥涅师回国，途中遇西突厥叛乱。裴行俭大破突厥，平定了匐延都督阿史那都支等人的反叛。唐王朝遂以碎叶水旁边的碎叶城（今吉尔吉斯斯坦托克马克城附近）取代焉耆，安西四镇从此变成了碎叶、龟兹、于阗、疏勒等四城。

武则天长安二年（702），武周朝廷又在庭州（今新疆吉木萨尔北）设置了北庭都护府。唐中宗景龙三年（709），唐王朝升北庭都护府为大都护府，管辖天山以北及热海以西地区。北庭都护府的设置加强了唐王朝对西域的控制，有效地防止了西突厥残余势力的反扑，为安西都护府对抗吐蕃提供了战略后援。

至此，唐王朝在西域的统治形成了两大都护府分管天山南北军政、既互相协作又互相牵制的局面。在两大都护府之下又设置都督府、州、军等各级军政机构，各级机构代表朝廷在西域行使职权，极大地强化了唐王朝在我国新疆，乃至中亚地区的政治军事力量。

在安西、北庭都护府两大都护府的统领下，尤其是"安西四镇"存在的一个多世纪里，唐王朝的西北边防非常稳固，丝绸之路上的经济、文化往来也非常频繁，是古代陆上丝绸之路最为繁荣的黄金时期。

在这个过程中，以玄奘法师为代表的赴印求法僧侣们的贡献很大，他们给唐王朝带来了大量关于西域、印度等地详细的地情资料，增强了唐王朝对西域的了解，为唐王朝进一步开拓、经营西域，也为重开丝绸之路创造了条件。玄奘等中国僧侣的赴印度游学活动极大地丰富了丝绸之路的路径，使丝绸之路向北延伸到了阿尔泰山南缘，向南发展到了"河西—青海—西藏—尼泊尔"一线，为丝绸之路的进一步拓展做出了很大的贡献。

习近平总书记曾在联合国教科文组织的讲话中说道："中国唐代玄奘西行取经，历经磨难，体现的是中国人学习域外文化的坚韧精神。"玄奘法师是古丝绸之路上重要的文化交流使者，他不畏艰辛、西行求法的壮举一直为世人所仰慕，他对推动中华文明与世界文明的交流互鉴做出了不可磨灭的贡献。以玄奘法师为纽带，所缔造的中国同丝绸之路沿线国家间的友谊也为人们所称颂而源远流长。

2016年5月5日，应尼泊尔蓝毗尼开发委员会请求，由陕西省佛教协会捐铸的玄奘法师青铜塑像安奉奠基仪式在尼泊尔蓝毗尼中华寺举行。玄奘法师青铜塑像被永久安奉在佛祖释迦牟尼的诞生地，进一步加深了中尼两国人民和佛教界间的友谊，也必将为国家"一带一路"倡议起到更为积极的推动作用。

三、扬名那烂陀

进入北印度、巴基斯坦境内后，玄奘的行进速度有所放缓，他一边四处巡礼名寺古刹，一边四处游历学习佛法，缓缓地向南行进。

1. 初入那烂陀

经历三年多的艰难险阻和几万里的长途跋涉，唐太宗贞观五年（631）秋，也就是玄奘踏上西行求法征程的第四个年头，他终于到达了此行最主要的目的地——那烂（lán）陀寺。那烂陀寺是古印度摩揭陀国都城（王舍城）东的著名寺院，在今印度比哈尔邦巴腊贡地区，是古代印度规模宏大的佛教寺院和佛教最高学府，也是古印度的佛教中心。全寺分为八个大院，建筑宏伟壮丽，规模庞大。该寺的僧人以研习大乘佛法为主，此外还研究包括《吠陀》在内的外道俗典，及声明、因明、医方、术数等知识。在其最兴盛时，寺中的主、客僧众，据说多达万人以上，其中通经论二十八部者，有1000余人；通三十部者，有500余人；通五十部者10人。寺中最为博学的戒贤法师（大乘佛教瑜伽行派论师）已106岁高龄，通达一切内外经论，被尊称"正法藏"。

当时的五印度①远近僧俗听说从东土大唐来了一位取经的和尚，于是有数千人前来一睹玄奘的风采。当他们看到玄奘满怀悲悯的神情，虔诚跪拜佛祖时，没有不呜咽落泪的。这一盛大的场面共维持了八九天；第十天时，那烂陀寺派出四位大德高僧率领200多僧人和1000多位居士高擎幡、幢、

---

①五印度：印度的《往世书》中将印度划分为东、西、南、北、中五部，故称；《大唐西域记》记载："五印度之境，周九万余里，三垂大海，北背雪山，北广南狭，形如半月。"

华盖来迎接玄奘法师,将他引导到当时印度最高的佛教学府那烂陀寺,并举行了隆重的欢迎仪式;又派了 20 个非老非少、深通经律、威仪齐整的高僧随法师一起去参见戒贤长老。

那烂陀寺给予了玄奘法师最高的礼遇,将他安置在护法菩萨房北的上房中;每天得到供养有瞻步罗果 120 枚,槟榔子 20 颗,豆蔻 20 颗,龙脑香 1 两,"供大人米" 1 升;每月给油 3 斗,酥乳等随日取足;侍者有净人 1 人,婆罗门 1 人,并且不用参加各种僧事;凡有出行,都是乘坐大象所拉之车。在那烂陀寺 10000 多名僧侣中,仅有 10 个人获得过此种待遇。

玄奘入寺后,拜戒贤为师,跟随其学习佛法。戒贤及其他寺僧对于玄奘的到来也十分重视,将其尊为寺内的十大德之一。玄奘刻苦钻研,一学便是五年。

在那烂陀寺学习期间,玄奘至王舍城瞻礼释迦牟尼佛圣迹。王舍城在摩揭陀国内,四面都是山。城北有窣(sū)堵波,[①] 是提婆达多与阿阇(shé)世王放醉象欲害佛的地方。城东北行十四五里至耆崛山,此山连岗北岭,外形很像鹫鸟,又好像高台,所以称为灵鹫山,这是释迦牟尼应世时常居之地,泉石清奇,林树森郁。如来曾在此讲说《法华经》《大般若经》等大乘经典。城北走一里余,是昔日竹林精舍,如来在此制诸多戒律。竹园西南行五六里,是大迦叶于佛涅槃后第一次结集三藏处。

此后数年,玄奘往返于那烂陀寺与古印度各邦国之间,四处游学、巡礼,遍访高僧,学识愈加饱满,声誉也越来越高,备受尊崇。

贞观六年(632),玄奘 32 岁,他结束游学回到那烂陀寺,听戒贤法师讲《瑜伽师地论》,同听者数千人。贞观七年至十年,玄奘一直在那烂陀

---

① 窣堵波:亦作"窣堵坡",是梵文 stūpa 的音译,窣堵波原义为泥土砖石垒筑的高冢;巴利文同义词为 thūpa,音译为塔婆,即佛塔。

三藏院壁画　玄奘随戒贤法师学习佛法

寺，听《瑜伽师地论》三遍，并习《顺正理论》①一遍，《显扬圣教论》《对法论》各一遍，《因明论》《声明论》《集量论》等各两遍及《中论》《百论》两遍。他如饥似渴，博览群书，潜心研习，以穷三藏。这时他已从初入那烂陀寺时的精通五十部三藏的十位大德之一，成为这座佛教最高学府的主讲，地位仅次于戒贤法师。

2. 辩法初峥嵘

在当时的印度佛教界，大乘与小乘之间争论不断。大乘佛教认为人人皆可成就佛陀一样的智慧，而小乘则以自我解脱为宗旨。玄奘西行求法的目的，便是探究佛经中的真谛，并将其带回国内，利益东土众生。他在那烂陀寺师承戒贤，习得大乘佛法，但是他在印度各地游学途中，也曾拜小乘宗师为师，因此遍习大、小乘各宗，同时还研究了佛教以外其他教派的教义，这在印度佛教界都是极为罕见的。所以后世学者认为，玄奘对观点对立的瑜伽派和中观派的统一融合，对大乘、小乘的分析论证做出了卓越的贡献。②

据说戒日王③在前往征服恭御陀的途中，经过乌荼国，该国信小乘佛教，信奉大乘的戒日王在此受到了小乘僧人的刁难。该国的小乘僧人拿出

---

① 《顺正理论》：全称《阿毗达磨顺正理论》，佛教"论"书，80卷。一名《俱舍雹论》。古印度尊者众贤著，为与世亲之《俱舍论》论战而作。由于世亲菩萨的《俱舍论》在印度各地风行，因此引起了迦湿弥罗有部学者的激烈反对，有部论师众贤历12年钻研著成两万五千余颂的《俱舍雹论》以破世亲《俱舍论》的菩萨新说。《俱舍雹论》持论比较公正，不仅对《俱舍论》有所批判，对有部本宗理论也多有批驳，提出"经部不违理故，婆沙我所宗故"，"判法正理在牟尼"等主张。世亲读到此论后非但未著论驳斥，反将众贤《俱舍雹论》改题为《顺正理论》，流传于世。

② 吕乐山主编：《大雁塔》，陕西旅游出版社，2003年12月，第10页。

③ 戒日王（590—647）：古印度曷利沙帝国国王、剧作家、诗人，属于吠舍种姓。公元606—647年在位期间，统一北印度，迁都曲女城（今印度勒克瑙），建立严格的行政管理和刑法制度；虔诚信奉印度教，也支持佛教。唐玄奘旅居印度时，曾受其款待。

《破大乘论》[1]，挑衅说大乘无人能破其一字。戒日王便写信给那烂陀寺的戒贤，请求其派大乘高僧前往乌荼国与之展开辩论。戒贤受令后，召集那烂陀寺全体僧众，众僧人推举出四位代表，玄奘便是其中之一。由此可见玄奘在那烂陀寺的威望之高、法力之强。

在临行前，有一位顺世外道者来那烂陀寺论难。顺世外道者主张：人死后一切归于虚无，否定轮回，提倡人生的目的在于追求快乐。玄奘随即挺身应战，对其观点一一加以辩驳，该顺世外道者无以应对，只得认输作罢。巧的是，此人曾多次听过《破大乘论》，对其观点颇为熟悉，于是玄奘便让此人将其讲出，寻其破绽，以大乘理论一一批驳，并撰成《制恶见论》，[2] 受到了大乘僧人的称赞。

3. 扬名曲女城

玄奘的博学，不仅受到印度佛教界的尊重，就连印度诸国的国王也十分敬重他。

贞观十四年（640），迦摩缕波国（今印度阿萨姆邦高哈蒂一带）国王鸠摩罗（童子王）听闻玄奘的事迹后，被玄奘的学识所折服，便邀请玄奘到其国内宣扬佛法。此时，玄奘本打算动身回国，便拒绝了其邀请。但鸠摩罗王多次派使者前来，盛情难却，玄奘只得答应。

在迦摩缕波国讲经数月后，玄奘又受到了统治五印度的戒日王的邀请。鸠摩罗王原本并不打算让玄奘离开，但是戒日王屡次催促，鸠摩罗王便派遣大军护送玄奘前往。

---

[1]《破大乘论》：小乘正量部学者般若鞠多（Prajāgupta，意译"慧藏"）所撰，共七百颂，宣扬正量部的教义，受到诸多小乘佛教论师的推崇。
[2]《制恶见论》：又名《制恶见轮》，唐玄奘法师用梵文所著。玄奘以大乘宗旨全面反驳了《破大乘论》中攻击大乘的所有论点，他认为《破大乘论》是恶见，他要制止般若鞠多的恶见，因此取名为《制恶见论》，因而名震五天竺。真唯识量就是这部《制恶见论》的核心。

戒日王与玄奘见面后，相谈甚欢，特别是在拜读了玄奘的《制恶见论》后，决定为其在首都曲女城举办辩论大会。贞观十五年（641），曲女城大会举办时，古印度诸国共有18位国王前来参加，其他大、小乘僧众则有3000余人，婆罗门僧及尼犍那教僧2000余人，那烂陀寺僧1000余人，而自发来观礼的僧众以及俗人则不计其数。

大会由戒日王亲自主持，玄奘作为大会论主，坐在戒日王为其准备的宝床之上。大会开始后，先由玄奘宣讲大乘佛理，作为辩论的主题；其次，由那烂陀寺的明贤法师向大会宣读玄奘的《制恶见论》，另写一本悬挂于院门之外，向众人展示；再后，与会者开始与玄奘展开辩论。曲女城大会持续了五天之久，竟无人一人能驳倒玄奘。玄奘因此在古印度诸国声名远扬，被大乘僧众尊称为"大乘天"，被小乘僧众尊称为"解脱天"。

曲女城大会之后，玄奘又应戒日王之邀参加在时称钵罗耶伽国①的恒河与阎牟那河之间设立的"无遮布施"②。

无遮，梵语意即"宽容无阻"。"无遮大施会"是佛教举行的一种广结善缘，不问种姓差别，不分贵贱、僧俗、智愚、善恶都一律平等对待的大斋会，由各地的僧侣聚集在一起辩论，共75天，由戒日王主持。规模大，组织严密。《大慈恩寺三藏法师传》中概括其为"营构精庐，穷极轮奂，造七佛之仪，设无遮之会"。设无遮大施会之动因，借用戒日王对玄奘的解释，就是"弟子嗣承亲庙，为天下主，三十余年，常虑福德不增广，往因不相续"，故而才有积集财宝，欲"藏富于民"的想法。这个大施会场气派非凡，四周十四五里之内平坦如镜，用篱笆间开有千步左右的面积作为主

---

① 钵罗耶伽国：中印度古国名，梵文Praya^ga，位于恒河与阎牟那河的交会点，波罗奈国之西。

② 无遮布施：即无遮大施会。其仪程为：第一日供养十方三世一切诸佛；第二日供养娑婆世界主大梵天王；第三日供养以大自在天为首的欲界诸天；第四、五日，布施供养僧伽共一万多人；第六至三十一日，布施供养婆罗门十多万人；第三十二至三十五日，供养布施外道10多万人；余下30日，布施贫困孤独者近30万人。

会场，然后在正中央筑建草堂十数间，安放金、银、珍珠、大青蛛等宝物；草堂四周搭起数百间长舍，搁置金银钱宝及奢华衣缕等。

因有玄奘大师随行，曲女城法会的诸王大众都一同前往钵罗耶伽国参加无遮大会，加上从各地赶来的沙门、婆罗门及贫困孤独者，一共到了50万之众。

4. 学成兮归来

曲女城无遮大施会后，玄奘急于回国弘法，便向戒日王辞行，动身归国。戒日王建议玄奘从海路回国，但是玄奘念及当初与高昌王之间的约定，于是按来时路线返回。行至瞿萨旦那国（今新疆和田县）时，高昌国商人马玄智前来会见，玄奘得知高昌王麴文泰已故，遂放弃了继续北上前往高昌的计划，改为向南就近回国。

因为玄奘离开大唐时并未获得官方批准，虽然此时已是满载而归，却仍然是戴罪之身。于是请马玄智先行前往长安，上表太宗，陈述自己西行的目的。八个月后，马玄智从长安返回，告知玄奘朝廷已经准许他携带经像归国，并将在沿途各地派人迎接。得到消息后，玄奘立即从于阗起程东归。他进至沙州（今甘肃敦煌），再次向朝廷上表陈情。当时，唐太宗身在洛阳，准备征讨辽东，得知玄奘即将返回，便下令房玄龄负责接待事宜。而玄奘为了赶在太宗出征之前觐见，加快了行进速度，很快赶到长安西郊漕上①。行程5万里，历时19年后，他终于回到了故土。

据《续高僧传》记载，贞观十九年（645）正月二十四日，房玄龄遣右武威大将军侯莫陈实、雍州司马李叔眘（shèn）、长安县令李乾祐等奉迎玄

---

① 漕上：应指唐初长安城西漕渠（隋朝疏通汉的漕渠），即从咸阳到长安城之间的道路，沿漕渠而行。《大慈恩寺三藏法师传》卷五："……奄至漕上。"卷六："自漕而入，舍于都亭驿，其从若云。"李健超先生《增订唐两京城坊考》第41页："长安城西有'漕店'，盖城西漕渠旁地。"辛德勇先生《汉唐间长安附近的水陆交通》中有"汉、隋、唐漕渠渠道段基本一致，具体引水地点在咸阳西18里，唐名兴城堰，当今咸阳钓鱼台附近。"见《中国历史地理论丛》1989年第1辑。

奘,并自漕上迎入城内都亭驿①暂住。此时,官府的接待准备尚未完成,玄奘远赴天竺取经归来的消息却不胫而走。听说玄奘抵达长安,坊间之人奔走相告,整个长安城完全沸腾了,所有人都朝玄奘回归的方向赶去;倾都罢市万人空巷,闻讯而来观礼的人们阻塞了道路,从宽广壮丽的朱雀大街到弘福寺②门口,人们排成了数十里的瞻仰队伍,朝廷官员也列队两旁迎接

三藏院壁画 玄奘取经归来

---

① 都亭驿:唐代设在京师长安皇城之南朱雀街西通化坊东门之北的馆驿。《续高僧传》卷4《玄奘传》:"从故城之西南至京师朱雀街之都亭驿。"据元人骆天骧《类编长安志》卷4载,驿在朱雀街西第一街第二坊,即通化坊(在今陕西西安市内)。

② 弘福寺:唐代长安著名佛寺,在皇宫西面的修德坊内。据《唐两京城坊考》中记载:"修德坊西北隅,兴福寺。贞观八年,太宗为穆皇后追福,立弘福寺。神龙元年改兴福寺。"弘福寺是玄奘三藏法师的首个译经场,奠定了弘福寺在佛教史上的地位。寺内有寺僧怀仁集王羲之字的唐太宗《圣教序》及唐高宗《述圣记》的石碑,现收藏于西安碑林博物馆。此碑文是和尚怀仁收集王字摹刻而成,是研究王羲之书法的重要碑刻。1982年3月,在西安市莲湖区丰禾路的西安电瓶车制造厂大门内出土了《大唐弘福寺故上座首律师高德颂碑》一通,该碑由许敬宗撰文,郭广立书,唐显庆元年十二月八日立碑,是研究唐代佛教的重要史料,也印证了弘福寺在修德坊西北隅的历史记载。

玄奘。第二天，朝廷在皇城正门朱雀门之南举行大会，隆重迎接玄奘归国回京；同时，玄奘在长安大街上当众展示他从印度所携带回来的佛教经、像等，后以27匹马负载，运往弘福寺。当时可谓盛况空前：自朱雀街至弘福寺的十里路上，寺房装新，街市庄严，幡盖竞艳，经像队伍途经之处，观瞻之人踊动道旁，珠佩动音，金花散彩，梵音赞歌，响彻天空。

玄奘历经艰辛到达印度佛教中心那烂陀寺取得真经，前后游学14年，学遍了当时的大小乘各种学说，自印度、西域各地请回如来肉舍利150粒，金银木质佛像7尊，经论657部。这些情况在《大唐西域记·记赞》中有详细记载。其云：请得如来肉舍利一百五十粒；金佛像一躯，通光座高尺有六寸，拟摩羯陀国前正觉山龙窟影像；金佛像一躯，通光座高三尺三寸，拟婆罗痆斯国鹿野苑初转法轮像；刻檀佛像一躯，通光座高尺有五寸，拟憍赏弥国出爱王思慕如来刻檀写真像；刻檀佛像一躯，通光座高二尺九寸，拟劫比他国如来自天宫降履宝阶像；银佛像一躯，通光座高四尺，拟摩揭陀国鹫峰山说《法华》等经像；金佛像一躯，通光座高三尺五寸，拟那揭罗曷国伏毒龙所留影像；刻檀佛像一躯，通光座高尺有三寸，拟吠舍厘国巡城行化像。大乘经二百二十四部；大乘论一百九十二部；上座部经律论一十四部；大众部经律论一十五部；三弥底部经律论一十五部；弥沙塞部经律论二十二部；迦叶臂耶部经律论一十七部；法密部经律论四十二部；说一切有部经律论六十七部；因论三十六部；声论一十三部。凡五百二十夹，总六百五十七部。①

据记载，玄奘通过丝绸之路，从印度带回来的真经贝叶经②被佛家视为

---

① [唐] 玄奘、辩机著，季羡林等校注：《大唐西域记校注·记赞》，中华书局，2000年，第1041页。
② 贝叶经的贝叶指的是印度贝多罗树的叶子，用水长时间浸泡后，可以替代纸，印度人多用来书写佛经，所以在贝叶上写的佛经也称为贝叶经。贝叶耐磨轻便，千百年后字迹仍可清晰辨认。

宝物，珍藏在慈恩寺的大雁塔中。有人说在塔上，因历代战乱散佚或毁坏；有人说玄奘从印度带回来的佛经、佛像被他安放在大雁塔的地宫之中，就像法门寺地宫一样迟早会再现于世。诸种说法，莫衷一是。

大雁塔三层展示的贝叶经（复制品）

四、《大唐西域记》

玄奘法师归国之后，奉唐太宗敕令，将自己在西域的见闻编撰成一部西域史地著作，这就是著名的《大唐西域记》。该书以玄奘口述，弟子辩机记录整理的形式，将玄奘法师游历西域、印度诸国以及往返途中共计19年间之见闻编次整理成书。全书12卷，共计收录138国，其中玄奘亲历者110国，传闻者28国。该书对唐代西域及印度的山川地理、城邑关防、交通道路、民俗风情、物产气候、历史传闻、政治文化、宗教信仰等进行了详细记述，是公认的研究印度、尼泊尔、巴基斯坦、孟加拉国、斯里兰卡以及中亚等地古代历史地理的权威史料，也是研究中外文化交流的珍贵文献，更是留给后人最宝贵的文化遗产。印度那烂陀寺遗址的位置正是依据《大唐西域记》里的记载而确定的。

1. 著述缘起

贞观十九年（645）二月，玄奘归国后，前往洛阳谒见唐太宗。在君臣奏对的过程中，唐太宗出于对西域的战略考量，详细地向玄奘询问了西域诸国的情况。

唐太宗是一位雄才大略的皇帝，想要铸就一个不逊于汉朝的强大国家。但是，唐初国力衰微，突厥人数次乘机威胁中原，太宗被迫与其缔结了"渭水之盟"。从此，唐太宗一直将彻底击败突厥，建立西域都护，重开丝绸之路作为唐王朝经略西域的战略重点。此时，唐太宗已经出兵击败东突厥，完成了阶段性战略目标；消灭西突厥势力，统一西域诸国并加强与欧亚各国的联系，就成为他下一个阶段的目标。因此，必须要深入了解西域诸国的地理、人情，而玄奘亲历西域诸国，因此便成为唐王朝西域战略顾问的不二人选。

唐太宗向玄奘询问起西域及印度各地的山川风物、风土人情、佛教胜迹。玄奘法师口才很好，思路清晰，有条不紊地将自己在西域诸国的所见所闻，对太宗皇帝娓娓道来。唐太宗听后兴趣非常浓厚，十分高兴，"又谓法师曰：'佛国遐远，灵迹法教，前史不能委详，师既亲睹，宜修一传，以示未闻。'"[1] 于是，玄奘在译经弘法之余，又将自己游历印度及西域各地的见闻，渐次详细地口述了出来，由其弟子辩机和尚负责笔录，然后再由玄奘法师编辑审定。贞观二十年（646）七月，书籍编纂完成，命名为《大唐西域记》。玄奘随于乙未日进表太宗，对《西域记》进行了概括评价，其曰："今所记述，有异前闻。虽未极大千之疆，颇穷葱外之境，皆存实录，匪敢雕华。谨具编裁，称为《大唐西域记》，凡一十二卷，缮写如别。望班

---

[1] [唐] 慧立、彦悰著，孙毓棠、谢方点校：《大慈恩寺三藏法师传》卷6，中华书局，2000年，第129页。

之右笔，饰以左言，掩博物于晋臣，广九丘于皇代。但玄奘资识浅短，遗漏实多，兼拙于笔语，恐无足观览。"①

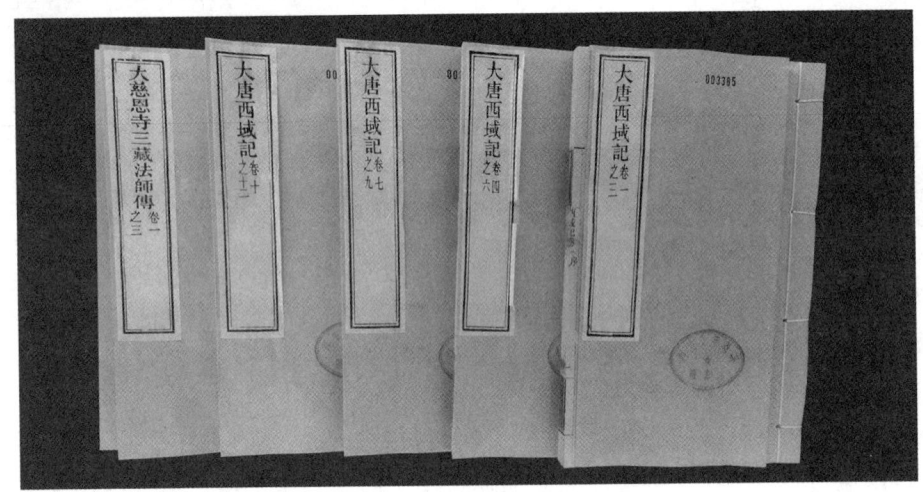

《大唐西域记》卷本

2. 文学精品

玄奘法师和弟子辩机和尚，都具有非常深厚的文学修养。因此《大唐西域记》表现出了出色的文学造诣，其文笔绚丽、生动，构思精巧，情节引人入胜，对后世的游记文学和通俗文学都产生了重要影响。尤其是对古代四大名著之一的神魔小说《西游记》影响深远。

从游记文学角度来说，《大唐西域记》是与《山海经》《水经注》和《徐霞客游记》同类的历史地理著作。其中对于雪山、大漠、山间谷地等景物的刻画栩栩如生，优美如画，一点也不逊色于《水经注》。例如：

国西北行三百余里，度石碛，至凌山，此则葱岭北原，水多

---

① [唐] 慧立、彦悰著，孙毓棠、谢方点校：《大慈恩寺三藏法师传》卷第6，中华书局，2000年，第135页。

东流矣。山谷积雪,春夏合冻,虽时消泮,寻复结冰。经途险阻,寒风惨烈,多暴龙,难凌犯。①

素叶城西行四百余里,至千泉。千泉者,地方二百余里,南面雪山,三垂平陆。水土沃润,林树扶疏,暮春之月,杂花若绮。泉池千所,故以名焉②

从此东行,入大流沙。沙则流漫,聚散随风,人行无迹,遂多迷路。四远茫茫,莫知所指,是以往来者聚遗骸以记之。乏水草,多热风。风起则人畜惛迷,因以成病。时闻歌啸,或闻号哭,视听之间,恍然不知所至,由此屡有丧亡,盖鬼魅之所致也。③

它的笔法生动传神,使读者犹如亲历其境,为后人留下了宝贵的史地风物资料。

从通俗文学角度来说,它对后世的志怪和志人文学产生了较为深远的影响。其中志怪文学的名篇,有卷三的《佛牙伽蓝及传说》:

新城东南十余里,故城北大山阳,有僧伽蓝,僧徒三百余人。其窣堵波中有佛牙,长可寸半,其色黄白,或至斋日,时放光明。昔讫利多种之灭佛法也,僧徒解散,各随利居。有一沙门游诸印度,观礼圣迹,申其至诚。后闻本国平定,即事归途,遇诸群象横行草泽,奔驰震吼。沙门见已,昇树以避。是时群象相趋奔赴,竞吸池水,浸渍树根,互共排掘,树遂蹎仆。既得沙门,负载而行,至大林中,有病象疮痛而卧。引此僧手,至所苦处,乃枯竹所刺也。沙门于是拔竹敷药,裂其裳,裹其足。别有大象持金函授与病象,象既得已,转授沙门。沙门开函,乃佛牙也。诸象环

---

①[唐] 玄奘、辩机著,季羡林等校注:《大唐西域记校注》,中华书局,2000年,第67页。
②[唐] 玄奘、辩机著,季羡林等校注:《大唐西域记校注》,中华书局,2000年,第76页。
③[唐] 玄奘、辩机著,季羡林等校注:《大唐西域记校注》,中华书局,2000年,第1030-1031页。

绕，僧出无由。明日斋时，各持异果，以为中馔。食已，载僧出林数百里外，方乃下之，各跪拜而去。沙门至国西界，渡一驶河，济乎中流，船将覆没。同舟之人互相谓曰："今此船覆，祸是沙门。必有如来舍利，诸龙利之。"船主检验，果得佛牙。时沙门举佛牙俯谓龙曰："吾今寄汝，不久来取。"遂不渡河，回船而去，顾河叹曰："吾无禁术，龙畜所欺！"重往印度，学禁龙法。三岁之后，复还本国，至河之滨，方设坛场，其龙于是捧佛牙函以授沙门。沙门持归，于此伽蓝而修供养。①

其中志人的名篇，有卷五的《戒日王世系及即位治绩》：

今王本吠奢种也，字曷利沙伐弹那（唐言喜增），君临有土，二世三王。父字波罗羯罗伐弹那（唐言光增），兄字曷逻阇伐弹那（唐言王增）。王增以长嗣位，以德治政。时东印度羯罗拏苏伐剌那（唐言金耳）国设赏迦王（唐言月）每谓臣曰："邻有贤主，国之祸也。"于是诱请，会而害之。人既失君，国亦荒乱。时大臣婆尼（唐言辩了），职望隆重，谓僚庶曰："国之大计，定于今日。先王之子，亡君之弟，仁慈天性，孝敬因心，亲贤允属，欲以袭位。于事何如？各言尔志。"众咸仰德，尝无异谋。于是辅臣执事咸劝进曰："王子垂听。先王积功累德，光有国祚。嗣及王增，谓终寿考，辅佐无良，弃身仇手，为国大耻，下臣罪也。物议时谣，允归明德。光临土宇，克复亲仇，雪国之耻，光父之业，功孰大焉？幸无辞矣！"王子曰："国嗣之重，今古为难。君人之位，兴立宜审。我诚寡德，父兄遐弃，推袭大位，其能济乎？物议为宜，敢忘虚薄！今者殑伽河岸有观自在菩萨像，既多灵鉴，愿往请辞。"即至菩萨

---

① [唐] 玄奘、辩机著，季羡林等校注：《大唐西域记校注》，中华书局，2000年，第340-341页。

像前断食祈请。菩萨感其诚心，现形问曰："尔何所求，若此勤恳?"王子曰："我惟积祸，慈父云亡，重兹酷罚，仁兄见害。自顾寡德，国人推尊，令袭大位，光父之业。愚昧无知，敢希圣旨!"菩萨告曰："汝于先身，在此林中为练若苾刍，而精勤不懈。承兹福力，为此王子。金耳国王既毁佛法，尔绍王位，宜重兴隆，慈悲为志，伤愍居怀。不久当王五印度境。欲延国祚，当从我诲，冥加景福，邻无强敌。勿升师子之座，勿称大王之号。"于是受教而退，即袭王位，自称曰王子，号尸罗阿迭多（唐言戒日）。于是命诸臣曰："兄仇未报，邻国不宾，终无右手进食之期。凡尔庶僚，同心勠力!"遂总率国兵，讲习战士，象军五千，马军二万，步军五万，自西徂东，征伐不臣。象不解鞍，人不释甲，于六年中，臣五印度，既广其地，更增甲兵，象军六万，马军十万。垂三十年，兵戈不起，政教和平，务修节俭，营福树善，忘寝与食。令五印度不得啖肉，若断生命，有诛无赦。于殑伽河侧建立数千窣堵波，各高百余尺。于五印度城邑、乡聚、达巷、交衢，建立精庐，储饮食，止医药，施诸羁贫，周给不殆。圣迹之所，并建伽蓝。五岁一设无遮大会，倾竭府库，惠施群有。惟留兵器，不充檀舍。岁一集会诸国沙门，于三七日中，以四事供养，庄严法座，广饰义筵，令相摧论，校其优劣，褒贬淑慝，黜陟幽明。若戒行贞固，道德淳邃，推升师子之座，王亲受法。戒虽清净，学无稽古，但加敬礼，示有尊崇。律仪无纪，秽德已彰，驱出国境，不愿闻见。邻国小王，辅佐大臣，殖福无殆，求善忘劳，即携手同座，谓之善友。其异于此，面不对辞，事有闻议，通使往复。而巡方省俗，不常其居，随所至止，结庐而舍。唯雨三月，多雨不行。每于行宫日修珍馔，饭诸异学，僧众一千，婆罗门五百。每以一日分作三时，一时理务治政，二时营福修善，孜孜不倦，竭日不足矣。①

明朝著名小说家吴承恩正是以《大唐西域记》为蓝本,搜集整理民间传说,最终加工创作出了脍炙人口的名著《西游记》。

3. 史地明珠

虽然读者更喜欢《西游记》的故事,但是对于史地研究者来说,《大唐西域记》才是研究我国新疆、印度、中亚等地区中古时期历史地理的瑰宝。

在研究我国西北史地方面,《大唐西域记》有许多重要的记述:(1)其中有很多关于唐代时期我国西北地区的地理地貌和气候变迁。比如塔克拉玛干沙漠周边的伊吾、高昌、阿耆尼(焉耆)等地的自然地理情况。(2)勾画了一幅完整的丝绸之路交通路线图。这幅古代中外地理交通图东起中国甘肃,北抵哈萨克斯坦,西到伊朗,南至印度半岛、斯里兰卡和印度支那半岛西部。(3)对西域古国的灌溉农业、手工业技术、社会风俗等的记录都是弥足珍贵的,甚至是独一无二的。比如新疆吐鲁番地区的坎儿井、于阗地区的养蚕缫丝,在《大唐西域记》中都有记载。

在古代中亚和南亚地区,关于公元7世纪以前的印度历史文献记录几乎是一片空白,现代印度历史学者研究本国的古代历史,很多时候都要依靠外国人的记录,玄奘的《大唐西域记》则是最珍贵的历史记录。

《大唐西域记》一书保留了大量的印度地区古代史资料,内容以佛教为主,涉及政治、地理、名胜、语言、风俗习惯等,十分丰富。今天各国学者研究戒日王时期到7世纪以前的印度史,无论是政治方面、经济方面、宗教方面或者文化方面,没有一个不以《大唐西域记》为依据。已故印度历史学家R. C. 马宗达主编的《印度人民的历史和文化》系列著作中第三卷

---

①[唐]玄奘、辩机著,季羡林等校注:《大唐西域记校注》,中华书局,2000年,第428—430页。

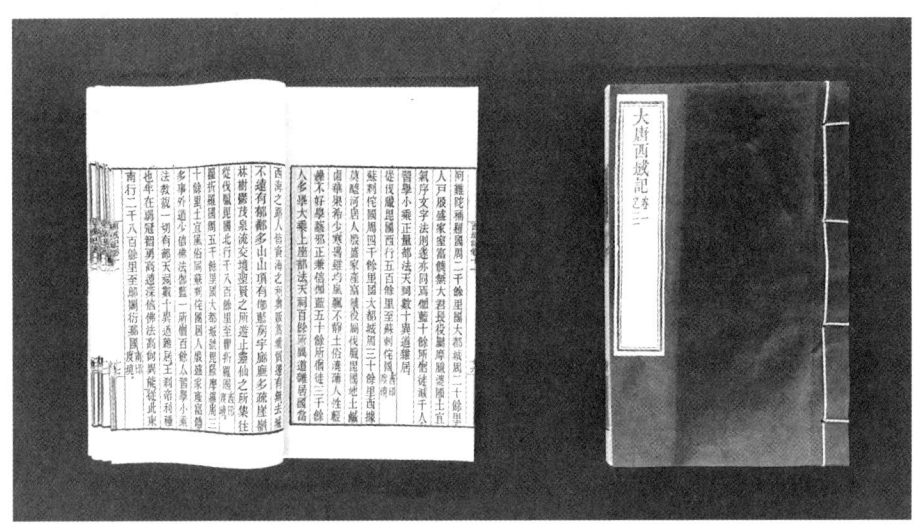

《大唐西域记》影印本内页

《古典时代》引用《大唐西域记》的地方多达 123 处，如鹿野苑、菩提伽耶、库什那迦、兰毗尼、那烂陀寺、阿育王塔等众多佛教圣地和数不清的古迹，也是根据这本详细的史料被一一发掘出来的。他说："这些记载（《大唐西域记》）给我们描绘了一幅印度当时情况的图画，这种图画是任何地方都找不到的。"①

时至今日，研究世界佛教史和印度古代史，《大唐西域记》是一部避不开的重要史籍。其中关于印度佛教史上的前四次集结，佛教古迹的分布，佛教的教仪和僧侣的各种活动等，都记载甚详。今天印度很多的考古发现都是以《大唐西域记》的记载为线索而发现的——那烂陀寺遗址和阿旃陀石窟等著名文化古迹，就是如此。20 世纪二三十年代，法国学者富歇以及考古学家哈金夫妇等根据《大唐西域记》挖掘出了阿富汗贝格拉姆遗址（曾经的贵霜帝国夏都），印证了伟大的犍陀罗文明。②

---

①R. C. 马宗达等著，张澍霖等合译；《高级印度史》，商务印书馆，1986 年版。
②引自《浴火重光：阿富汗文化遗产故事》，见《世界遗产》2017 年第 6 期。

我国著名农史学家辛树帜教授称赞说：《大唐西域记》是"研究中印文化交通及中亚沿革地理之瑰宝""不二之珍"。英国历史学家史密斯说："我们无论怎么样夸大玄奘的重要性都不为过。中世纪的印度历史漆黑一片，他是唯一的亮光。"

「一寺一塔一典范」

对于大多数西安人来说,大慈恩寺和大雁塔是既熟悉又陌生的。熟悉的是大雁塔的外形——七层四方形楼阁式身躯,威严耸立在西安市南郊;陌生的则是大慈恩寺和大雁塔所蕴含的珍贵的历史价值和它千年的沧桑故事。

一、慈母恩德

大慈恩寺始建于唐太宗贞观二十二年(648),至今已有 1370 余年的历史。

该寺是唐高宗李治为纪念母亲文德皇后长孙氏,并为母亲积累功德(追福)所立,故曰"大慈恩寺"。该寺建成后,李治又邀请德高望重的玄奘法师驻锡此寺,并下诏建立了大慈恩寺译经场。玄奘法师在此一住就是十年,直至显庆三年(658)移驻西明寺①。虽然玄奘取经归来后,曾先后

---

① 西明寺:唐代著名寺院,位于长安城延康坊。原为隋朝权臣杨素宅,占延康坊四分之一,面积 12.2 公顷。入唐以后为唐太宗爱子魏王李泰宅,显庆三年(658)唐高宗立为寺,有房屋四千余间,分十院,是当时皇家寺院,与大庄严寺、大慈恩寺、荐福寺等齐名。

辗转于弘福寺、大慈恩寺、西明寺、玉华宫等处,但大慈恩寺是玄奘译经生涯中驻锡时间最长的寺院,在此所译佛经也是最多。因此,也成就了大慈恩寺"长安三大译场"的赫赫盛名。

1. 铭记慈恩

文德皇后长孙氏(601—636),是唐太宗李世民的皇后,被后世誉为千古第一贤后,协助唐太宗李世民开创了"贞观之治"。长孙氏为人宽厚仁慈,数次规劝太宗要多行仁政,爱护贤臣,爱惜百姓,不要过分优待贵族。长孙家族出身关陇贵族集团,长孙氏的哥哥长孙无忌的政见经常代表贵族利益。在贞观年间,唐太宗对长孙家族的恩遇常常逾制,长孙氏于是劝说哥哥长孙无忌要急流勇退,让出宰相之位。贞观之初,唐朝得以形成君明后贤臣直的局面,与长孙皇后有重要关系。

贞观十年(636),长孙氏去世,时年36岁。群臣悲痛不已,上谥号"文德皇后"。长孙皇后生前极力劝谏太宗实行薄葬,不要学习汉朝封土为山,耗费财力民力,太宗于是决定选择在九嵕山因山起陵,营建昭陵。长孙皇后去世后,就葬在了昭陵。

长孙氏对子女也是极尽爱怜。贞观二年(628)六月,李治(628—683)出生于东宫丽正殿,他是太宗与长孙皇后的幼子,因此特别得父母宠爱。李治降生后,唐太宗在宫内宴请五品以上的大臣以示庆贺,并下令加赏与儿子同一天出生的婴儿。李治出生三天后"洗三朝"的时候,长孙皇后将当年丈夫起兵时从隋晋阳宫中得来的玉龙子和缀满珍珠的襁褓一并赐给了他。玉龙子是一枚龙形玉器,"广不数寸,而温润精巧,非人间所有"。[1] 李治后来登基成为皇帝,玉龙子也就成为唐朝皇帝的幸运符,代代相传。

贞观五年(631),李治被册封为晋王,并授并州都督。这个封赏非同凡响。熟知历史的人都知道唐代的并州就是太原府,太原北拒突厥,俯瞰

---

[1] [宋] 李昉等编:《太平广记》卷376《玉龙子》,中华书局,1986年版,第3165页。

秦豫，形胜之地，是中原王朝的北方重镇。晋阳又是李唐王朝的龙兴之地，贵为北都。唐太宗和长孙皇后对这个幼子的宠爱可见一斑。

贞观十年（636），文德皇后去世，当时的晋王李治只有9岁，对于母亲的去世悲痛不已，伤心欲绝。太宗屡次宽慰他，因而对李治倍加宠爱。把他带在身边，亲自抚养。李治性情宽厚，重视孝道。年少时，学习《孝经》，被太宗问及此书中哪句话最为重要，李治则以《孝经》中"开宗明义章"和"事君章"的内容作答："所谓孝，最初是从侍奉父母开始，然后效力于国君，最终建功立业。君子侍奉君王时，既要想着如何尽其忠心，也要想着如何补救君王的过失，顺应发扬君主的优点，匡正补救君主的缺点"。太宗听后十分欣喜。[1]

长孙皇后信仰佛教，唐太宗父子为了纪念她经常命人供养僧人，抄写佛经。贞观十五年（641），太宗为了给长孙皇后追荐冥福积功德，请著名高僧南山律师道宣为长孙皇后书写、造供《大般涅槃经卷》。[2] 同年，魏王李泰于龙门山开凿佛窟为母亲祈福，并留下了由中书侍郎岑文本撰文、起居郎褚遂良书写的著名摩崖石刻——《伊阙佛龛碑》[3]。

贞观十七年（643），没有了母亲长孙氏的居中调和，太子李承乾与嫡次子魏王李泰之间的储位之争，变得白热化。太子李承乾与李泰因参与争夺储位斗争相继被废，太宗听取了长孙无忌、房玄龄等重臣的建议，册立年仅15岁的晋王李治为皇太子。

---

[1] ［后晋］刘昫等撰：《旧唐书》卷4《高宗本纪上》，中华书局，1975年，第65页。
[2] 《大般涅槃经卷》：又称《涅槃经》，或《大涅槃经》，南朝宋释法显译；汉译本为40卷。主要阐述佛身常住不灭，涅槃常乐我净，一切众生悉有佛性、一阐提和声闻、辟支佛均得成佛等大乘佛教思想。贞观十五年，由律宗祖师南山道宣为长孙皇后所写的这卷《大般涅槃经卷》现今仍保存完好。全经为纸本，高25cm，长达839cm，约18.9平尺，首尾完整。现藏于日本。
[3] 《伊阙佛龛碑》：亦称"褚遂良碑"，贞观十五年刻于河南省洛阳龙门石窟壁宾阳洞内。这里因伊水东西两岸之香山和龙门山对峙如天然门阙，故古称"伊阙"，隋唐以后，习称龙门。该碑通高约5米、宽1.9米，共32行，计1600余字。碑落成后，唐太宗于同年十一月辛卯亲自大阅于伊阙。该碑始见于欧阳修的《集古录》及赵明诚的《金石录》。传世墨拓以明代何良俊清森阁旧藏明初拓本为最佳。现藏北京图书馆。

贞观二十二年（648），唐太宗召见玄奘。问法师："做什么事最能够树立功德？"法师答道："佛法是依靠人来弘扬的，只有度僧功德最大。"太宗又说："朕想要度僧，但是很多僧人没有德行，怎么办呢？"法师说："昆仑山出美玉，但是美玉混杂着泥沙；丽水产黄金，岂会没有瓦砾？土木雕成的罗汉，敬奉它就能获得福报；铜铁铸成的佛像，毁坏它就会产生罪孽；泥土做成的龙虽不能降雨，但我们祈雨却须向泥龙祷告；普通僧众虽然不能降下福泽，但是修福报必须要恭敬僧侣。"太宗说："朕从今以后见到小沙弥，也要像敬佛一样尊重他！"[1] 于是，太宗下诏兴建庙宇，度化僧人，京城及全国各州每寺度僧5人。当时全国有寺3716所，共度僧尼达18500余人。其中，玄奘所在弘福寺度僧人50名。唐代佛教自此走向繁盛。

太子李治知道父亲对母亲的思念，自己也非常想念母亲，经常回忆起母亲生前对他的种种慈爱，他想要为母亲积累功德，经常在宫里为母亲诵经、祈祷。听了玄奘法师的话他深有启发，于是奏请太宗敕建佛寺纪念母亲文德皇后，为母亲积累功德福报。

贞观二十二年（648），太子李治对辅政大臣高季辅[2]说道："我尚年幼之时母亲便已离世，这种悲痛我至今都难以忘怀，心中对母亲的思念无时无刻不深入骨髓，特别是每逢母亲忌日，倍感伤怀，只要一想到无以回报母亲的养育之恩便茶饭不思。我所能想到唯一的回报方式，便是修建寺庙，供养佛祖，以求母亲冥福。"李治将此想法付诸行动，不久便决定修建一所愿寺，为母亲祈福，保佑母亲早登极乐。所谓愿寺，即通过修建寺院供养

---

[1][唐]慧立、彦悰著，孙毓棠、谢方点校：《大慈恩寺三藏法师传》卷7，中华书局，2000年，第153页。

[2]高季辅（596—654），名冯，字季辅，以字行，德州蓨县（今河北景县）人，唐朝宰相。出身于渤海高氏，早年曾参加农民起义，618年归降后授陟州总管府户曹参军。贞观时任监察御史，不避权贵，敢于纠劾。累转中书舍人，曾上书指陈时政，太宗称善。643年，授太子右庶子。高季辅是唐高宗的东宫属官，多次辅佐高宗监国，在高宗继位后被拜为宰相，担任中书令，兼吏部尚书，赐爵蓨县公。后又任侍中，加太子少保。永徽四年十二月（654年1月），因病逝世，追赠开府仪同三司、荆州都督，赐谥号为宪。有文集20卷，已逸，《全唐文》收其文一篇。

佛陀或菩萨，以求佑护逝者超脱苦难。高季辅又说文德皇后生前崇尚节俭，不喜欢铺张浪费，就建议李治在前朝废寺的基础上兴建一座怀念文德皇后的寺院。于是，李治下令高季辅在京城寻找合适的废弃寺院为母亲修建一所新的伽蓝。

2. 伽蓝选址

自太子李治发愿建立一座寺院为母亲文德皇后长孙氏积累功德起，关于寺庙的选址工作就紧锣密鼓地开始了。根据高季辅的建议，这座寺庙的选址有四条标准：一要体现长孙皇后仁慈节俭的美德；二要方便皇家举行纪念活动；三要体现皇家风范，寺院规格要高；四是选一座前朝废弃的寺院进行重新改造。因此，李治委派高季辅在长安附近勘察，寻找符合条件的寺址。

高季辅得令后，经过仔细搜索探查，最终选定了京城东南部晋昌坊内曲江池附近的"净觉故伽蓝"。"伽蓝"一词出自梵语，意为"园"；佛教中指僧人居住的园林，即寺院。此"净觉故伽蓝"指净觉寺，又名"无漏寺"。该寺修建于北魏时期，初名"净觉寺"，后毁于战火。隋文帝开皇年间重建，更名"无漏寺"，后又毁于隋末战火。

无漏寺旧址恰好位于大明宫含元殿的正南方。唐朝的时候，站在含元殿外可以清楚地看到大慈恩寺的建筑。可以想象登基后的李治站在含元殿外遥望大慈恩寺，追思母亲的情景。太子李治对高季辅的方案非常满意。"无漏"，即"无漏智"[①]，指能断除三界烦恼而证得真谛的智慧。在无漏寺基础上重修慈恩寺，由玄奘法师主持，宣扬唯识法门，岂不是冥冥之中自有注定。

---

①"无漏智"：指具有断除三界烦恼、证得佛教"真理"的智慧。其广义也指"佛智"——佛所特有的智慧——"无上正等正觉"，能觉知一切"真理"，并能"如实"了知一切事物，从而达到无所不知的一种智慧。三界，指欲界、色界、无色界。即处在"三世轮回"的世俗世界。

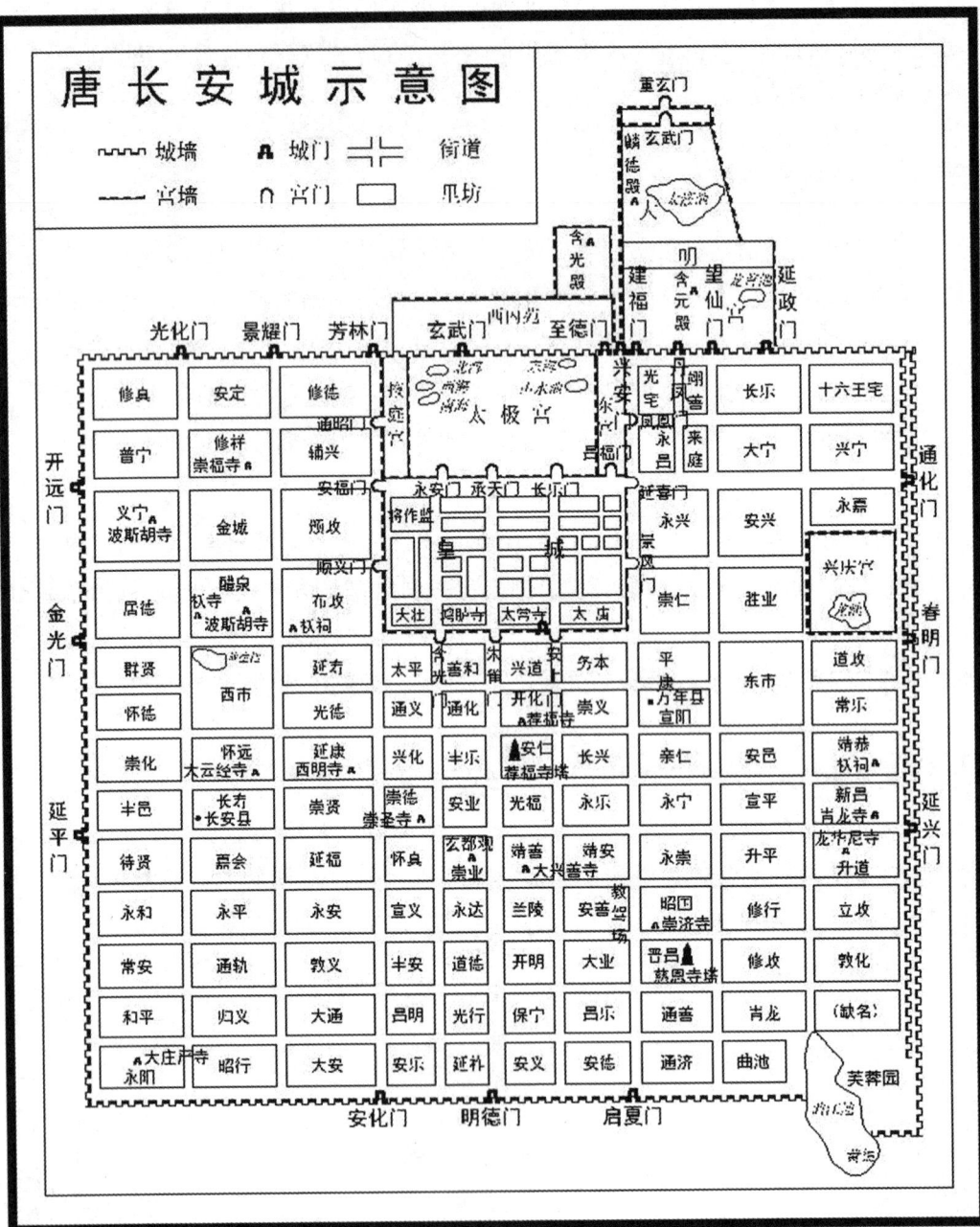

根据《唐两京城坊考》记载，大慈恩寺占据了晋昌坊东部半坊之地。其北靠昭国坊，南临通善坊，东邻政修坊，西为大业坊。经过今考古工作人员勘测，晋昌坊东西长 1022 米，南北长 520 米，慈恩寺的面积约为 398 亩。

唐代的大慈恩寺是长安城南的形胜之地。寺院南临黄渠，水竹深邃。寺南有水塘名南池，约四五亩见方；水塘之南的通善坊有长安城最大的杏园，每值春日杏花烂漫，是士大夫宴饮的首选之所。唐代诗人赵嘏有《春尽独游慈恩寺南池》诗，其云："竹外池塘烟雨收，送春无伴亦迟留。秦城马上半年客，潘鬓水边今日愁。气变晚云红映阙，风含高树碧遮楼。杏园花落游人尽，独为圭峰一举头。"①

在清康熙十七年（1678）的《重修大慈恩寺前轩记》中，对大慈恩寺选址的精妙称赞不已："于其前也，则有终南、太乙、玉案，雾檐穹谷，修林隐天，崔巍泂岑……于其左也，则有源泉陂池，绣塍（chéng）错壤，决渠雨降，挥锸云兴，桑麻禾稼披其野，果园芳林缘其隈……其下，则曲江萦绕，黄渠、龙首回堤合注，芙蓉、杏园于焉仿佛……其右，则万雉高崖，千廛云集，起阓闬之苕荛，顺阴阳之启闭，七郡游侠披三条之广路，五都货殖充十二之通门。红尘四合，衡宇相连……"

大慈恩寺东南不远处就是曲江池，是长安城南最为引人入胜的地方，历史上更是留下了许多的佳话。明清长安八景之一"曲江流饮"就是其中一段妙谈。

3. 督造寺院

太子李治对寺院的营建非常关心，不但下令由辅政大臣负责督造，而且经常亲临施工现场指挥建设。

经过了一番"瞻星揆地"的测绘工作，最后制定了"像天阙，仿给园

---

①［清］彭定求等编纂：《全唐诗》卷 549—123《春尽独游慈恩寺南池》，中华书局，1999 年，第 6415 页。

（祇树给孤独园之略）"的营建方案。整个工程动员了两京之间的大量能工巧匠，从山西、河南，甚至是遥远的岭南调用了很多珍贵石料和木材。史书中说"穷班李巧艺，尽衡霍良木"，"文石、梓桂、橡樟、并桐充其材"，其规格之高，用料之考究，难得一见。

当时，很多木料都不是长安本地所产，而是由遥远的岭南等地区通过黄河、永通渠运到长安的，很费人力物力。但是在唐太宗的支持与太子李治的直接干预下，所需的木料迅速就备齐了。

据史料记载，当时所修建的大慈恩寺院落"凡十余院，总一千八百九十七间"，① 仅仅是参与建设的工匠和劳役就达到了两万余人。现在的大慈恩寺只是唐代大慈恩寺西塔院的一部分，其余部分早已在历代的战火之中荡然无存了。

由于隋唐时期佛教盛行，参与修建寺院的工匠和劳役的建设积极性都很高。如此宏伟富丽的寺院从贞观二十二年（648）三月开建，到同年十月就宣告建成。《长安志》卷八载："半以东，大慈恩寺。"下注："贞观二十二年，高宗在春宫，为文德皇后立为寺，故以慈恩为名。仍选林泉形胜之所。寺成，高宗亲幸。佛像幡华，并从宫中所出。太常九部乐，送额至寺。"② 为彰显报答慈母恩德、祈求冥福之意，太子李治亲自为其赐名曰"大慈恩寺"。李治奏请父皇迎请高僧玄奘担任本寺的上座法师，并上书言："营慈恩寺渐向毕功，轮奂将成，但僧徒尚缺。"又奉太宗皇帝敕令"度三百僧，别请五十名大德同奉神居，降临行道……并增建'翻经院'。"③ 由于大慈恩寺皇家寺院的地位，加之高僧玄奘主持该寺，故而此寺一时间名声大噪。

现今的大慈恩寺东边唐大慈恩寺遗址公园中有"高宗建寺"浮雕图组，可大致了解到当时的建设场面。

---

① [宋] 张礼撰，史念海、曹尔琴校注：《游城南记校注》，三秦出版社，2006年，第24页。
② [宋] 宋敏求撰，辛德勇、郎洁点校：《长安志》，三秦出版社，2013年，第286页。
③ [唐] 慧立、彦悰著，孙毓棠、谢方点校：《大慈恩寺三藏法师传》卷7，中华书局，2000年，第155页。

大慈恩寺遗址公园中高宗建寺浮雕一组

4. 玄奘升座

唐太宗青年时就征战疆场,身上的暗疾颇多,即皇帝位后,又励精图治,每每被朝廷政务所累,到了老年身体每况愈下,常常担心自己时日无多。所以,对玄奘愈加信任,让玄奘常侍左右,将玄奘当作自己的"心灵导师"和"文学侍臣";而玄奘也积极地利用他对唐太宗及太子的个人影响力,以保证译出的经典能够广泛流传。

太子李治受文德皇后长孙氏影响,也笃信佛教,崇敬玄奘法师。大慈恩寺是太子李治为纪念过世的母亲而发心修建的重要佛寺,当然需要一位声誉日隆的高僧来坐镇。为此李治颁布了《敕玄奘为慈恩寺上座令》:

> 营慈恩寺,渐冀向功,轮奂将成。僧徒尚阙。伏奉敕旨,度

三百僧，别请五十大德，同奉神居，降临行道。其新建道场，宜名大慈恩寺。别造翻经院，虹梁藻井，丹青云气，琼础铜沓，金环花铺，并加殊丽。令法师移就翻译。仍纲维寺任。①

玄奘虽曾上《让大慈恩寺上座表》推辞过，但已非他所能辞。表曰：

沙门玄奘启：伏奉令旨，以玄奘为慈恩寺上座。恭闻嘉令，心灵靡措，屏营累息，深增战悚。玄奘学艺无纪，行业空疏，敢誓捐醪，方期光赞。凭恃皇灵，穷遐访道，所获经论，奉敕翻译。诚冀法流渐润，克滋鼎祚，圣教绍宗，光华史册。玄奘昔冒危途，久婴痾疹，驽骞力弊，恐不卒业，孤负国恩，有罚无赦，命知僧务，更贻重谴，鱼鸟易性，飞沉失路。伏惟皇太子殿下，仁孝天纵，爱敬因心，感风树之悲，结寒泉之病，式建伽蓝，将弘景福，匡理法众，任在能人，用非其器，必有蹟仆。伏愿睿情远鉴，照弘法之福因；慈造曲垂，察愚诚之忠款，则法僧无悔吝之咎，鱼鸟得飞沉之趣。不任诚恳之至，谨奉启陈情，伏用惭惶，追增悚悸。②

从表中可以看出，玄奘对太宗和太子的一片赤诚十分感动。为了得到更好的译经条件，也为了借助皇室和国家的力量来推动佛教发展，玄奘接受了太子的聘请，出任大慈恩寺首座，这注定了他此生译经生涯的不平静。在朝野上下的眼里，玄奘深得太宗器重，又受到太子崇敬，身份崇高，但是这也意味着他会被卷入高宗、武则天时期的政治风雨之中。大慈恩寺落成后，玄奘法师便移入大慈恩寺内。虽然在漫长的译经过程中，玄奘曾先

---

① [唐] 慧立、彦悰著，孙毓棠、谢方点校：《大慈恩寺三藏法师传》卷7，中华书局，2000年，第155页。
② [唐] 慧立、彦悰著，孙毓棠、谢方点校：《大慈恩寺三藏法师传》卷7，中华书局，2000年，第155页。

后五次移换译经场所,①但大慈恩寺一直是玄奘译经的主要阵地。

贞观二十二年（648）十二月二十二日，唐太宗亲自主持、为玄奘法师举办了盛大的升座仪式，因当时玄奘所在的弘福寺与宫城安福门仅有一坊之隔，仪式的主体活动就确定在从宫城安福门前大街起向南，经朱雀大街到晋昌坊大慈恩寺这段长达十余里的宽阔大道上举行。为了彰显皇室崇佛尊师的气度，敕令太常卿江夏王李道宗率领太常寺太乐署"九部乐"、万年县令宋行质、长安县令裴方彦带着县内音乐歌舞，以及诸寺院的幢帐等物件参与仪式。道路两旁仪仗陈列，"锦彩轩槛，鱼龙幢戏"，装饰得十分奢华。

据《大慈恩寺三藏法师传》记载，为了举行这场盛大仪式，共调集了1500乘车辆、帐盖约300多件；前一晚就从宫廷内送出绣、画等佛像200多躯、金银像2躯、金缕绫罗佛幡500口，安放于弘福寺；另外，将玄奘法师从印度带回来的佛经、佛像、佛舍利等于仪式当日，全部安放在帐座和车辆上，排列在队伍中间行走。

在浩大的迎送队伍中，前有长竿悬幡开道，幡后有狮子、神王左右引导，再其后则是50辆高僧大德所乘坐的锦绣宝车，车后是手持香花、口唱呗赞②的京城僧众和文武百官、侍卫部列；车辆左右则是太常乐署的"九部

---

① 关于玄奘译换译经场所有五次、七次、九次之说。五次指：贞观十九年（645）五月二日至二十二年（648）九月，在弘福寺译经；贞观二十二年十二月至显庆元年（659）七月，在大慈恩寺译经；显庆二年（657）二月至三年正月，在洛阳积翠宫、大内丽日殿译经；显庆三年七月至四年九月，在西明寺译经；显庆四年十月至麟德元年正月，在玉华宫译经。七次指在五次基础上加上：贞观十九年（645）二十二年十月至十一月在北阙紫微殿西别营弘法院暂住译经与显庆元年八、九月，在宫内凝阴殿顺贤阁译经。九次指在七次基础上加上：贞观二十二年六月奉敕随驾玉华宫短住译经一部（《能断金刚般若波罗蜜多经》1卷）与二十三年四、五月陪侍太宗至终南山翠微宫论道，其间译经二部（《甚希有经》1卷）和《般若波罗蜜多心经》1卷）。笔者赞同五次之说。

② 呗赞：佛教徒歌咏赞颂佛教三宝的偈颂。唐代段成式《酉阳杂俎续集·寺塔记上》："移塔之时，僧守行建道场出舍利，俾士庶观之。呗赞未毕，满地现舍利。"亦作"呗唱"或"赞呗"。

乐"充当仪仗音乐，长安、万年两县的音乐歌舞队伍紧随在后面。一路上，钟鼓齐鸣，幢幡摇曳，炫彩夺目，一眼望去竟不及队尾。在安福门城楼之上，唐太宗亲率皇太子、后宫嫔妃等，手持香炉恭敬目送；皇太子李治派太子卫率尉迟绍宗、副率王文训等，带领1000名东宫兵充当杂役；唐太宗敕令御史大夫李乾祐任大使，和武侯大将军共同维持秩序；道路两旁观礼的各界民众更是多达数万人，旌旗飘扬，音声喧嚣，盈满长安。

当佛经、佛像等送到大慈恩寺门口时，赵国公长孙无忌、英国公李勣和中书令褚遂良尊奉唐太宗敕令，手执香炉，引领进入寺院，安置于大殿内；随后，在庭院中演奏"十部乐"①"破阵乐"和歌舞杂戏。诚可谓场面盛大，极尽排场，音乐歌舞，声震内外，万民欢欣，景况空前。②

升座仪式之后数日，太子李治在仗卫扈从、百僚的陪同下，来到大慈恩寺礼佛，会见诸位大德高僧，并讲述了建造大慈恩寺的缘由，言语中流露出对母亲的深切思念，侍臣及寺中僧众无不为之动容。会见结束后，李治于寺内东阁之上宣布了大赦令，并在寺内巡礼参观。行至玄奘法师房前，李治又亲自作了一首五言诗《谒慈恩寺题奘法师房》贴于门上，以表示对玄奘法师的崇敬之情。诗云：

    停轩观福殿，游目眺皇畿。
    法轮含日转，花盖接云飞。
    翠烟香绮阁，丹霞光宝衣。

---

① 十部乐：《大慈恩寺三藏法师传》作"九部乐"，据《新唐书·礼乐志》记载此时应为"十部乐"。隋开皇初，设七部乐，即《国伎》《清商伎》《高丽伎》《天竺伎》《安国伎》《龟兹伎》《文康伎》（又名《礼毕》）。隋炀帝大业中（605-608），增《康国伎》《疏勒伎》成九部，并将《清商》列为首部，改《国伎》为《西凉伎》。唐武德初，承继隋九部乐，太宗贞观十一年（637），废《礼毕》。贞观十四年将唐代创作歌颂唐朝兴盛的《燕乐》列为第一部。贞观十六年太宗宴百僚，加奏《高昌伎》，始成十部乐。十部乐中，以中原乐舞为主，融合了边境民族的民间乐舞；设置的主要目的是为了显示大唐国力的强盛。

② [唐] 慧立、彦悰著，孙毓棠、谢方点校：《大慈恩寺三藏法师传》卷7，中华书局，2000年，第156-157页。

幡虹遥合彩，定水迥分晖。

萧然登十地，自得会三归。①

二、七级浮屠

唐高宗永徽三年（652），为了避免从印度、西域带回来的佛经年久散失，也为了防范火患、受潮、虫蛀等，三月间玄奘上书唐高宗，请求在大慈恩寺端门之阳造一座浮屠（即佛塔），用来保存经卷和佛像。唐高宗恩准了玄奘的请求。于是玄奘根据印度的一座佛塔外形，在大慈恩寺西侧院中建造佛塔，这就是今天中外闻名的西安大雁塔。

1. 浮屠缘由

所谓"浮屠"，是梵语 buddha 的音译，有佛塔、佛陀之意。我们常说的"救人一命，胜造七级浮屠"，其中的"浮屠"便是佛塔。

印度桑奇窣堵波

佛塔，亦称宝塔，原是印度梵文 Stupa（窣堵波）的音译，亦称窣堵坡。佛塔的造型起源印度，据佛教文献记载，传说佛祖释迦牟尼在临终前，嘱咐其弟子将自己的舍利安放于塔庙之中，以使"诸

---

① [清] 彭定求等编纂：《全唐诗》卷 2-5《谒慈恩寺题奘法师房》，中华书局，1999年，第22页。

行人皆见佛塔，思慕如来法王造化"。于是，在佛陀涅槃之后，其舍利被当地的八位国王分别收于八座佛塔之中供奉。除此之外，为了纪念释迦牟尼的八大事迹，又分别在其诞生处的兰毗尼花园、成道处的尼连禅河、首次说法处的鹿野苑、安居处的祇陀园、从忉利天下处的桑迦尸国曲女城、化度分别僧处的王舍城、将入涅槃处的毗耶离城、涅槃处的拘尸那城，建造了八大灵塔以纪念佛陀。这八处佛塔依次被称作聚莲塔、菩提塔、吉祥塔、神变塔、天降塔、和平塔、胜利塔、涅槃塔。由此可知，早期的佛塔，不仅是佛陀以及高僧的"墓葬"，也是彰显、纪念佛陀的"纪念碑"，更是当时信众的最高礼拜对象。

古印度的佛塔，按存放舍利的功能基本可分为两种，即藏有舍利的舍利塔，也称佛图（浮屠）；无舍利的支提塔，作为标志纪念用。按建筑形式则可分为覆钵形塔和印度密宗的金刚宝座塔。

早期的印度佛塔并未形成典型的塔形，而是延续了吠陀时期的墓葬形式，为半圆形。直到阿育王（？—前232）时期，才逐渐变为了"覆钵形"，共由五个部分组成，自下而上分别为：（1）最下方的台基，多为方形、八角形或多角形，圆形较为少见；（2）半圆形的塔身，即覆钵；（3）塔身上方的方形基座，也称方龛；（4）圆锥形的塔脖子，亦称相轮；（5）塔顶，也称塔刹。至于"覆钵形"佛塔形成的原因，目前尚无定论。但有一则佛教传说云：相传佛陀的弟子比舍问佛陀，如何才能表达出自己的忠心和虔诚？佛陀未直接作答，而是将自己身上的方袍平铺在地上，将化缘钵倒扣在方袍之上，又将锡杖竖立于钵上，这便是"覆钵形"佛塔的雏形。如今，中国的覆钵形佛塔多与藏传佛教有关，因此又称为"喇嘛塔"，著名的如青海的塔尔寺白塔；内地也有不少覆钵形佛塔，其中比较著名的有扬州的瘦西湖白塔、北京的北海白塔、西安广仁寺门前的白塔等等。

佛塔建筑在传入中国后，逐渐被中原建筑文化所吸收、利用和改造，逐步实现了"汉化"。在这一过程中，佛塔的建筑形式和象征意义都发生了巨大的变化。总之，中国的佛塔建筑是古人结合了印度佛塔与中国建筑艺术、创造出的种类繁多的一种建筑形态。

虽然中国佛塔样式繁多、各不相同，但是其组成部分基本相同。大致可分为地宫、塔基、塔身、塔刹四个部分。在汉文化传统中，强调亡者"入土为安"。但是，在古印度佛塔中，舍利一般供奉在上部。因此，古人便结合我国的丧葬习惯，开创了"地宫"这一中国佛塔独有的结构部分。在地宫之上则为塔基，下接地宫，上承塔身，形状则与塔身的平面形状相配合。早期的塔基一般都较为低矮，但自唐代以后，为了凸显塔身的雄伟壮观，不仅塔基高度逐渐增加，还会在塔基之上再加一个基座。而塔身部分，则是印度佛塔建筑传入中国之后汉化最多的地方。（1）在建筑形式上，为了配合中国高大的宫殿楼阁，同时也为了彰显虔诚，诞生了楼阁式佛塔；此后又衍生出了密檐式佛塔。不过因为楼阁式佛塔修建成本高昂，下层民众无力修建，于是又在楼阁式佛塔的形制基础上加以简化，形成了亭阁式佛塔。（2）从建筑材料来看，则有木塔、石塔、砖塔、金塔、银塔、铁塔、琉璃塔、象牙塔等等，其中石塔、砖塔最为常见。（3）按其平面形态分，则有四方塔、六角塔、八角塔等。（4）从楼层上看，常见的有单层塔、三层塔、五层塔、七层塔、九层塔、十一层塔、十三层塔、十五层塔。

相比塔身的诸多变化，塔刹是印度佛塔东传之后变化最少的。所谓"塔刹"，即塔顶，在梵语中有"国土"之意，是佛域的象征，也是最具佛教代表意义的部分。因此，人们常常把"塔刹"中的"刹"字用来指代寺庙，如"古刹"即古庙。

2. 御建宝塔

唐高宗得知玄奘法师想要修建佛塔的想法后，就建议他用砖石修建宝塔，且由朝廷出资捐建。宝塔的塔址则选在了慈恩寺的西院。

依据文献史料看，慈恩寺塔由塔基、塔身、塔刹三个部分组成。初建成后的宝塔塔基为方形，每面宽140尺；塔身仿照印度佛塔样式修建，共五层，总高为190尺；塔内每层中心皆有舍利，共计一万余粒，最上层的石室中存放佛经、佛像。据史载，建塔的时候，53岁的玄奘亲自搬运砖石。

据《长安志》记载："永徽三年，沙门玄奘所立。初为五层，崇一百九

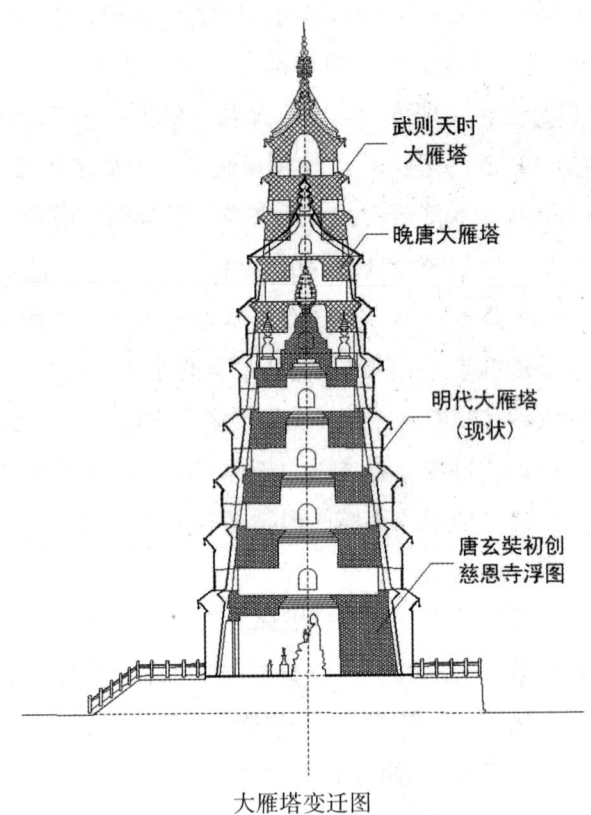

大雁塔变迁图

十尺。砖表土心,仿西域窣堵波制度,以置西域经像。后浮图心内卉木钻出,渐以颓毁。长安中更拆改造,以东夏刹表旧式,特崇于前。"① 慈恩寺塔在修建之初只有五层,而且是按照印度佛塔式样修建的。但是,我们今天所见到的大雁塔共七层,样式则是典型的中国式四方楼阁式塔。这又是怎么回事呢?

事实上,在武则天长安年间(701—704),玄奘法师所建的宝塔就崩坏了,原塔仅存在了约半个世纪。宝塔之所以崩坏,其中最重要的原因就是塔的结构不太科学,基础欠牢固。如《长安志》所载,慈恩寺塔是"砖表土心",内部为夯土堆,外部包裹砖石,建成之后不久,内部便有草木长

---

① [宋] 宋敏求撰,辛德勇、郎洁点校:《长安志》,三秦出版社,2013年,第287页。

出。由于内部受到侵蚀，塔体结构遭到破坏，难免轰然倒塌。

慈恩寺塔倒塌之后，武则天立即下令进行重修。重修的时候，吸取了之前的教训，以重整、加固基础为前提，增修了地宫，并将塔的层数提升至十级，但外部仍遵从旧式。不过相比于旧塔，新塔最大的变化是塔体由"砖表土心"变为"砖表空心"。唐后期因兵火而残损，只余七级。慈恩寺塔的层级及修葺情况，张礼的《游城南记》记载很详细，其云：（慈恩寺）"长安中摧倒，天后及王公施钱，重加营建至十层……大中十三年（后），塔自兵火之余，止存七层。长兴中，西京留守安重霸再修之，判官王仁裕为之记。"① 由此可见，慈恩寺塔的层级在唐代历经了由五层到十层再到七层的变化，此后一直保持未变，经明代进一步修葺完善，保留至今。

在塔的最下层南部外壁有石碑两座，分别为唐太宗所撰《大唐三藏圣教序》和唐高宗所撰的《述三藏圣教序记》，均由当朝著名书法家褚遂良书丹。因为此塔位于大慈恩寺之内，故而又被称为"慈恩寺浮屠"，即慈恩寺塔。

据《寺塔记》②记载，慈恩寺塔西面有浮雕出自尉迟乙僧之手。刻画有湿耳狮子，仰摹蟠龙及花子钵曼殊等，其精美在当时堪称一绝。又根据张彦远的《历代名画记·记两京寺观画壁》记载：塔内四面皆有壁画；东西间的西面有菩萨骑狮子画像，东面有菩萨骑象画像，由画家尹琳执笔；塔西壁有千钵文殊像，为尉迟乙僧所绘；塔的南北两间及两门，则是由大画家吴道子亲笔绘制并自为题记，其中塔北殿前窗间有吴道子所画的菩萨像；殿内还有杨庭光画的佛教故事画；塔东南中门外偏右有张孝师所画的地狱变；院内东廊从北数第一房间南壁有韦銮所画的松壑图，种种装饰皆极尽华美。③

然而可惜的是，这些名家画作早已伴随着慈恩寺历史上一次又一次的浩劫而灰飞烟灭了。唯有慈恩寺塔，自武则天重修之后，虽历经劫难，并

---

①［宋］张礼撰，史念海、曹尔琴校注：《游城南记校注》，三秦出版社，2006年，第23页。
②《寺塔记》1卷：唐段成式撰，见卢辅圣主编：《中国书画全书》，上海书画出版社，2009年。
③［唐］张彦远撰，周晓薇校点：《历代名画记》，辽宁教育出版社，2001年，第32页。

无倾覆之忧。又经过往后历代的修葺，其主体结构基本得到了保留。

随塔体保留下来的还有一些文物，无声地诉说着当年的辉煌，如镌刻于门楣之上的部分门楣画图。在大雁塔四门的拱形大理石门楣上，至今留有唐代线刻佛像。其中东、南、北三门楣均雕刻有佛与诸菩萨像；西门门楣则雕刻着释迦牟尼佛在祇园精舍说法图。尤其值得一提的是，西门楣所雕刻的"精舍"并非印度风格，全然系唐朝式样的殿堂。其中建筑的歇山式屋顶、四檐、屋脊、鸱吻、廊庑、圆柱，无不体现着盛唐风采；建筑构图比例准确，斗拱等细部清晰可观，古今皆指其为精绝之作，对研究唐代建筑很有参考价值。

大慈恩寺塔内设有阶梯，可以逐级攀登。攀登慈恩寺塔并题诗纪念，在唐代是一种殊荣和风尚。保留在《全唐诗》卷5中的《九月九日上幸慈恩寺登浮图，群臣上菊花寿酒》，是第一首登慈恩寺浮图的诗作，作者是唐朝著名的才女上官婉儿，她大约是在唐中宗在位时期（705—710）登上过慈恩寺塔。诗云：

　　　　帝里重阳节，香园万乘来。
　　　　却邪黄入佩，献寿菊传杯。
　　　　塔类承天涌，门疑待佛开。
　　　　睿词悬日月，长得仰昭回。①

虽说是一首应制奉和之诗，但可以从侧面反映出慈恩寺塔的皇家寺院地位。

3. "雁塔"之名

至于慈恩寺塔在何时、因何故得名"雁塔"，众说纷纭，至今仍无定论。根据玄奘的《大唐西域记》记载，在古印度摩揭陀国"因陀罗势罗窭诃山东峰伽蓝前有窣堵波，谓亘娑。（唐言雁）昔此伽蓝，习翫小乘。小乘渐教也，故开三净之食。而此伽蓝遵而不坠。其后三净，求不时获。有比丘经行，忽见群雁飞翔，戏言曰：'今日众僧中食不充，摩诃萨埵宜知是

---

① [清] 彭定求等编纂：《全唐诗》卷5，中华书局，1999年，第62页。

时.'言声未绝,一雁退飞,当其僧前,投身自殒。比丘见已,具白众僧,闻者悲感,咸相谓曰:'如来设法,导诱随机,我等守愚,遵行渐教。大乘者,正理也,宜改先执,务从圣旨。此雁垂诚,诚为明导,宜旌厚德,传记终古。'于是建窣堵波,式昭遗烈,以彼死雁,瘗其下焉。"①。印度的大乘僧侣持戒吃素,而小乘不持戒食荤。为了纪念大雁,便将其埋在塔下,并取名"雁塔"。

类似的说法在《大慈恩寺三藏法师传》(简称《法师传》)卷三中也有记载,只是说法略有不同。相传在印度那烂陀寺东行三十里处因陁罗势罗婆诃山有一座小乘寺院,该寺院的僧侣们奉行"三净食",食物很难购买。有一天,寺院负责采买的比丘正因为买不到食物而彷徨无措时,"乃见群雁翔飞,仰而戏言曰:'今日僧供有阙,摩诃萨埵宜知是时。'言讫,其引前者应声而回,铩翮高云,投身自坠。苾刍见已惭惧,遍告众僧,闻者惊嗟,无不对之叹泣。各相谓曰:'此菩萨也。我曹何人,敢欲啖食。又如来设教,渐次而防,我等执彼初诱之言,便为究竟之说,守愚无改,致此损伤。自今已后,宜依大乘,不得更食三净。'仍建灵塔,以死雁埋中,题表其心,使永传芳烈,以故有兹塔也。"② 这座安放大雁尸身的塔,名字叫"僧娑(suō)",就是雁的意思。

又据张礼《游城南记》引《天竺记》说,在印度的达榇国③,有一座迦叶佛的寺庙,"穿石山做塔五层,最下一层做雁形,谓之雁塔"。

《大唐西域记》卷八"摩揭陀国下"条又有一则"鸽伽蓝"的故事。传说在因陁罗势罗婆诃山东北,行百五六十里,"至迦布德迦(唐言鸽)伽

---

① [唐]玄奘、辩机著,季羡林等校注:《大唐西域记校注》卷8《摩揭陀国下·雁窣堵波》,中华书局,2000年,第770-771页。
② [唐]慧立、彦悰著,孙毓棠、谢方点校:《大慈恩寺三藏法师传》卷3,中华书局,2000年,第73-74页。
③ 达榇国:《天竺记》作达榇国,法显《佛国记》作达嚫国,是梵文Daksiza的音译,意译即为南方,即南憍萨罗国的梵文缩略称谓。玄奘《大唐西域记》卷十所记憍萨罗国,《大慈恩寺三藏法师传》订正为南憍萨罗国。南憍萨罗国(梵Daksiza-Kosala),是中世纪印度次大陆的国家名,是佛教大乘派中观宗的创始人龙树的故居,其弟子提婆,则是到此地投其门下,他们被认为是大乘佛教的创始人。

蓝，僧徒二百余人，学说一切有部。伽蓝东有窣堵波，无忧王之所建也。昔佛于此，为诸大众一宿说法。时有罗者，于此林中网捕羽族，经日不获，遂作是言：'我惟薄福，恒为弊事。'来至佛所，扬言唱曰：'今日如来于此说法，令我网捕都无所得，妻孥饥饿，其计安出？'如来告曰：'汝应蕴火，当与汝食。'如来是时化作大鸽，投火而死。罗者持归，妻孥共食。"佛祖为解"罗者"家室饥馑之困化身为鸽投入火中，并说法启悟"罗者"。"罗者闻法，悔过自新，顿悟之后，便舍家修学，潜心佛法，因名所建为"鸽伽蓝"。① 鸽、雁同为鸟类，而唐代习尚以雁为鸟中之佳者，凡言鸟，多以雁代之，故以雁名。阎文儒先生在《西安大雁塔考》一文中认为大雁塔命名可能与佛教故事中传说释迦牟尼化身为鸽有关。②

以上故事有两则出自玄奘亲自口述的《大唐西域记》，而慈恩寺塔又是由玄奘法师按照印度佛塔的样式所建，因而依此给慈恩寺塔命名，也不是没有可能。

但是根据史料记载，慈恩寺塔建好后，无论官方或一般僧俗都未曾给此塔起过具体的名字。尽管玄奘法师的《大唐西域记》在建塔之前已经流行，但在那时，也没有人根据其中的故事称慈恩寺塔为"雁塔"。所以说，"雁塔"之名并不是从一开始就有的，也不是正式的命名。至于雁塔前面的"大"字，则是为了与荐福寺内所建的一座较小的雁塔区别而加上去的。

慈恩寺塔自建立时起，便成为帝京长安的一处著名风景名胜，也是当时文人墨客吟咏的对象。在《全唐诗》中，有关大慈恩寺及寺塔的吟咏诗有百首左右，相关诗作绝大部分以"慈恩寺塔"或"慈恩寺浮屠"为题。而以"雁塔"为题或者在诗中提到"雁塔"两字者，总共有三四首。例如高宗时至玄宗初年的解彦融曾作有题为《雁塔》的诗：

　　峥嵘彻倒景，刻峭俯无地。
　　勇进攀有缘，即崄恐迷坠。

---

① [唐] 玄奘、辩机著，季羡林等校注：《大唐西域记校注》卷8《摩揭陀国下·雁窣堵波》，中华书局，2000年，第772页。
② 阎文儒：《西安大雁塔考》，《史学月刊》，1981年第2期，第14-16页。

宵然丧五蕴，蠢尔怀万类。
　　实际周他寻，波罗必可致。
　　南山缭上苑，祇树连岩翠。
　　北斗临帝城，扶宫切太清。
　　餐和禅日用，味道懿天明。
　　绿野冷风泱，紫微佳气晶。
　　驯禽演法要，忍草藉经行。
　　本愿从兹适，方知物世轻。①

玄宗开元八年（720），胡僧清河人傅岩将此诗题于雁塔，事迹见《唐诗纪事》卷22。中宗时期给事中杨廉在《奉和九月九日登慈恩寺浮图应制》中有"慈云浮雁塔"句；② 与杨廉同时期的幽州都督孙佺在与其相同的题诗中亦有"一忻陪雁塔"句。③ 值得注意的是，这些诗作的出现，都是在武则天时新塔建成之后。

直到唐文宗大和（827—835）中，许玫登进士第，才正式以雁塔为诗题，即《题雁塔》。这说明"雁塔"或"大雁塔"之名，在唐代并不是普遍流行的。

实际上，正式以"雁塔"称呼慈恩寺塔是唐代之后的事情。而最初给慈恩寺塔下定义的是北宋的张礼，他在《游城南记》中说："其云雁塔者，《天竺记》达榇国有伽叶佛伽蓝，穿石山作塔五层，最下一层作雁形，谓之雁塔，盖此意也。"④ 然而，张礼对于雁塔由来的解释实在过于牵强，一方面慈恩寺塔的形状与达榇国的伽叶佛伽蓝塔并无相同之处；另一方面《天

---

① [清] 彭定求等编纂：《全唐诗》卷769，中华书局，1999年，第8735页。
② 全诗为："万乘临真境，重阳眺远空。慈云浮雁塔，定水映龙宫。宝铎含飙响，仙轮带日红。天文将瑞色，辉焕满寰中。"见《全唐诗》卷104，第1094页。
③ 出自孙佺《奉和九月九日登慈恩寺浮图应制》，全诗为："应节萸房满，初寒菊圃新。龙旗焕辰极，凤驾俨香闉。莲井偏宜夏，梅梁更若春。一忻陪雁塔，还似得天身。"见《全唐诗》卷105，第1101页。
④ [宋] 张礼撰，史念海、曹尔琴校注：《游城南记校注》，三秦出版社，2006年，第23页。

竺记》一书流行于南朝宋时，唐人是否会据此书中的记载而将慈恩寺塔命名为雁塔也难以知晓。但是自此之后，"雁塔"之名开始为人所熟知。

无论是大慈恩寺，还是坐落于寺内的大雁塔，都有着极高的历史文化价值。大慈恩寺与大雁塔因玄奘法师而闻名于世，这一点是毫无疑问的。

三、庄严佛国

大慈恩寺作为唐代的皇家寺院，在其始建之初选址之考究，形制之高尚，规模之宏大、建筑之雄伟壮丽，都堪称冠绝长安。大慈恩寺背靠长安城，南眺终南，东接少陵，西临樊川，寺内殿宇巍巍，重楼叠栋，一派庄严景象。

1. 寺如天阙

唐代的大慈恩寺是一座典型的皇家园林式建筑。它规模宏大，院落鳞次栉比，重楼复殿，十分壮观。就连玄奘法师也惊叹说古今的寺院大概没有能够与之相比的了。晚唐时段成式所撰《寺塔记》有记载，其云慈恩寺"寺本净觉故伽蓝，因而营建焉。凡十余院，总一千八百九十七间，敕度三百僧。"[1] 其中知名的院落有西院、塔院、翻经院、浴室院、太平院、元果院、竹院等。

据史料记载：大慈恩寺的园林布局"仿祇园"；建筑"像天阙""重楼复殿，云阁洞房"。整个工程，"穷班李巧艺，尽衡霍良木""文石、梓桂、橡樟、并桐充其材，珠玉、丹青、赭垩、金翠备其饰"。

所谓"祇园"，又称"祇洹精舍"，是古印度著名佛教圣地之一"祇树

---

[1] [唐] 段成式：《寺塔记》，见卢辅圣主编：《中国书画全书》，上海书画出版社，2009年。

一寺一塔一典范　067

祇园精舍遗址

给孤独园"（或"胜林给孤独园"）的略称，位于古印度憍萨罗国王都舍卫城（今印度西北部拉普地河南岸）城南门外五里，即今印度塞特马赫特地方，也是印度著名的园林景观。祇园为憍萨罗国舍卫城富商给孤独长者须达与祇陀太子共建，因而以两人的名字来命名，称"祇树给孤独园"，与王舍城的"竹林精舍"，并称为佛教最早的两大精舍（后以"精舍"泛称寺院）。相传释迦牟尼（如来）成道（佛）后，两人将此园献给如来，如来居此说法25年。据《法显传》记载："出城南门千二百步，道西，长者须达起精舍。精舍东向开门，门户两厢有二石柱，左柱上作轮形，右柱上作牛形。池流清净，林木尚茂，众华异色，蔚然可观，即所谓祇洹精舍也。……祇洹精舍本有七层，诸国王、人民竞兴供养，悬缯幡盖，散华，烧香，然灯续明，日日不绝。"[①] 在佛陀涅槃九百多年之后，从法显大师的记载中还依稀可以看出，祇洹精舍当年繁盛时期的缩影。又过了200多年，到公元7世纪，唐代玄奘法师游历此地，此时其城市荒颓，寺院圮坏，祇园精舍已经衰落。《大唐西域记》卷六《逝多林给孤独园条》记载："城南五六里有

---

① [晋] 法显撰，章巽校注：《法显传校注》，中华书局，2008年，第61页。

逝多林，是给孤独园，胜军王大臣善施为佛建精舍。昔为伽蓝，今已荒废。东门左右各建石柱，高七十余尺，左柱镂轮相于其端，右柱刻牛形于其上，并无忧王之所建也。室宇倾圮，唯余故基，独一砖室巍然独在，中有佛像。"① 因为祇园既有布金圣地的堂皇，也有25年佛陀说法的殊胜，所以它是每一位弟子心中神往的地方，大慈恩寺"仿祇园"而建也就有了特殊的法义。

所谓"天阙"，既可指天帝的宫殿，亦可指人间皇帝（天子）的宫阙。其意是指大慈恩寺等级之高，建筑之华美。在高宗御制《大慈恩寺碑》中，形容大慈恩寺为"日宫""月殿""香积天宫""阆风仙阙"。由此可以想见，唐高宗对于该寺的修建也是相当满意的。

慈恩寺西院是大慈恩寺大殿所在地，也是慈恩寺举行大型法会的地方。从西院后端门可以进入慈恩寺塔院。塔院内最为著名的建筑便是玄奘藏经之所——慈恩寺塔（大雁塔）；塔院以东有翻经院，为玄奘法师起居及翻译经书的地方。浴室院、太平院、元果院等皆以种植牡丹出名，因此也为慈恩寺赢得了"慈恩牡丹甲长安"的美誉。其余各院以在此居住的高僧命名，名称并不固定。

与大慈恩寺壮丽辉煌的殿宇相匹配，当然需要有庄严华美的装饰与陈设。从前文所引有关"送三藏法师及诸大德入寺仪式"的记述中可知，当时，朝廷将原藏宫中的绣、画等佛像送给慈恩寺的就有200余躯，金缕绫罗幡500口，"床褥器物，备皆盈满"。此外，还有玄奘从天竺带回来的经、像、舍利等，也一并从弘福寺移至大慈恩寺内。寺内的门楣、房柱也是雕梁画栋；墙壁上装饰有精美的壁画，都是出自当时的名家之手，将整个慈恩寺装点得金碧辉煌、美轮美奂。

但是，关于大慈恩寺内的园林布局、建筑特点的具体史料，如今已经难以找到了。今天我们只能凭借关于大慈恩寺的诗词歌赋等，去想象大慈恩寺当时的建筑之胜与景观之美。

---

① [唐] 玄奘、辩机著，季羡林等校注：《大唐西域记校注》，中华书局，2000年，第488—489页。

如唐高宗《谒大慈恩寺》咏云：

> 日宫开万仞，月殿耸千寻。
> 花盖飞团影，幡虹曳曲阴。
> 绮霞遥笼帐，丛珠细网林。
> 寥廓烟云表，超然物外心。①

苏颋《慈恩寺二月半寓言》咏云：

> 二月韶春半，三空霁景初。
> 献来应有受，灭尽竟无余。
> 化迹传官寺，归诚谒梵居。
> 殿堂花覆席，观阁柳垂疏。
> 共命枝间鸟，长生水上鱼。
> 问津窥彼岸，迷路得真车。
> 行密幽关静，谈精俗态祛。
> 稻麻欣所遇，蓬荜怆焉如。
> 不驻秦京陌，还题蜀郡舆。
> 爱离方自此，回望独蹰躇。②

张说《奉和同皇太子过慈恩寺应制二首》咏云：

> 翼翼宸恩永，煌煌福地开。
> 离光升宝殿，震气绕香台。
> 上界幡花合，中天伎乐来。
> 愿君无量寿，仙乐屡徘徊。
> 朗朗神居峻，轩轩瑞象威。
> 圣君成愿果，太子拂天衣。
> 至乐三灵会，深仁四皓归。
> 还闻涡水曲，更绕白云飞。③

---

① [清] 彭定求等编纂：《全唐诗》卷2，中华书局，1999年，第22页。
② [清] 彭定求等编纂：《全唐诗》卷74，中华书局，1999年，第812页。
③ [清] 彭定求等编纂：《全唐诗》卷87，中华书局，1999年，第942-943页。

2. 勒石纪念

唐高宗显庆元年（656），寺院全面落成。正月二十三日，黄门侍郎薛元超、中书侍郎李义府来到寺中参谒玄奘法师。玄奘认为，大慈恩寺乃高宗皇帝为其母亲文德皇后祈福所营建，雄伟壮丽，古今莫比，理应建立石碑，以垂芳后世。于是便委托二人代为陈奏，请高宗撰作大慈恩寺碑。薛、李二人遂在朝堂将此事上奏高宗，高宗立刻予以批准。

二月中旬前后，唐高宗御制大慈恩寺碑文告成，太尉长孙无忌奉敕向群臣宣示碑文。由礼部尚书许敬宗派人将御制碑文送至玄奘法师处。高宗皇帝在书法上颇有造诣，擅长楷、隶、草、行，尤精"飞白"。① 三月一日，玄奘上表请求高宗皇帝御书碑文，但高宗并未应允。于是，玄奘法师在第二天再次"昧死陈奏"，高宗才同意亲笔书写。② 其御书碑文（以行书书写）完成，又用飞白势作"显庆元年"四字。

四月八日佛诞日，唐高宗御书碑文已经镌刻完工，准备送往寺中。但在仪式准备工作进行中，天降大雨耽搁了几天时间，直到十四日早晨，朝廷举行了隆重的御碑迎送仪式。

三藏院壁画玄奘法师上表情景（铜刻）

---

①飞白：书法中的一种笔法，笔画之中丝丝露白，似枯笔所写。
②为请求高宗御书大慈恩寺碑文及答谢御书碑文，玄奘法师前后共上有《请书大慈恩寺碑文表》《再请御书大慈恩寺碑文表》《谢许书大慈恩寺碑文表》三表，碑文见（清）董诰等编《全唐文》卷906，中华书局，1983年。

玄奘法师率领慈恩寺僧众以及京城各寺僧尼，带着幢盖、宝帐、旗幡和鲜花等，一同来到芳林门（禁苑南面偏东门，在宫城之西）迎接。

高宗敕令太常寺"十部乐"和长安、万年二县的音声（即乐队）一起陪送。送碑的队伍浩浩荡荡，有各式各样的幢盖、旗幡三百余件，乐队车辆百余乘，队伍首尾相接。自芳林门至慈恩寺三十里间，皆以幢幡装饰，灿烂夺目。高宗皇帝登上安福门城楼观礼，龙颜大悦；京城内外前来观看者有上百万人。次日，寺内剃度僧徒7人，设2000人的僧斋，陈设"九部乐"在佛殿前演奏，至晚方散。据玄奘所上《贺赤雀飞临御帐表》所记，送碑当日申后酉前时分，有一全身俱赤的雀鸟，从南飞来入显庆殿庭内帐中，"止于御座，徘徊踊跃，貌甚从容"。他认为是祥瑞之兆，于是上表恭贺高宗，"神禽效质，显子孙之貌，彰八百之隆"。①

御制碑迎接到慈恩寺，有司（朝廷主管寺观事务的机构）在佛殿前东南角专门造屋安置。其碑屋"复拱重栌（拱形屋顶和层层斗拱），云楣绮栋（彩云般的横梁和华美的正梁），金花下照，宝铎上辉，仙掌露盘，一同灵塔。"由于碑铭落成后，每日都有数千人前来瞻仰圣迹，高宗特别敕许文武三品以上官员模拓。

因《大慈恩寺碑》碑文为唐高宗御题，并勒石纪念，故正式定寺名为"大慈恩寺"。由于高僧玄奘法师主持该寺，故此寺地位、名声大大提高。

兹特录高宗御制《大慈恩寺碑》碑文及玄奘法师答谢御书碑文所上的表文《谢送大慈恩寺碑文并设九部乐表》于下。

大慈恩寺碑

朕闻：乾坤缔构之初，品物权舆之始，莫不载形后土，藉覆穹苍。然则二曜辉天，靡测盈虚之象；四溟纪地，岂究波澜之极。况乎法门冲寂，现生不灭之前；圣教牢笼，示有无形之外。故以道光尘劫，化洽含灵者矣。缅惟王宫发迹，莲披起步之花；神沼

---

①陈景富主编：《大慈恩寺志》卷9《玄奘表启》，三秦出版社，2000年，第180页。

腾光，树曲空低之干。演德音于鹿苑，会多士于龙宫。福已罪之群生，兴将灭之人代，能使下愚抱道，骨碎寒林之野；上哲钦风，魂沈雪山之偈。丝流法雨，清火宅而辞炎；轮升慧日，皎重昏而归昼。朕逖览缃史，详观道艺，福崇永劫者，其唯释教欤。文德皇太后凭柯琼树，疏流璿源，德照涂山，道光妫汭。流芬彤管，彰懿则于八纮；垂训紫宫，扇徽猷于万古。遽而阴精掩月，永戢贞辉；坤维绝纽，长沦茂迹。抚奁镜而增感，望陟屺而何追。昔仲由兴叹于千钟，虞丘致哀于三失，朕之罔极，实有切于终身。故载怀兴葺，创兹金地。却背邙郊，点千庄之树锦；前临终岳，吐百仞之峰莲。左面八川，水皎池而分镜；右邻九达，羽飞盖而连云。抑天府之奥区，信上京之胜地。尔（示）其雕轩架迥，绮阁凌虚。丹空晓乌，焕日宫而泛彩；素天初兔，鉴月殿而澄辉。薰径秋兰，疏庭佩紫，芳岩冬桂，密户丛丹。灯皎繁花，焰转烟心之鹤；幡标迥刹，彩萦天外之虹。飞陛参差，含文露而栖玉；轻帘舒卷，网属宿而编珠。霞班低岫之红，池泛漠烟之翠，鸣珮与宵钟合韵，和风共晨梵分音。岂直香积天宫，远惭轮奂，阆风仙阙，遥愧雕华而已哉。有玄奘法师者，实真如之冠冕也。器宇凝邃，若清风之肃长松；缛思繁蔚，如绮霞之辉迥汉。腾今照古之智，挺自生知；蕴寂怀真之诚，发乎髫龀。孤标一代，迈生远以照前；迥秀千龄，架澄什而光后。以为淳风替古，浇俗移今。悲巨夜之长昏，痛微言永翳，遂乃投迹异域，广餐秘教，乘杯云汉之外，振锡烟霞之表。滔天巨海，侵惊浪而羁游；亘地严霜，犯凄气而独逝。平郊散绪，衣单雪岭之风；旷野低轮，肌弊流沙之日。遐征月路，影对宵而暂双；远迈危峰，形临朝而永只。迹穷智境，探赜至真，心磐玄津，研几秘术。通昔贤之所不逮，悟先典之所未闻。遂得金牒东流，续将断之教；宝偈西从，补已缺之文。于时睇彼灵基，栖心此地。弘宣奥旨，叶重翠于祇林；远辟幽关，波再清于定水。朕所以虔诚八正，肃志双林，庶延景福，式资冥助，奉愿皇太后逍遥六度，神游丹阙之前；偃息四洲，魂升紫极之境。悲夫，玉烛易往，促四序于炎凉；金箭难留，驰六龙于晷漏。恐波迁树在，夷溟海于桑田；地是势非，沦高岸为幽谷。于是敬刊贞石，式旌真境。其铭曰：三光照象，万品流形。人途超忽，时代虚盈。淳风久谢，浇俗潜生。爱波滔识，业雾昏情。猗欤调御，迦维腾迹。妙道乘幽，玄源控寂。鹫峰遐峙，龙宫广辟。慧日舒光，慈云吐液。睠言圣教，载想德音。义崇往劫，道冠来今。腾神九域，晦迹双林。汉梦如在，周星遽沈。悲缠奁镜，哀深栋宇，濯龙潜润，椒风韬绪。霜露朝侵，风枝夕举，云车一驾，悠哉万古。乃兴轮奂，实构雕华，紫栋留月，红梁藻霞。云窗散叶，风沼翻花。盖低凤偃，桥侧虹斜。爰有慧命，英器虚冲。孤标千载，独步三空。给园味道，雪岭餐风。智灯再朗，真筌重崇。四运流速，六龙驰骛。巨夜销氛，幽关启曙。茂德垂范，微尘表誉。勒美披文，遐年永著。①

《谢敕送大慈恩寺碑文并设九部乐表》

沙门玄奘等言：今月十四日，伏奉敕旨，送御书大慈恩寺碑，并设九部乐供养。尧日分照，先增慧炬之晖；舜海通波，更足法流之广。丰碣岩峙，天文景烛，状彩霞之映灵山，疑缛宿之临仙峤。凡在缁素，电激云奔，瞻奉惊跃，得未曾有。

窃以八卦垂文，六爻发系，观鸟制法，泣麟敷典，圣人能事，毕见于兹。将以轨物成范，随时立训，陶铸生灵，抑扬风烈。然则秦皇刻石，独昭美于封禅；魏后刊碑，徒纪功于大飨。犹称题目，高视百王，岂若亲纤叡藻，俯开仙翰；金奏发韵，银钩绚迹，探龙宫而架三玄，轶凤篆而穹八体；扬春波而骋思，浠秋露以标奇，弘一乘之妙理，赞六度之幽赜，化总三千之域，声腾百亿之外。柰苑微言，假天词而更显；竹林开士，托神笔而弥尊。固使

---

①［唐］慧立、彦悰著，孙毓棠、谢方点校：《大慈恩寺三藏法师传》卷8，中华书局，2000年，第180-183页。

梵志归心，截疑网而祇训；波旬革虑，偃邪山而徇道。岂止尘门之士，始悟迷方？滞梦之宾，行超苦际。像教东渐，年垂六百，弘阐之盛，未若于兹。至如汉明通感，尚咨谋于傅毅；吴主归宗，犹考疑于阚泽。自斯已降，无足称者，随缘化物，独推昭运，为善必应，克峻昌基。若金轮之王，神功不测；同宝冠之帝休祚方永。玄奘等谬忝朝恩，幸登玄肆，属慈云重布，法鼓再扬，三明之化既隆，八正之门长辟。而顾非贞恳，虚蒙奖导，仰层旻而荷泽，俯浚谷以怀惭。无任悚戴之诚，谨诣陈谢以闻。宣黩宸辰，追深战惕。谨言。[①]

3. 慈恩景物

唐朝时期的长安佛寺，有凿池引水、种植花木的传统。各大寺院相互竞争，引得士庶百姓品评。其中大慈恩寺因为"寺临黄渠"，得天独厚，寺内广植花木，有绿竹、苍松、侧柏、国槐（龙爪槐）之属和牡丹、凌霄花、杏花、荷花等名花异卉，其中以牡丹最为有名。慈恩景物每每获得"甲长安"的称号。

（1）慈恩南池

唐代大慈恩寺内旧有泉眼，水流亦比较充沛，汇入了黄渠。黄渠在大慈恩寺以南逐渐开阔起来，形成了一个四五亩大的水塘，名叫南池。南池上有石桥，池边垂柳、茂竹丛生；池中种有荷花；池南是杏园，一年四季景色如画。

唐代诗人韦应物对慈恩寺南池甚是喜爱，曾作《慈恩精舍南池作》和《慈恩寺南池秋荷咏》。其《慈恩精舍南池作》咏云：

  清境岂云远，炎氛忽如遗，

  重门布绿阴，菡萏满广池。

  石发散清浅，林光动涟漪。

[①] [唐] 慧立、彦悰著，孙毓棠、谢方点校：《大慈恩寺三藏法师传》卷9，中华书局，2000年，第189-190页。

> 缘崖摘紫房，扣槛集灵龟。
>
> 浥浥馀露气，馥馥幽襟披。
>
> 积喧忻物旷，耽玩觉景驰。
>
> 明晨复趋府，幽赏当反思。①

《慈恩寺南池秋荷咏》咏云：

> 对殿含凉气，裁规覆清沼。
>
> 衰红受露多，馀馥依人少。
>
> 萧萧远尘迹，飒飒凌秋晓。
>
> 节谢客来稀，回塘方独绕。②

另外，司空曙也有《早春游慈恩南池》咏云：

> 山寺临池水，春愁望远生。
>
> 蹋桥逢鹤起，寻竹值泉横。
>
> 新柳丝犹短，轻蘋叶未成。
>
> 还如虎溪上，日暮伴僧行。③

如果说塔是慈恩寺的风骨和脊梁，那么黄渠和南池则是慈恩寺的血脉。这湾活水让慈恩寺灵动了起来，无论何时都显得生机盎然，就像世外桃源一般。可惜的是，随着西安地下水位的下降，慈恩寺的泉眼、黄渠和南池一并消失在历史长河中了。

（2）慈恩寺竹

《唐两京城坊考》称大慈恩寺"水竹深邃，为京都之最"④，寺前的茂林修竹就是大慈恩寺的重要标识。

在唐代士人吟咏慈恩寺的诗中，涉及竹林的就有 14 首。著名的有韩翃《题慈仁（一作恩）寺竹院》咏云：

> 千峰对古寺，何异到西林。

---

①［清］彭定求等编纂：《全唐诗》卷 192，中华书局，1999 年，第 1983 页。
②［清］彭定求等编纂：《全唐诗》卷 193，中华书局，1999 年，第 1998 页。
③［清］彭定求等编纂：《全唐诗》卷 292，中华书局，1999 年，第 3306 页。
④［清］徐松著，张穆校补：《唐两京城坊考》，中华书局，1985 年，第 68 页。

幽磬蝉声下，闲窗竹翠阴。

诗人谢客兴，法侣远公心。

寂寂炉烟里，香花欲暮深。①

岑参《雪后与群公过慈恩寺》咏云：

乘兴忽相招，僧房暮与朝。

雪融双树湿，沙暗一灯烧。

竹外山低塔，藤间院隔桥。

归家如欲懒，俗虑向来销。②

贾岛《慈恩寺上座院》咏云：

未委衡山色，何如对塔峰。

曩宵曾宿此，今夕值秋浓。

羽族栖烟竹，寒流带月钟。

井甘源起异，泉涌渍苔封。③

涉及慈恩寺竹林的名篇诗句，还有许棠《题慈恩寺元遂上人院》："竹槛匝回廊，城中似外方。月云开作片，枝鸟立成行。"④ 另有"名香连竹径，清梵出花台"；"鱼沈荷叶露，鸟散竹林风"；"蹋桥逢鹤起，寻竹值泉横"；"氤氲芳台馥，萧散竹池广"等诗句。

（3）慈恩牡丹

大慈恩寺内种植的名贵花卉甚多，有牡丹、芍药、荷花、凌霄花等，因而常有长安的达官显贵到慈恩寺进香赏花，每值春季最是热闹。在唐代，慈恩寺风物中最著名者莫过于牡丹，堪称一绝，素有"慈恩牡丹甲长安"的说法。

据《唐两京城坊考》记载："寺有牡丹。《唐语林》：'慈恩浴室院有牡丹两丛，每开及五六百朵。'《唐诗纪事》：'长安三月十五日，两街看牡丹

---

①［清］彭定求等编纂：《全唐诗》卷244，中华书局，1999年，第2732页。
②［清］彭定求等编纂：《全唐诗》卷200，中华书局，1999年，第2087页。
③［清］彭定求等编纂：《全唐诗》卷573，中华书局，1999年，第6718页。
④［清］彭定求等编纂：《全唐诗》卷604，中华书局，1999年，第7042页。

甚盛。慈恩寺元果院花最先开，太平院开最后，裴潾作《白牡丹诗》题壁间。"① 可见，唐代三月间，慈恩寺牡丹次第开放，姹紫嫣红，争奇斗艳，长安城百姓都纷纷走向慈恩寺欣赏牡丹，情形盛大热闹。

晚唐时期的康骈在《剧谈录》中列有"慈恩寺牡丹"一目，叙其掌故曰：

> 京国花卉之晨，尤以牡丹为上。至于佛宇道观，游览者罕不经历。慈恩浴堂院有花两丛，每开及五六百朵，繁艳芬馥，近少伦比。有僧思振常话，（唐武宗）会昌中朝士数人，寻访遍诣僧室。时东廊院有白花可爱，相与倾酒而坐，因云牡丹之盛，盖亦奇矣。然世之所玩者，但浅红深紫而已，竟未识红之深者。院主老僧微笑曰："安得无之？但诸贤未见尔！"于是从而诘之，经宿不去。云："上人向来之言，当是曾有所睹。必希相引寓目，春游之愿足矣！"僧但云："昔于他处一逢，盖非辇毂（指京城）所见。"及旦求之不已，僧方露言曰："众君子好尚如此，贫道又安得藏之，今欲同看此花，但未知不泄于人否？"朝士作礼而誓云："终身不复言之。"僧乃自开一房，其间施设幡像，有板壁遮以旧幕。幕下启关而入，至一院，有小堂两间，颇甚华洁，轩庑栏槛皆是柏材。有殷红牡丹一窠，婆娑几及千朵，初旭才照，露华半晞（消散），浓姿半开，炫耀心目。朝士惊赏留恋，及暮而去。僧曰："予保惜栽培二十年矣，无端出语，使人见之，从今已往，未知何如耳！"信宿，有权要子弟与亲友数人同来入寺，至有花僧院，从容良久，引僧至曲江闲步。将出门，令小仆寄安茶箓，裹以黄帕，于曲江岸藉草而坐。忽有弟子奔走而来，云有数十人入院掘花，禁之不止。僧俯首无言，唯自吁叹。坐中但相盼（视）而笑。既而却归至寺门，见以大畚［箕］盛花舁而去。取花者谓僧曰："窃知贵院旧有名花，宅中咸欲一看，不敢预有相告，盖恐

---

① [清] 徐松撰，李健超增订：《增订唐两京城坊考》，三秦出版社，2019年，第134页。

难于见舍。适所寄笼子中，有金三十两、蜀茶二斤，以为酬赠。"①

慈恩寺的两丛牡丹花，"每开及五六百朵"，已经是"近少伦比"了。更有老僧人花费20余年培育出一株婆娑几及千朵的殷红牡丹，乃世所罕见。所以，才被权要子弟设计盗挖而去。

慈恩寺的牡丹堪称一绝，其出众之处在于品种多而名贵，不仅有浅白有深色，最有名者属花王"姚黄"、花后"魏紫"，甚至还有极少见到的深红色珍品牡丹。唐代诗人裴潾曾有吟诵白牡丹和紫牡丹的诗，其中《白牡丹》（一作《长安白牡丹》）云："长安豪贵惜春残，争赏街西紫牡丹。别有玉盘承露冷，无人起就月中看。"② 唐太和年间，这首诗广为传诵。

权德舆有《和李中丞慈恩寺清上人院牡丹花歌》咏云：

> 澹荡韶光三月中，牡丹偏自占春风。
> 时过宝地寻香径，已见新花出故丛。
> 曲水亭西杏园北，浓芳深院红霞色。
> 擢秀全胜珠树林，结根幸在青莲域。
> 艳蕊鲜房次第开，含烟洗露照苍苔。
> 庞眉倚杖禅僧起，轻翅萦枝舞蝶来。
> 独坐南台时共美，闲行古刹情何已。
> 花间一曲奏阳春，应为芬芳比君子。③

上至皇帝、宰相，下到普通士子皆对慈恩牡丹念念不忘，可见慈恩寺牡丹之盛名。

（4）凌霄花与柿树

慈恩寺内有凌霄花，见李端《慈恩寺怀旧并序》一首。其《序》称："余去夏五月，与耿㵪、司空文明、吉中孚同陪故考功王员外，来游此寺。员外，相国之子，雅有才称。遂赋五物，俾君子射而歌之。其一曰凌霄花，

---

① [唐] 康骈：《剧谈录》，见（清）永瑢《钦定四库全书》子部十二·小说家异闻之属，上海古籍出版社，1987年影印本。
② [清] 彭定求等编纂：《全唐诗》卷507，中华书局，1999年，第5807页。
③ [清] 彭定求等编纂：《全唐诗》卷327，中华书局，1999年，第3668页。

公实赋焉，因次诸屋壁以识其会。今夏，又与二三子游集于斯，流涕语旧。既而携手入院，值凌霄更花。遗文在目，良友逝矣，伤心如何。陆机所谓同宴一室，盖痛此也。观者必不以秩位不侔，则契分曾厚（则契分甚厚）；词理不至，则悲哀在中。因赋首篇，故书之。"①

根据李端的诗作可知，大慈恩寺凌霄花的花期当在夏五月。凌霄花又名陵苕、女葳、紫葳，为蔓生木本植物，茎多气根，攀缘它物而上升，有长至数丈者。秋月梢头着花，合瓣花冠，形大，花端分裂为五，稍成唇形，色黄赤。《本草纲目》中记有其名。

此外，慈恩寺的柿树也是十分的有名。唐代诗人、志怪小说家段成式在《寺塔记》中将慈恩寺的柿树与白牡丹并列，其云："寺中柿树、白牡丹，是法力上人手植。上人时常执炉循诸屋壁有变相处辄献虔祝，年无虚月。"② 白居易的《慈恩寺有感》亦云："自问有何惆怅事，寺门临入却迟回。李家哭泣元家病，柿叶红时独自来。"③ 每到秋季霜降前后，大慈恩寺的柿树树叶彤红如染，美不胜收。叶落后，红彤彤的柿子，小巧可爱。柿子谐音"师子"，寓意"尊师重道"，庭前植柿树又象征"事事如意""红红火火"。

在唐末战乱时期，大慈恩寺寺院被损毁，只保留下了大雁塔供人凭吊。此后，历代虽有所修复，但再也难以恢复往日旧观。今天的大慈恩寺，仅是唐代大慈恩寺的西园，为明末清初所重建。

随着1993年西安曲江旅游度假区项目的启动，大慈恩寺再次走向了巅峰。2003年，曲江旅游度假区更名为曲江新区，成了以文化、旅游、生态为特色的国家级文化产业示范区5A级景区和生态区，成为西安建设国际化城市的示范新区，作为曲江新区核心景区的大慈恩寺开始了再度的辉煌。

---

① [清] 彭定求等编纂：《全唐诗》卷284，中华书局，1999年，第3234页。
② [唐] 段成式：《寺塔记》，见卢辅圣主编：《中国书画全书》第1册，上海书画出版社，2009年，第186页。
③ [清] 彭定求等编纂：《全唐诗》卷442，中华书局，1999年，第4958页。

四、雁塔题名

大慈恩寺也是唐代皇家园林的典范之作，从选址到建筑布局，再到具体景观，无一处不恢弘大气、雅俗共赏，将园林艺术的精妙体现得淋漓尽致。因此，它历来被文人墨客所钟爱，他们在此聚会、避暑、游玩，兴起之时又题诗作赋，留下的名篇不知凡几。

1. 雅集园林

无论是盛唐，还是宋代以后，大慈恩寺都是长安的城南佳处。早春杏园撷英，仲春欣赏牡丹，夏日南池观荷，秋季看柿林如染，四季皆有松竹常青，让人如痴如醉。前来游玩的士庶百姓往来不绝，迁客骚人诗歌唱和，意兴勃发。其中有皇帝，有妃嫔，有卿相，更多的是诗人和士子。

据《全唐诗》记载，唐高宗李治有题慈恩寺御制诗两首：

其一《谒慈恩寺题奘法师房》咏云：

停轩观福殿，游目眺皇畿。
法轮含日转，花盖接云飞。
翠烟香绮阁，丹霞光宝衣。
幡虹遥合彩，定水迥分晖。
萧然登十地，自得会三归。[1]

其二《谒大慈恩寺》咏云：

日宫开万仞，月殿耸千寻。
花盖飞团影，幡虹曳曲阴。
绮霞遥笼帐，丛珠细网林。

---

[1] [清] 彭定求等编纂：《全唐诗》卷2，中华书局，1999年，第22页。

> 寥廓烟云表，超然物外心。①

著名女诗人上官昭容（婉儿）有《九月九日上幸慈恩寺登浮图群臣上菊花寿酒》咏云：

> 帝里重阳节，香园万乘来。
> 却邪萸入佩，献寿菊传杯。
> 塔类承天涌，门疑待佛开。
> 睿词悬日月，长得仰昭回。②

至于王公卿相所作的应制诗，则有30首之多，其中不乏名篇。择优者列于下，一窥其概貌。如：

李峤《奉和九月九日登慈恩寺浮图应制》咏云：

> 瑞塔千寻起，仙舆九日来。
> 萸房陈宝席，菊蕊散花台。
> 御气鹏霄近，升高凤野开。
> 天歌将梵乐，空里共裴回。③

李适《奉和九日登慈恩寺浮图应制》咏云：

> 凤辇乘朝霁，鹫林对晚秋。
> 天文贝叶写，圣泽菊花浮。
> 塔似神功造，龛疑佛影留。
> 幸陪清汉跸，欣奉净居游。④

燕国公张说和许国公苏颋有"燕许大手笔"之称，张说《奉和同皇太子过慈恩寺应制二首》曰：

其一

> 翼翼宸恩永，煌煌福地开。

---

①［清］彭定求等编纂：《全唐诗》卷2，中华书局，1999年，第22页。
②［清］彭定求等编纂：《全唐诗》卷5，中华书局，1999年，第62页。
③［清］彭定求等编纂：《全唐诗》卷58，中华书局，1999年，第694页。
④［清］彭定求等编纂：《全唐诗》卷70，中华书局，1999年，第775页。

　　　　离光升宝殿，震气绕香台。
　　　　上界幡花合，中天伎乐来。
　　　　愿君无量寿，仙乐屡徘徊。

其二

　　　　朗朗神居峻，轩轩瑞象威。
　　　　圣君成愿果，太子拂天衣。
　　　　至乐三灵会，深仁四皓归。
　　　　还闻涡水曲，更绕白云飞。①

其中"还闻涡水曲，更绕白云飞"也是难得的佳句。

还有，李乂《奉和九月九日登慈恩寺浮图应制》咏云：

　　　　涌塔临玄地，高层瞰紫微。
　　　　鸣銮陪帝出，攀橑翊天飞。
　　　　庆洽重阳寿，文含列象辉。
　　　　小臣叨载笔，欣此颂巍巍。②

薛稷《慈恩寺九日应制》咏云：

　　　　宝宫星宿劫，香塔鬼神功。
　　　　王游盛尘外，睿览出区中。
　　　　日宇开初景，天词掩大风。
　　　　微臣谢时菊，薄采入芳丛。③

张景源《奉和九月九日登慈恩寺浮图应制》咏云：

　　　　飞塔凌霄起，宸游一届焉。
　　　　金壶新泛菊，宝座即披莲。
　　　　就日摇香辇，凭云出梵天。
　　　　祥氛与佳色，相伴杂炉烟。④

---

① [清] 彭定求等编纂：《全唐诗》卷87，中华书局，1999年，第938—939页。
② [清] 彭定求等编纂：《全唐诗》卷92，中华书局，1999年，第991页。
③ [清] 彭定求等编纂：《全唐诗》卷93，中华书局，1999年，第1002页。
④ [清] 彭定求等编纂：《全唐诗》卷105，中华书局，1999年，第1101页。

张锡《奉和九月九日登慈恩寺浮图应制》咏云：

　　九秋霜景净，千门晓望通。

　　仙游光御路，瑞塔迥凌空。

　　菊彩扬尧日，萸香绕舜风。

　　天文丽辰象，窃抃仰层穹。①

唐代名人雅士以及著名诗人游览、登临雁塔后，留下的诗篇很多，如杜甫、高适、岑参、卢纶、韦应物、储光羲、白居易、司空曙等唐代大诗人皆有咏大慈恩寺的诗作。

杜甫《同诸公登慈恩寺塔》咏云：

　　高标跨苍天，烈风无时休。

　　自非旷士怀，登兹翻百忧。

　　方知象教力，足可追冥搜。

　　仰穿龙蛇窟，始出枝撑幽。

　　七星在北户，河汉声西流。

　　羲和鞭白日，少昊行清秋。

　　秦山忽破碎，泾渭不可求。

　　俯视但一气，焉能辨皇州。

　　回首叫虞舜，苍梧云正愁。

　　惜哉瑶池饮，日晏昆仑丘。

　　黄鹄去不息，哀鸣何所投。

　　君看随阳雁，各有稻粱谋。②

卢纶《慈恩寺石磬歌》咏云：

　　灵山石磬生海西，海涛平处与山齐。

　　长眉老僧同佛力，咒使鲛人往求得。

　　珠穴沈成绿浪痕，天衣拂尽苍苔色。

　　星汉徘徊山有风，禅翁静扣月明中。

---

① [清] 彭定求等编纂：《全唐诗》卷105，中华书局，1999年，第1102页。
② [清] 彭定求等编纂：《全唐诗》卷216，中华书局，1999年，第2258-2259页。

群仙下云龙出水，鸾鹤交飞半空里。
山精木魅不可听，落叶秋砧一时起。
花宫杳杳响泠泠，无数沙门昏梦醒。
古廊灯下见行道，疏林池边闻诵经。
徒壮洪钟秘高阁，万金费尽工雕凿。
岂如全质挂青松，数叶残云一片峰。
吾师宝之寿中国，愿同劫石无终极。①

白居易《三月三十日题慈恩寺》诗云：

慈恩春色今朝尽，尽日裴回倚寺门。
惆怅春归留不得，紫藤花下渐黄昏。②

贾岛《寄慈恩寺郁上人》咏云：

中秋期夕望，虚室省相容。
北斗生清漏，南山出碧重。
露寒鸠宿竹，鸿过月圆钟。
此夜情应切，衡阳旧住峰。③

李频《秋宿慈恩寺遂上人院》咏云：

满阁终南色，清宵独倚栏。
风高斜汉动，叶下曲江寒。
帝里求名老，空门见性难。
吾师无一事，不似在长安。④

韦应物《慈恩伽蓝清会》咏云：

素友俱薄世，屡招清景赏。
鸣钟悟音闻，宿昔心已往。
重门相洞达，高宇亦遐期。
岚岭晓城分，清阴夏条长。

---

① [清] 彭定求等编纂：《全唐诗》卷277，中华书局，1999年，第3144-3145页。
② [清] 彭定求等编纂：《全唐诗》卷436，中华书局，1999年，第4841页。
③ [清] 彭定求等编纂：《全唐诗》卷573，中华书局，1999年，第6728页。
④ [清] 彭定求等编纂：《全唐诗》卷588，中华书局，1999年，第6886页。

> 氤氲芳台馥，萧散竹池广。
> 平荷随波泛，回飚激林响。
> 蔬食遵道侣，泊怀遗滞想。
> 何彼尘昏人，区区在天壤。①

李远《慈恩寺避暑》咏云：

> 香荷疑散麝，风铎似调琴。
> 不觉清凉晚，归人满柳阴。②

此外，赵嘏的《春尽独游慈恩寺南池》和刘得仁《慈恩寺塔下避暑》也颇有可观之处。

赵嘏《春尽独游慈恩寺南池》咏云：

> 竹外池塘烟雨收，送春无伴亦迟留。
> 秦城马上半年客，潘鬓水边今日愁。
> 气变晚云红映阙，风含高树碧遮楼。
> 杏园花落游人尽，独为圭峰一举头。③

刘得仁《慈恩寺塔下避暑》咏云：

> 古松凌巨塔，修竹映空廊。
> 竟日闻虚籁，深山只此凉。
> 古松凌巨塔，修竹映空廊。
> 僧真生我静，水淡发茶香。
> 坐久东楼望，钟声振夕阳④。

晚唐时期，国运日趋衰落，登慈恩寺塔已经成为伤怀之事。

杨玢《登慈恩寺塔》咏云：

> 紫云楼下曲江平，鸦噪残阳麦陇青。
> 莫上慈恩最高处，不堪看又不堪听。⑤

---

① [清] 彭定求等编纂：《全唐诗》卷186，中华书局，1999年，第1904-1905页。
② [清] 彭定求等编纂：《全唐诗》卷519，中华书局，1999年，第5978页。
③ [清] 彭定求等编纂：《全唐诗》卷549，中华书局，1999年，第6415页。
④ [清] 彭定求等编纂：《全唐诗》卷544，中华书局，1999年，第6348页。
⑤ [清] 彭定求等编纂：《全唐诗》卷760，中华书局，1999年，第8722页。

荆叔《题慈恩塔》咏云：

> 汉国山河在，秦陵草树深。
> 暮云千里色，无处不伤心。①

五代以后，长安虽然不再为国都，但仍然是西部重镇，雁塔仍是长安的地标建筑。往来长安者一般必来雁塔一游，也留下了大量歌咏慈恩寺的诗歌，虽不能与唐诗一较高下，但也不乏佳作名篇，兹自《雁塔诗词选》②中择选几首，从中一窥宋元明清以来大慈恩寺及大雁塔的历史景况。

宋代吕大防有《礼慈恩寺题诗》咏云：

> 玄奘译经垂千秋，慈恩古刹闻九州。
> 雁塔巍然立大地，曲江陂头流饮酒。

金代郦权有《慈恩寺塔》咏云：

> 慈恩石刻半公卿，时遇闻人为指名。
> 龙虎榜中休着眼，一篇俚赋误平生。

元代余阙有《赋得慈恩寺塔送李惟中赴西台侍御》咏云：

> 祇园开塔庙，遐瞻尽三秦。
> 雕玉裁文陛，金铜结绮轮。
> 高标双阙外，流影灞陵津。
> 揽辔还登眺，题名继昔人。

明代赵涵有《登慈恩寺塔》咏云：

> 日出东南行，骋目川原上。
> 白云忽飞驰，森木纡朝爽。
> 宝刹郁崔嵬，琉璃耀平莽。
> 昔人陟其巅，徘徊苍梧想。
> 题名在四壁，胜迹衔云往。

---

① [清] 彭定求等编纂：《全唐诗》卷774，中华书局，1999年，第8861页。
② 政协西安市雁塔区委员会、西安大雁塔保管所编：《雁塔诗词选》，陕西旅游出版社，1990年。

清代秦定远有《秋夜登慈恩寺塔》咏云：

> 河汉西流秋夜长，登临高塔思茫茫。
> 谁将笛怨吹衰柳，况复砧声杂细螀。
> 太液光浮龙塞月，曲江寒带雁门霜。
> 秋来此际知多少，思妇羁人总断肠。

清代袁枚有《秦中杂感》咏云：

> 三唐雁塔耸秋霜，一过摩挲一自伤。
> 倭国不求萧颖士，都门谁饯贺知章。
> 空教阊阖来天马，是处阿房集凤凰。
> 欲赋西京无底事，玉鱼金碗尽悲凉。

洪亮吉作《慈恩寺上雁塔》咏云：

> 忆从初地擅名场，阅劫来游竟渺茫。
> 韦曲花深愁暮雨，终南山古易斜阳。
> 高张岑杜诗篇冷，天宝开元岁月荒。
> 莫笑名贤名易朽，塔前杯水已沧桑。

清代李凤翔有《游慈恩寺雁塔》咏云：

> 寻春览胜偶凭栏，翠积樊川此钜观。
> 七级岧峣绵地脉，孤峰矱礛插云端。
> 朝暮渭北堪襟比，拱极终南作砺看。
> 指点汉唐树碣者，秦坑何事误儒冠。
> 屹然特立压秦关，登陟浑凝雪汉间。
> 仰听疏林啼鸟寂，遥瞻隐岫青云闲。
> 五陵花草全无迹，三辅衣冠更几班。
> 吊古思今徒自慨，何如逐佛恨缘悭。

近代宋伯鲁有《丁巳九月十四日城南草堂宴集罢酒归，纡途至慈恩寺，兼游田氏养掘园看菊，园在寺右数十步》咏云：

> 窣堵巍巍依凤城，前朝遗构没榛荆。

空嗟永夜熙宁火，无复霜林夕梵声。

石古竟夸新勒字，苔荒犹认旧题名。

草堂饮罢不归去，却恋残阳号限情。

近代张吟村有《登慈恩寺雁塔和石耕登慈恩寺塔原韵》咏云：

久欲长安访古迹，楚地秦天走砂砾。

骊宫仙乐奏层宵，承露金茎摩空碧。

王气消失已十年，汉殿唐宫都剥蚀。

只有巍然一塔存，今日登临增感戚。

塔前遗址曲江寒，塔下慈恩賸残石。

河西仍旧走东南，富贵功名皆倾刻。

试问韦肇今何在，对此茫茫匆过客。

河南大笔尚淋漓，且共摩挲破岑寂。

长啸一声天地空，鸦点斜阳千树墨。

归来把酒诵金音，愿借絷维永今夕。

近代释妙阔有《慈恩宗学院讲余随笔》咏云：

玄奘遗风传千年，唯识创立深奥远。

佛学宝库增彩页，后进学僧务发愿。

近代康寄遥有《朝参慈恩寺并登雁塔礼佛作偈》咏云：

国难当头抗战兴，众生和平深伤情。

祈祷胜利祝捷临，阿弥陀佛献愿灵。

"萧瑟秋风今又是，换了人间！"今天，焕然一新的雁塔景区重新成为西安的会客厅，期待各界贤达来慈恩塔下题名。

2. 慈恩题名

"慈恩题名"又称"雁塔题名"，是中国古代科举史上的一段佳话。据唐代韦绚的《刘宾客嘉话录》记载："慈恩题名，起自张莒"。① 五代时期，王定保的《唐摭言·慈恩寺题名游赏赋咏杂纪》云："神龙本于寺中闲游而题同年，人因为故事。"②

按照唐朝的科举制度，进士科考试在秋季进行，发榜在次年春天。之后，皇帝邀新科进士同游曲江御苑，并赐宴于曲江亭，故称"曲江宴"。曲江御苑又名曲江池，简称曲江，其位置在今西安城墙南偏东5000米处。曲江池开凿于汉武帝时期，是汉代帝妃游幸之所。唐玄宗开元年间，加大了对曲江池的整修力度，在其南增建紫云楼、芙蓉苑。唐时的曲江，池水澄明，花卉环列。周边又有慈恩寺、杏园等著名景观，为长安第一胜地。

进士发榜的时节，正值长安春和景明，春风轻拂，百花烂漫。曲江及周边慈恩寺、杏园更是春意盎然。曲江宴是唐代极高规格的宴会，也是对新科进士极大的褒奖。新科进士骑着高头大马昂首赴曲江宴饮，满城公卿百姓齐聚道路两侧，人影簇簇，观看新科进士游街。甚至有贵族少女向心仪的骑马进士抛洒鲜花。唐人赵嘏有诗《今年新先辈以遏密之际每有宴集必资清谈书此奉贺》中云："满怀春色向人动，遮路乱花迎马红。"③

放榜后，新科进士集会于曲江池旁杏园，故称曲江宴或杏园春宴。当参加完曲江宴饮之后，再回到慈恩寺，登临大慈恩寺塔，并将自己的姓名题写在慈恩塔壁题以示留念，这就是历史上所谓的"慈恩塔题名"，即"雁塔题名"。自唐中宗神龙后，改由皇帝赐宴，至玄宗开元末极盛。

关于雁塔题名还有一个典故。传说在唐中宗神龙年间（705—706），长山籍新科进士张莒参加完曲江宴，按照惯例游慈恩寺。他高中进士的激情还未散去，一时兴起，将自己的名字题写在了慈恩塔下，并留诗一首。此

---

① 关于此事史书有不同说法：《嘉话录》谓张莒及进士第，间行慈恩寺，因书同年姓名于塔壁，后以为故事。唐代《登科记》有张台，无张莒。台于大中十三年崔橹下及第，冯氏引之以为自台始。见宋人张礼撰，史念海、曹尔琴校注的《游城南记校注》，三秦出版社，2006年，第23页。
② [五代] 王定保撰：《唐摭言》，上海古籍出版社，1978年。
③ [清] 彭定求等编纂：《全唐诗》卷549，中华书局，1999年，第6405页。

举被爱好风雅的文人所知，纷纷效仿，于是形成了一种新的风气。每次科举之后，新科进士参加完曲江宴饮，就集体来到大雁塔下，推举书法上佳者将他们的姓名、籍贯和及第的时间用墨笔题在慈恩寺塔的墙壁上。如果有人日后位至卿相，还要用朱笔将姓名改为红色。

  在雁塔题名的人当中，最出名的要算是白居易了。《唐摭言》卷三记载，白居易27岁一举中第，按捺不住喜悦的心情，就在慈恩寺塔下写下了"慈恩塔下题名处，十七人中最少年"的诗句，以表达中进士后的喜悦之意和得意之情。另一位新科进士刘沧则写下一首《及第后宴曲江》："及第新春选胜游，杏园初宴曲江头。紫毫粉壁题仙籍，柳色箫声拂玉楼。"① 不仅把大慈恩寺塔题名与登仙并提，而且把自己当作天上的文曲星了，那种春风得意的喜悦心情和慈恩寺塔题名的荣誉感溢于言表。唐人徐夤也有《塔院小屋四壁皆是卿相题名因成四韵》诗赞叹："雁塔捎空映九衢，每看华宇每踟蹰。题名尽是台衡迹，满壁堪为宰辅图。"②

  尽管新科进士们诗兴不减，但是慈恩寺塔院的墙壁毕竟空间有限，不久大慈恩寺塔已形成"塔院小屋四壁，皆是卿相题名"的情景，粉墙也变成了"花墙"。可惜北宋神宗年间一场大火毁掉了珍贵的题壁。"熙宁中，富民康生遗火，经宵不灭，而游人自此衰矣"。③ 关于题壁的消失，史书上还有另外一种说法。据说唐武宗时期的宰相李德裕因为自己不是进士出身，故深忌进士，下令取消了曲江宴饮，并让人将新进士的题名全数除去。不管何种原因，题壁的消失对雁塔文化乃至中国文学来说，都是一个损失。

  后世也皆以雁塔题名为佳话，进士及第和乡试中举的陕西籍士子纷纷效法前贤，雁塔题名的文化活动一直沿袭到清末。在大慈恩寺院内和大雁塔上，至今存留的明清两朝乡试举人仿效唐代进士题名碑73通，其中明代30通，清代43通，约有三分之一已残。

---

① [清] 彭定求等编纂：《全唐诗》卷586，中华书局，1999年，第6847页。
② [清] 彭定求等编纂：《全唐诗》卷709，中华书局，1999年，第8238页。
③ [宋] 张礼撰，史念海、曹尔琴校注：《游城南记校注》，三秦出版社，2006年，第23页。

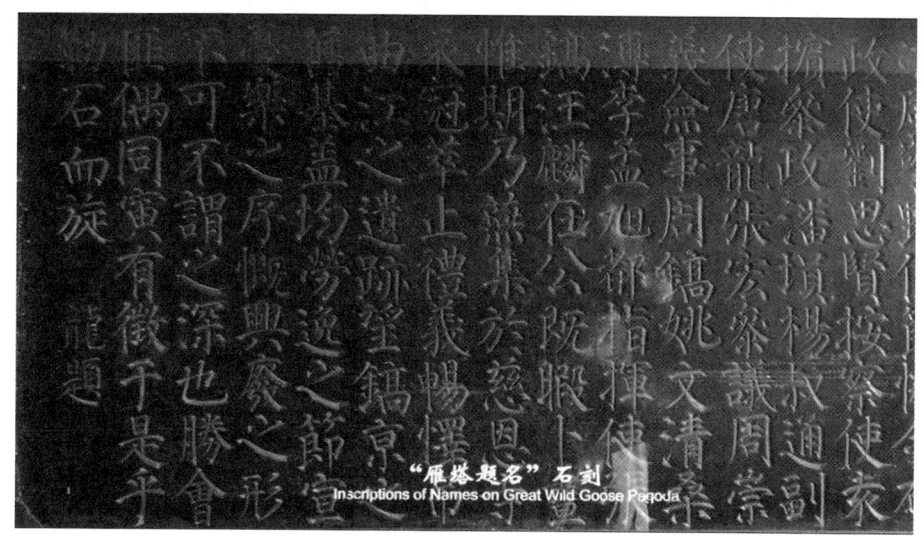

明代嘉靖"雁塔题名"石刻

顺便提及，后世的武举人也效仿文士，在荐福寺小雁塔下题名，也称"雁塔题名"。经过长期演变，逐渐形成了陕西士子"文题大雁塔，武题小雁塔"的风俗。在荐福寺小雁塔院内，至今也保留着明清武举题名碑17通。

3. 雁塔访碑

不必说巍巍的大雁塔，也不必说庄严的大雄宝殿，单是寺中碑石就藏有无穷古韵。

（1）"二圣碑"

在大雁塔南侧券门的东西两侧外壁上，嵌置着两通石碑——唐太宗所撰《大唐三藏圣教序》碑和唐高宗李治所撰《大唐三藏圣教序记》碑，这两通石碑又合称"二圣碑"，均由当时的大书法家中书令褚遂良书丹。

据《大慈恩寺三藏法师传》卷六："贞观二十二年春，驾幸玉华宫。夏五月甲午，翻《瑜伽师地论》讫，凡一百卷。六月庚申，敕追法师赴宫。比发在途，屡有使至令缓进，无得劳损。既至，见于玉华殿，甚欢。"在此期间，玄奘上书请求太宗皇帝能够为经书作序，司徒赵国公长孙无忌、中书令褚遂良也为之奏请。唐太宗欣然同意，"少顷而成，名《大唐三藏圣教序》，凡七百八十一字，神笔自写，敕贯众经之首"。之后，"帝居庆福殿，百官侍卫，命法师坐，使弘文馆学士上官仪以所制《序》对群僚宣读，霞焕锦舒，极褒扬之致。"①

同年六月，"天皇大帝（即皇太子李治）居春宫，奉睹圣文，又制《述圣记》（即《大唐三藏圣教序记》）。"玄奘对皇太子撰文深表感谢，赞其述记："珠回玉转，霞焕锦舒，将日月而联华，与咸英而合韵。"②

唐高宗永徽三年（652），玄奘奏请朝廷，欲建宝塔以保存从印度带回的经书、佛像、舍利等物。"时弘福寺寺主圆定及京城僧等，请镌二序文于金石，藏之寺宇，帝可之。"③ 高宗应允了法师和众僧的请求，命中书令褚遂良题写碑文，将两篇序言刻成石碑以志纪念。永徽四年（653），宝塔建成后，两通石碑就被嵌在塔壁上，至今犹存。

《序》碑全名为《太宗文皇帝制三藏圣教序》（碑文见文后附录1），最后落款为"永徽四年岁次癸丑十月己卯朔十五日癸巳建，中书令臣褚遂良书"。而《记》碑全名为《大唐皇帝述三藏圣教序记》（碑文见文后附录2），最后落款为"永徽四年岁次癸丑十二月戊寅朔十日丁亥建"，又注："皇帝在春宫日（为皇太子时）制此文，尚书右仆射上柱国河南郡开国公臣褚遂良，万文韶刻字"。

两碑的碑身边线有明显收分，呈上窄下宽梯形，碑座为有线刻图案的方形碑座。两碑通高337.5厘米，碑面上宽86厘米，下宽100厘米。两碑规格形式相同，碑头为圆首，"序"碑额为"大唐三藏圣教之序"八字隶书；"记"碑额为"大唐三藏圣教序记"八字篆书，分别与碑文同方向对称

---

① [唐] 释慧立本，释彦悰笺：《大慈恩寺三藏法师传》，中华书局，2018年，第137-142页。
② [唐] 释慧立本，释彦悰笺：《大慈恩寺三藏法师传》，中华书局，2018年，第146、148页。
③ [唐] 释慧立本，释彦悰笺：《大慈恩寺三藏法师传》，中华书局，2018年，第148页。

排列。碑两边为蔓草波形连续花边，上方辟佛龛镌刻有一铺七尊，即一坐佛二弟子二菩萨二力士像，其中佛身着袈裟，正身倚坐（又称善跏趺坐），各有圆形火焰纹头光身光；弟子肃立，菩萨身姿优美，扭曲而立于莲座之上；金刚力士手执钢叉画戟，一手叉腰，身着铠甲战袍，脚踏夜叉恶鬼，虎视狰狞。他们各具身份，头光各异，其排列与莫高窟第45窟中盛唐的一铺彩塑造像的安排布局一致，十分精妙。碑文下方又雕刻有衣带飘逸、舞姿飞动的舞乐天人，细看"序"碑乐师所执乐器为管乐，而"记"碑乐器为弦乐。看到她们在莲座上表演的天乐舞姿，真有把人们带到那奇妙无比的佛国仙境之中的感觉。加之此碑从建塔时即安置在塔壁龛内，深达2.8米，避风遮雨，又有门栏防护，即使在"文革"十年浩劫中也没有被破坏，所以此碑之碑文字迹仍清晰如初。

碑文内容是唐太宗为玄奘法师翻译佛经所作的"总序"，太宗皇帝对玄奘不畏艰险去印度取经的精神做了高度评价，将所译的佛经誉为"兹经流施将日月而无穷，斯福遐敷与乾坤而永大"。

这两通碑的书法出自中书令褚遂良之手，其书法艺术水平十分杰出。褚遂良自幼博涉文史、书法，师承欧虞，法继二王，兼容魏碑汉隶，而且不断研习探索，善于创新，自成一体。他是一位德高望重，又受唐太宗敬重的宰相，其书法不仅流行于太宗、高宗两朝，而且流芳后世。由他所书的两通碑刻，立于慈恩宝塔之下，与宝塔相映生辉。

就两通碑的书法艺术而言，褚遂良是唐初四家之一，书写该碑时，正处于其人生的巅峰时期，书法艺术已达炉火纯青地步。唐代张怀瓘说他的书法"美人婵娟，铅华绰约"；宋代董济则评价："多力丰筋，瘦硬通神"；明代王世贞说："婉媚遒逸，波拂如铁线"；清代刘熙载说："遒逸如鹤游鸿戏"。《唐人书评》称他的书法是"字里金生，行间玉润，法则温雅，美丽大方"。[①]

[①][南宋]陈思：《书苑菁华》卷五"书评"（《唐人书评》），见《四库全书》，1987年上海古籍出版社影印文渊阁本，第7页。

褚遂良书法对唐代及后来的书法有很大的影响。唐初四家欧（欧阳询）、虞（虞世南）、褚（褚遂良）、薛（薛稷及弟薛曜）中，薛家兄弟是褚遂良的学生，褚体占了半壁江山。唐代敬客、王知敬、裴守真、王行满等均受褚字泽溉；中晚唐的颜真卿、柳公权书法风格形成亦源于褚公；宋代米芾曾跋颜书云"颜真卿学褚遂良既成，……此帧尤多褚法"。

褚体字对宋四家之一的米芾有过很大影响，米芾曾自称"学褚最久"。元代赵孟頫、明代董其昌都是学褚而能变的高手。褚遂良书法与后代"瘦金体"的产生也有着重要的关系。

在褚体书法的笔画中，多数长笔画，如长横长撇、竖钩、斜钩、横钩、横折等笔画，粗细比例在 1∶30 至 1∶50 之间，甚至更纤细。其特点是意在笔端，运笔自如，如锥画沙，瘦劲流畅；在字的间架结构方面，中宫内收，四面开张，笔画连续，飞扬流动。这些特点对以宋徽宗赵佶（1082—1135）为代表的瘦金体书法艺术的形成产生过重要的影响。正像任平先生所说，褚书"这种瘦劲而有神的楷书笔法"，由褚遂良传给了魏徵外孙"初唐四家"之一的薛稷，至宋代又被徽宗赵佶继承，并沿着这条路子发展下去，创造了书史称绝的瘦金体，"追源溯本，褚遂良乃其远祖"。不仅如此，其对中国画的笔法亦有重要影响。

（2）七佛头圣教序

在玄奘开始译经的弘福寺，"寺僧怀仁等乃鸠集晋右军将军王羲之书，勒于碑石焉。"① 因为碑面上方刻有七尊佛，俗称"七佛头圣教序"。据说沙门怀仁花了 24 年时间，花重资收集东晋王羲之遗稿后精选拼集起来的，② 于唐高宗咸亨三年（672）十二月八日，篆刻而成《大唐三藏圣教序》集字碑。该碑螭首方座，碑身上小下大，碑高 350 厘米，宽 96~108 厘米，厚 28 厘米；碑文 30 行，行 83 字至 88 字不等，共有 1904 个字。碑文内容除唐太

---

① [唐] 释慧立本，释彦悰笺：《大慈恩寺三藏法师传》，中华书局，2018 年，第 148 页。
② 据传说，当时怀仁曾在民间以"一金换一字"收买王羲之书稿，因而此碑又有"千金帖"之称。

宗为玄奘赴印度取经译经的史实所写的序《大唐三藏圣教序》、太子李治为其父写的序作的序记《述三藏圣记》外，还有《太宗答玄奘谢序表》《太子李治答玄奘谢记表词》，外及玄奘奉诏译《般若波罗蜜多心经》等五部分内容。碑阴刻有贺兰敏所写的《金刚经》文。

《圣教序》集字碑的书法，后人赞叹似由当年右军亲自挥毫，全篇一气呵成，足见怀仁和尚集右军字临成此碑所达到的艺术造诣。此碑帖受到后代书法家的普遍青睐，成为学习王羲之书法的津梁，有"为千古字学之祖"之说，在书法史上有着极其重要的意义。

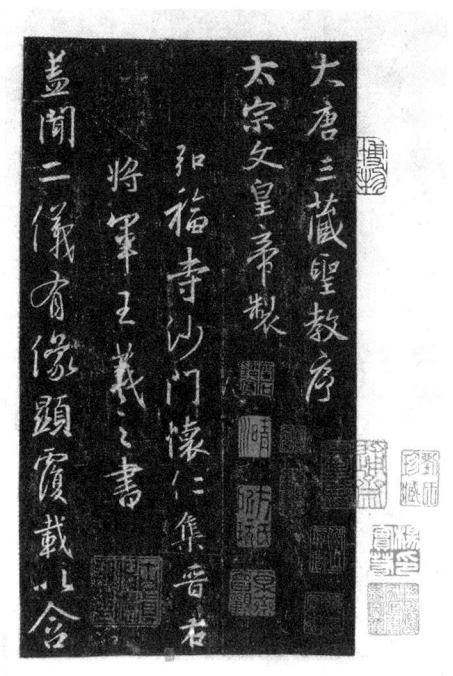

西安碑林博物馆藏《怀仁集王羲之书圣教序》宋拓本局部

"怀仁集王圣教序碑原立于长安修德坊弘福寺，唐末天祐元年，朱温胁迫昭宗东迁洛阳，毁长安宫室民居，怀仁集王圣教序碑也和其他许多名碑一样，散落于长安郊野，至北宋初期，才被移到京兆城中的孔庙保护起来，成为组成'碑林'最早的名碑之一。"[①] 该碑于明嘉靖三十四年（1556）地震中被大雁塔塔刹坠石压断，碑面的三分之一处断裂，被后人修复，碑体上的个别字迹已经模糊，但这些丝毫没有影响它的名气。现陈列于西安碑林第二展室。

（3）其他碑刻

在大慈恩寺院内，还保存着历代重修寺塔的功德碑17通，其中明代4

---

① 毛毛：《怀仁集王圣教序碑刻画出了一个民族永久的生命线》，《陕西日报》，2019-09-03。

通，清代 8 通，民国时期 5 通。①陈景富先生主编的《大慈恩寺志》收集较全，兹只择珍贵者中的部分介绍如下：

《重修大慈恩禅寺记》（见文后附录·碑文 4）原位于大雄宝殿前东侧，为明成化二年（1466）四月所立。碑为蟠螭圆首，二龙戏珠石刻方座，通高 245 厘米，碑厚 25 厘米，宽 88 厘米，小篆碑额，其中碑面高 160 厘米，碑文竖排 22 行，每行排满 59 字中楷，碑文载明："起前后殿各五楹，山门、廊庑、方丈、僧堂以数峙。"

《重修大雁塔寺前轩记》（见文后附录·碑文 5）原位于法堂、藏经楼殿前东侧，清康熙十七年（1679）孟夏所立。碑高 410 厘米，宽 89 厘米，厚 24.5 厘米，圆首龟趺，仅碑身高 240 厘米，竖排 14 行，每行 48 字，正楷，字体清秀。

《重修大塔寺遇仙桥记》（见文后附录·碑文 6）嵌在大殿东角门"吉祥门"东侧墙上，系清康熙辛亥（1731）花月②所立。碑通高 145 厘米，宽 64 厘米，正文竖排 8 行，每行 36 字，该碑青门扬烈书丹，中楷书体，笔法瘦劲流畅。

《慈恩寺功行碑记》（见文后附录·碑文 7）原竖立于法堂前西侧，清乾隆十一年（1747）夏四月所立。碑通高 410 厘米，宽 87.5 厘米，厚 21 厘米，圆首龟趺，碑身高 243 厘米，碑文竖排 17 行，每行 48 字，楷书。碑文的上部刻绘有一幅《雁塔胜迹图》，图的中部绘有慈恩寺全图，从下而上分别排列着遇仙桥、山门、天王殿、方丈、大雁塔等景观，并将西安城、小雁塔、太白山、圭峰、终南山、曲江池、骊山、西岳华山各景巧妙环绕，绘于寺院四周，其间河湖山色，云雾飘逸，细看僧俗各异，有挑担、骑马、推车、垂钓等等，构成一幅景色优美、布局完整、丰富多彩的雁塔胜迹图。

《重修慈恩寺碑记》（见文后附录·碑文 8）位于"吉祥门"西侧，清道光十二年（1833）四月所立。碑通高 159 厘米，宽 63 厘米，素面无纹，

---

①大慈恩寺的碑刻目前均移置于大雁塔东之高僧灵骨塔林。
②花月：即阴历二月。阴历二月建卯，一年之中，自惊蛰经过春分至清明前为仲春三月，二月农历称"卯月"，民间俗称花月。

圆首无座，上有篆额"皇清"二字，正文竖排12行，每行排满52字小楷。

《重修慈恩寺记》（见文后附录·碑文9）位于大殿前西侧，清光绪十三年（1888）丁亥春月所立。该碑缺首，一龙戏珠方座，现通高266.5厘米，碑宽97厘米，厚22厘米，

大雁塔塔林中重修慈恩寺碑记

碑为正文竖排9行，每行排满45字大楷，笔力苍劲，气势磅礴。

《朱子桥将军重修大慈恩寺功德碑》（碑文见附录10）和《重修大慈恩寺纪念碑》（碑文见附录11）民国21年（1932）为慈善家朱子桥将军重修寺塔所立。两碑均为圆首，碑额分别为张继所题"玄奘复兴"和"轻尘足岳何遂"。像这种将碑名题词与题者落款俱刻于碑额者，并不多见，颇有些现代风格。其中"玄奘复兴"碑，通高240厘米，宽93.5厘米，厚32厘米，碑文竖排18行，每行46字楷书。"轻尘足岳"碑，通高230厘米（稍残），宽87厘米，厚20厘米，正文竖排11行，每行50字楷书。

此外，大慈恩寺院内现在仍保存着近百通雁塔题名碑，多为明清两代官员、文士的墨宝石刻，其中很多石碑都具有重要的文献价值和书法欣赏价值。

如今，步入大慈恩寺，我们会在庄严与肃穆中感受到心灵的震撼。在巍峨的七层宝塔面前伫立，似乎就能看到玄奘法师那辛劳的译经身影；在大雄宝殿前上一炷香，萦绕的香烟在虬须般的龙爪槐前飘散，那盘绕的枝叶，似乎如龙一样要腾空而起；三藏院那古朴典雅的风格，庄严肃穆的氛围，与立体建筑轮廓相得益彰，似乎玄奘法师正端坐其中，仍然孜孜不倦地坚守着自己的弘法事业，让人肃然起敬。

佛教文化是古代"丝绸之路"文化的重要组成部分，由玄奘法师所开创的法相唯识宗及雁塔文化是丝路文化的瑰宝之一。近年来，以玄奘法师为象征的大慈恩寺佛教文化日益受到世人关注，已成为西安历史文化资源中的一个亮点。今天的大慈恩寺正在将佛教文化、文物古迹与旅游观光三者更好地融合为一体，以其独到的宗教、人文和文物资源优势走向世界，开创丝路人文旅游的新局面。

『一法一宗一祖庭』

一法一宗一祖庭　101

随着佛教的传入，印度的建筑、绘画、雕塑对中国的传统文化产生了较大影响，尤其是佛经的翻译，把印度的哲学带入了中国，影响了中国传统的文化。

玄奘法师在翻译佛经的过程中，将印度佛教中由无著①和世亲②所创立的大乘有宗一系的佛法经典系统地介绍到了中国。该宗在于将世界的精神本体"识"视为实有，故称为唯识、法相唯识。而中国法相唯识宗的祖师玄奘、窥基、普光等人，常住大慈恩寺，所以也被称作"慈恩宗"。大慈恩

---

① 无著：又称无障碍。古印度大乘佛教瑜伽行派创始人之一，大约生活在四五世纪之间，北印度犍陀罗国普鲁夏普拉（布路沙布逻，今克什米尔以西）人。无著致力于法相大乘之宣扬，又撰论疏释诸大乘经。其弟世亲本习小乘，后依其劝遂归大乘，竭力举扬大乘教义。大乘有宗，简称"有宗"，即"瑜伽行派"，传入中国称法相宗或唯识宗。著有《金刚般若论》《顺中论》《摄大乘论》《大乘阿毗达磨杂集论》《显扬圣教论颂》《六门教授习定论颂》等。

② 世亲：又作天亲，梵名婆薮盘豆（Vasubandhu），无著之弟，古印度大乘佛教瑜伽行派创始人之一。大约生活公元四五世纪之间，为北印度犍陀罗国富娄沙富罗城夏普拉（即今白夏瓦）人。婆罗门种姓，父为国师，共兄弟三人，兄名"无著"，弟名"师子觉"。世亲一生著述宏富，传有"千部论主"的称号，即先造小乘论五百部，后撰大乘论五百部。重要的有《十地经论》《摄大乘论释》《辨中边论》《大乘成业论》《百法明门论》《大乘五蕴论》《唯识二十论》《唯识三十论》等。其中《唯识三十论》是世亲最后的作品，它总结整理了前期各种经论中的唯识思想，代表着世亲在唯识学上的最高成就。

寺也被称为法相唯识宗的祖庭。

唯识宗认为："实无外境，唯有内识，似外境生。"[1] 将人的"识"分为八种，即眼识、耳识、鼻识、舌识、身识、意识、末那识、阿赖耶识；其中阿赖耶识藏有成佛的种子，人通过渐次修行可以破除烦恼、执迷，达到觉悟。玄奘大师还将佛教逻辑——因明学引入中国，使得唯识宗在佛教知识体系上更加系统。唯识宗是初唐影响最大的佛教宗派，但它的知识体系庞大而烦琐，学习比较困难，从而限制了它的传播。

唯识宗也被称为"普为一切乘教宗"，它的知识涵盖声闻菩提、缘觉菩提、大乘佛菩提，根基遍三乘（即声闻、缘觉、菩萨），佛教各宗派的思想都可以从其中找到理论依据。它的学说对佛教其他宗派、中国哲学，乃至整个东亚的思想发展影响深远。

一、译经弘法

玄奘法师从印度取经归来，受到朝野上下的热烈欢迎。玄奘大师舍身求法的精神，感染了唐朝的百姓。唐太宗非常钦慕玄奘的博学多闻，对玄奘的译经工作也特别重视，亲自关照玄奘译经场的安排。经过深思熟虑，唐太宗决定将玄奘的译场设在京师长安的修德坊弘福寺，两年多后就转移到了大慈恩寺。

1. 译经长安城

最初，玄奘法师并未打算将译经场开设在长安，而是想设在距离自己家乡较近的嵩山少林寺（位于东都洛阳东南），或者陈留（今河南开封）的

---

[1] 护法菩萨等造著，唐三藏法师玄奘奉诏译：《成唯识论》卷296，见《中华大藏经》第30册 H0664，中华书局，1996年，第694页。

某座寺院。毕竟离家十余载，他怀念故乡的心情与日俱增。

贞观十九年（645）农历二月，唐太宗在东都洛阳召见玄奘法师，未采纳玄奘提出在少林寺开设译经场的建议，而是希望他能将译经场设在长安的某座寺院。

唐太宗对玄奘法师的安置，笔者认为大约出于三个方面的考虑：

（1）政治考量。玄奘法师遍历西域、印度诸国，对西域的政治、经济、文化以及风土人情非常熟悉。西域、印度诸国笃信佛教，大多数国家对于玄奘法师也十分敬重，不少国王都与玄奘关系甚好。如玄奘法师在印度时，曾与印度有名的戒日王结下了深厚的情谊。有一次，戒日王邀请玄奘法师赴宴，席间向法师问起在大唐颇为流行的宫廷乐舞《秦王破阵曲》，玄奘便向戒日王详细介绍了唐太宗的丰功伟绩，戒日王听了非常钦佩。此后，戒日王还特地派遣使臣前往长安拜谒唐太宗。因此，通过玄奘法师，唐王朝可以直接或间接地加深与西域、印度各国的了解与沟通。将玄奘法师留在长安，有利于朝廷随时向他咨询有关西域的事宜，也有利于唐朝有关西域政策的制订。所以，将玄奘法师留在长安，是出于政治及外交方面的考量。为此，唐太宗还曾多次劝说玄奘还俗辅政。

（2）方便供养。翻译佛经的工作艰巨而又复杂，需要大量的人力、物力、财力投入，将译场设在长安，既有利于朝廷对译经工作的支持，也方便对译经僧众的供养。玄奘法师毕生的志向和奋斗目标，就是弘扬佛法、导利群生，而译经是他在中土弘扬佛法的最主要方式，终其一生，最大的成就正是翻译经典。因此，玄奘法师为了保证所译经文的质量，以严谨的态度对译经工作进行了科学缜密的规划。他十分清楚，要想完成如此庞大的计划，必须依靠政府在人力、物力和财力上的强大支持。

玄奘法师所主持的译经工作，可谓一项浩大的国家工程。事实证明，从译场设立、人员配备到物资供应，一切都由朝廷提供。当时，参与译经工作的人员，有来自全国各大寺院精通佛典、学有专长的高僧，还有朝廷官吏儒士。唐太宗、唐高宗也曾专门为新译经论作序。

(3) 有利于国家对佛教活动的监督。唐朝统治者对于玄奘法师的态度带有两面性：一是对玄奘巨大的社会影响力带有警惕性；二是想要利用玄奘来安抚民众，加强思想统治。而玄奘法师深知，要传播、弘扬佛学，必须借助政府的政治保护。

由于隋末唐初的十余年战乱，中土佛教遭受严重打击，寺院凋敝，僧侣稀少。虽然如此，但佛教的影响力仍然是无与伦比的。当玄奘取经归来的消息传到长安时，京城内外数十万百姓自发地在官道两旁欢迎他，队伍整整排了20余里。据史籍记载，当时整整5天时间，长安内外僧俗民众陷入了宗教狂热之中，甚至忘记了自己的生业。

译经对于玄奘法师来说，既是一种至高无上的荣誉，又是一种巨大的政治危险。因为，他翻译经典的真正目的，就是为了弘扬佛法，利益众生。历经19载求法归来，远大的目标这才刚刚开始，因此必须寻求统治者的支持和谅解。而唐太宗不同意玄奘在少林寺译经，一方面是出于对他的厚爱，另一方面未必没有监视之意。总而言之，玄奘法师的合作态度赢得了太宗皇帝的信任，从而成为唐朝宗教界的领袖，帮助唐王朝稳固了民众的信仰。

早在西行之前，玄奘法师在长安就已经享有盛名。在经历19年天竺求法之后，他更是精通佛法三藏，在当时的大唐境内，可谓独一无二。将这样德高望重的高僧留在长安，对于笼络佛教徒、弘扬佛法来说，无疑是十分必要的。经过仔细考虑，唐太宗将玄奘安置在长安的弘福寺，在这里为他开设了译经场。经过近两个月的准备，当年五月，弘福寺译经场正式启动。玄奘法师在弘福寺的两年间，翻译的佛经共有14部。

贞观二十二年（648），大慈恩寺建成。皇太子李治礼请玄奘法师主持该寺，并在寺内修建翻经院，供法师翻译佛家经典。玄奘迁居慈恩寺后，虽然事务繁忙，仍然继续专心从事译经工作，分秒必争。为了如期完成译经工作，玄奘特别拟定一份译经进度表，他一边做眉批，一边诵读范文；为了不耽误自己的修行，他每天译完经后还要念经拜佛，直到三更才睡，然后五更又起床，这样高强度的译经生活，他坚持了10多年。自从在弘福寺开始译经，玄奘法师曾先后多次更换译经场所，① 但只有在慈恩寺译经的时间最长、所译经卷最多。

玄奘法师是一个将信仰建立在理性认识基础上的僧人，也是一个具有划时代意义的哲学家。他建立起了完善的佛教理论体系和严密的修行逻辑，通过译经实践，从整体上将印度佛教哲学引入中国，加速了中印哲学思想的融合，也推动了佛教的中国化进程。

2. 规范新译法

玄奘法师不仅是一位博学多闻的佛教大师、杰出的翻译家，也是一名优秀的组织者和管理者。在他的主持组织之下，译场工作变得更加规范，有条不紊；他所提出的"既求真，又喻俗"的新译法和"五不翻"理论，对后世的翻译工作影响深远。

玄奘法师具有组织才能，他针对集体译经工作的实际情况，进行严格规范，采用一人主持、集体翻译、分工负责的方式，极大地提高了翻译工

玄奘译经图

---

① 据史料统计，玄奘自贞观十九年（645）回到长安至麟德元年（664）二月圆寂，曾在多个寺院组织译场，共翻译佛经75部，计1335卷。其中公元646—648年在弘福寺，648—658年在大慈恩寺，658—659年在西明寺，659—664年在玉华寺。每个时期所译佛经参见附录三：玄奘法师译经目录。

作的效率和译文的完善程度。

　　根据具体职责，凡参与译经者分为不同岗位：（1）"译主"，主持译场全面工作，需精通梵文和汉语，对原文进行辨析，阐明其内涵；（2）"证义"，辅助译主，审查原本与译文出入之处；（3）"证文"，负责核查译主诵出梵本与原文有无差错；（4）"书手"，也叫"度语"，负责将梵文发音的经文以汉文写出；（5）"笔受"，负责将梵文字义翻译成汉文的字义；（6）"缀文"，负责将梵文语序的表达方式整理成汉文表达结构；（7）"正字"，亦称"刊定"，检校译文字句，确保准确无误。（8）"参译"或称"证梵语"，校刊梵文原本有无错误，同时将译文回证原文是否有误；（9）"润文"，负责将译成的文字润色加工，使其流畅优美。（10）梵呗，以梵音唱诵译文，修正音节，使其和谐，便于传诵。

　　对于具体的翻译工作，玄奘法师也制订了诸多规范。如翻译前必须进行校勘，必须忠实原著。玄奘认为翻译经书，必须校勘梵本，刊定原文，反复审定，做到正确无误。例如：《大般若波罗蜜多经》在印度有四种版本，玄奘共搜集到三种，翻译时将三个版本互相比较，反复刊定，确保无误后方才下笔。在将梵文译成中文时，为了不会影响到原义，玄奘认为翻译必须忠实原著，全文译出，轻易不要进行大的删改。例如在翻译《大般若经》时，由于原书多达二十万颂，参与译经的其他僧众建议玄奘对其删减，但玄奘并未同意。

　　随着翻译工作的推进，玄奘的

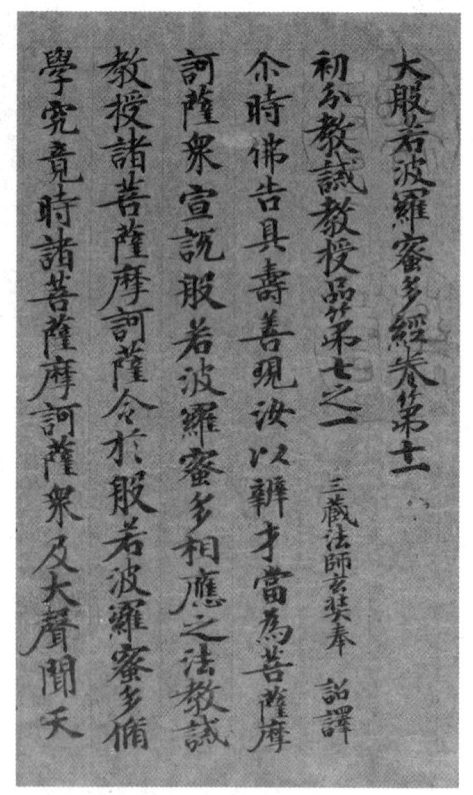

玄奘所译佛经《大般若经》书影（唐写本）

实践经验不断丰富，在翻译理论方面也取得了许多重要成就。尽管玄奘并无完整的翻译理论著作流传后世，但在他的一些上书奏折中，以及与友人往来的信件中，仍然可以看出他对译经工作的一些观点。可以归纳为以下两个方面：

其一，变"旧译"为"新译"。在中国佛教史上，通常把十六国时期后秦高僧鸠摩罗什大师（344—413）创立的译经方法称为"旧译"①，把玄奘法师的译法称为"新译"②。

自东汉以后，随着佛教东传华夏，翻译佛经就成为僧侣的一项必修功课。最初的佛经翻译，多为天竺高僧口授，中国僧人笔受而成，而且以音译为主；经过辗转相传，就难免失去原旨。鸠摩罗什大师检讨了过去以音译为主的翻译方法，主张改"音译"为"意译"，并提出了一些翻译工作的规范，从而开启了中国译经的"旧译"时代。

玄奘出家之后，在研习佛教典籍的过程中，就已经发现了之前的佛经翻译方法多有不便之处。尤其是取经回来后，经历了近20年的翻译实践，让他更加相信彻底摆脱"旧译"的重要性。于是，玄奘积极地改变传统的"旧译"方法，主张音译与意译合一，强调二者的融会贯通、有机结合，从而开启了中国译经的"新译"时代。③

---

① 旧译：佛教用语，唐代玄奘法师不满意于前人的译述，对佛经重新进行翻译，并称前人译经为"旧译"。旧译家以十六国后秦时鸠摩罗什（344—413）、南朝陈时真谛（499—569）为代表。旧译重意译（自由翻译），注重保持原文内容，不重保持原文语言形式。

② 新译：佛教用语，后世以唐代以后所译的佛教经典为"新译"，以前者为"旧译"，即"东汉已来，谓之旧译；李唐而下，谓之新译。"新译家以唐玄奘和义净（635—713）为代表。新译重直译，主张音译与意译相结合，既要忠实于原文，又要照顾原文字句，保持原文内容和语言形式。相比旧译，新译既能准确表达原作的本意，又能保持原文的思想内容和语言形式。

③ 按：玄奘法师通晓汉语和梵文，主张忠实地翻译原文全文。其译经风格既非直译也非意译，而是融汇二者，自创新风。虽然，玄奘法师的译经场人数规模没有上百，但译经人员分工的细致程度，则超过了鸠摩罗什；翻译的经卷总量（1335卷）也远超鸠摩罗什（294卷；一说384卷）。

在"新译"实践中，玄奘主张将直译与意译圆满调和。当然，这基于他超群的个人资质及深厚的学识，也与他在长期翻译实践中的经验积累直接相关。他能够很熟练地运用变位法、省略法、补充法等多种翻译技巧。为了达到译文内容与形式的高度统一，他还提出了很多重要的译学见解，对日后的佛经翻译乃至外语翻译工作，都具有重要的借鉴意义。

其二，提出译经的标准。客观而言，要将印度文化语境下的佛经翻译成中国文化语境下的文字，并尽可能地保持其原汁原味，是很困难的事情。这涉及翻译的标准问题。

玄奘认为，原来的佛经"旧译"完全摆脱音译，一味追求意译，又缺乏固定的标准，结果导致所翻译经书在内容上前后矛盾、难以统一，令人费解。因而，有必要提出一套客观可行的翻译标准。他的原话为"既求真，又喻俗"。所谓"求真"，是指译经必须保留原文风貌，忠实原文；所谓"喻俗"，是指译文符合本民族语言文化规范，通俗易懂。求真与喻俗相结合的翻译标准，不偏不废、相辅相成，对后世翻译学界具有深远影响。

玄奘法师在具体的翻译工作中，总结前人经验并结合自身实践，提出了"五不翻"的理论——在五种情况下不宜作意译，而应该作音译。第一种为"秘密故"。对于带有神秘色彩的词汇，特别是各种咒语，为保证僧徒在诵经时感受到经文中的神秘感，只做音译而不翻译其字义。第二种为"多义故"。对于具有多重含义的词汇，如果只翻出其中一种，会导致其他含义的丧失，因而不做意译。第三种为"此无故"。对于国内没有的事物，如"阎浮树"，中国并无这种树，无法翻译，因此只做音译。第四种为"顺古故"。对于已经约定俗成的梵语词汇，不再做翻译。第五种为"生善故"。有些词汇虽然可以进行意译，但是会失去其深层次含义，为保持其"深奥"之义而不做翻译。

玄奘法师通过译经活动，将印度佛教哲学系统地介绍到了东方，极大地完善了中国佛教各宗的理论体系，对中国儒家和道家哲学也带来了极大冲击，它与中国文化的哲学流派相融汇，成为唐代之后中国哲学的新基础。

玄奘法师从印度带回的不只是佛经，更有佛教对生活的哲思和生命之梦的理想。在他翻译的经卷中,有执着于此生的苦行,有圆梦于来生的对于真善美的追求以及在有所敬畏中救赎自身的精神。他带回了印度佛教的唯识学和因明学(佛教逻辑),这些远远超出了宗教信仰本身,它们作为一种哲学观和思维方法(唯心论和唯灵论),对中华民族思想的发展起到了积极的促进作用。自此以降,佛教的彼岸哲学与入世务实的儒家哲学、追求天道自然的道家哲学,相互区别又相互联系,共同支撑起中国传统文化三足鼎立的格局。

3. 圆寂玉华寺

据《旧唐书·高宗本纪上》记载,显庆元年"夏四月戊申,御安福门,观僧玄奘迎御制并书慈恩寺碑文。导从以天竺法仪,其徒甚盛。"[①] 五月,玄奘法师旧疾复发,几将不治。高宗令御医治理始瘳。玄奘法师病愈,高宗遣使迎入宫内,住凝阴殿西阁。玄奘即在此翻译佛经。

显庆二年(657)二月,唐高宗驾幸东都洛阳,诏命玄奘法师伴驾。玄奘法师与佛光王(李显)[②] 同车,随后同行的还有译经僧 5 人及其弟子各 1 人。到了洛阳后,玄奘和译经僧众一起被安置在积翠宫。四月,唐高宗和武后赴洛水之滨的明德宫(隋朝显仁宫)避暑,要求玄奘法师陪同。法师被安置在了明德宫飞花殿。五月,在玄奘的一再请求之下,高宗同意法师返回积翠宫继续译经。

显庆二年(657)九月,玄奘借着陪驾住在洛阳的机会,第二次提出入住少林寺的请求,"望乞骸骨,毕命山林,礼诵经行,以答提奖"。次日,高宗回信拒绝。但高宗允许法师回故乡看看。玄奘法师回到了阔别四十余年的家乡,物是人非,无限伤怀。他的兄弟姊妹除一个姐姐嫁于瀛洲(今

[①][后晋] 刘昫等撰:《旧唐书》卷 4《高宗本纪上》,中华书局,1975 年,第 75 页。
[②]佛光王:显庆元年(656)十一月四日,皇七子李显降生。李显为武后第三子,相传武则天当初怀唐中宗李显的时候难产,就请玄奘来护持,玄奘借这个机会就向高宗和武则天说,如果将来要生男婴就让他出家做"法王"。结果李显出生时佛光满室,高宗就给他赐号"佛光王"。十二月五日,佛光王满月,由玄奘大师替他剃度受戒。

河北河间市）张氏者尚在，其他都已过世。玄奘迁葬了父母后，告别故乡亲人，回到洛阳，继续他的译经事业。此后，他再也没有回过家乡。

显庆三年（658），玄奘随高宗和武后返回了长安，居住在新建成的西明寺。玄奘在西行求法的途中，跋涉雪山，受尽严寒，身上落下了很多病根，每次发作他都疼痛难忍，多年来按时吃药才算把病情稳定。这一年的夏天，因为天气酷热，玄奘一时贪凉，以至于感染风寒，旧病复发，身体极度虚弱，大家都很忧心。唐高宗知道玄奘的情况以后，派遣几名御医带上宫中的药物，专程前来医治。

自贞观二十三年（649），玄奘的得意门生辩机因高阳公主事件被处死之后，玄奘总想摆脱政治影响，但无奈不依傍国主就无法获得必要的译经条件，因此，总是在政治与译经间逶迤，蹉跎岁月。显庆四年（659），玄奘法师感觉到自己时日无多，为了将剩下的岁月完全投入译经事业中去，上书请求离开长安移居它处。当年十月，高宗皇帝终于同意玄奘法师离开长安，将他安置到离长安不远的坊州（今陕西黄陵县西北）玉华宫中的玉华寺。

在这里，玄奘法师度过了他生命中的最后五年，也是他译经生涯中最高产的五年，共译出经书合计14部682卷，几乎接近其译经总数的一半，其中最有名的就是《大般若波罗蜜多经》600卷。此经梵本计二十万颂，卷帙浩繁，门徒每请删节，玄奘颇为谨严，不删一字。自显庆五年（660）春开始翻译，到龙朔三年（663）冬全部译成，历时近三年。

玉华寺肃成院是玄奘法师最后居住的地方。唐高宗麟德元年（664）正月初八晚，玄奘的弟子、高昌僧人玄觉梦见一座庄严高大的佛塔突然倒塌，骤然惊醒，赶紧去请求师父为之开解。玄奘法师说：这个梦与你无关，这是我即将寂灭的前兆！

到二月初五夜，玄奘法师已处于弥留之际。守在身边的弟子们问他："和尚一定往生弥勒内院之中吗？"他回答道："肯定往生。"说罢，气息逐渐微弱，不一会儿便安然离世，身边的侍者都没有察觉。终年65岁。玄奘法师圆寂的时候，身子靠右侧斜卧，右手支撑着头部，左手舒缓地搭放在腿上，类似释迦牟尼佛圆寂时的姿态。

唐高宗听到噩耗，十分悲痛，连连叹息道："朕失国宝矣！"认为玄奘的去世就像在无边苦海中突然沉舟，就像在黑暗中突然熄灭了火炬。罢朝数日，以示哀悼。玄奘大师的灵柩则运回京城，安置在慈恩寺翻经堂。一月后，举行荼毗仪式，葬于城东白鹿原供养。

4. 归葬兴教寺

为了纪念这位大唐高僧，唐高宗特许在他下葬的那一天，将京城所有寺庙制作的各种旗帜、宝冢、伞盖等送到玄奘大师的葬地。按照玄奘法师生前遗嘱，他的遗骨被安葬于长安东郊浐河东岸的白鹿原畔。据史料记载，当玄奘遗骨归葬于白鹿原上时，仕女送葬者达数万人之多。据说唐高宗李治每每在含元殿远眺，想起玄奘都会落泪。总章二年（669）在大臣们的建议下，高宗敕令于四月初八日佛诞日将玄奘法师遗骨迁葬到长安以南的樊川少陵原畔，营造塔宇。并修建寺院，敕其名曰"大唐护国兴教寺"，以为永久纪念。待肃宗李亨即位，又为玄奘舍利塔亲题"兴教"二字塔额。由于两代皇帝的敬重以及玄奘本人高尚的人品，兴教寺迅速成为长安南郊一大胜地，许多名刹陆续在此区域建立。中晚唐之后，兴教寺与樊川原上的兴国寺、观音寺、洪福寺、禅经寺、华严寺、牛头禅寺、法幢寺成为长安有名的"樊川八寺"，"它们联袂互动构建了唐代中国佛教文化的中心区位机体"，而玄奘灵骨塔则是这个中心区位的灵魂所在。

兴教寺分为东中西三个院落，大雄宝殿位于中院。东跨院内有数座中日佛教友好交流的纪念石碑，最有代表性的是位于藏经阁北面的一座樱花园，园内栽种着几株由日本宗教界人士捐赠的樱花树，象征着中日佛教的友谊在此生根发芽。西跨院也称塔院，院内苍柏翠竹茂盛，景色优美，玄奘、窥基和圆测的灵骨塔呈"品"字形耸立于其间。三塔中年代最久远的距今已经有1300多年历史，年代最近的也有900余年历史。玄奘塔为楼阁式方形五层砖塔，塔高约21米，底部边长5.2米。塔的一层最高，并依次递减。一层面南开辟了龛室，内部供奉着玄奘法师塑像；二层以上为实心，壁面隐出倚柱、阑额、斗拱；叠涩檐下砌两排菱角牙子。二层和四层有券龛，龛内供奉着弥勒菩萨的塑像。整个塔身收分适度，造型庄重，是早期楼阁式塔的典型代表。塔背嵌有唐文宗开成四年（839）刘轲撰文的《大唐三藏大遍觉法师塔铭并序》碑刻，因亦称"大遍觉塔"。

窥基、圆测是玄奘弟子辈中最杰出者，后世将窥基视为唯识宗的二祖，圆测也是唯识宗的重要传承人。蒋维乔先生在《中国佛教史》中说："玄奘门下，弟子三千，达者七十，其盛可比孔子；但素位而不传其名者居多；其中推窥基、圆测为杰出。"①

为了纪念唯识宗三位重要人物的贡献，后人将窥基、圆测的灵骨先后迁葬于玄奘塔的左右两侧，使师徒三人永远聚在一起，三人又是慈恩宗的祖宗，故三座舍利塔所在地也称为慈恩塔院，遗骨塔称为兴教寺塔。

慈恩塔院三塔

---

① 蒋维乔：《中国佛教史》，湖南大学出版社，2014年。

1961年3月，兴教寺和兴教寺塔被国务院定为第一批全国重点文物保护单位。2014年6月22日，慈恩塔院的兴教寺塔作为"丝路申遗"的遗产与大雁塔一起入选《世界遗产名录》。

　　兴教寺塔北边的三藏院内是大遍觉堂，建于1931年，堂内供奉着"玄奘法师像"石碑，高1.76米，宽0.67米，画中的玄奘背负木制背夹，里面装着经卷，背夹上挂着一盏灯，手撑着一把伞艰辛地行走着。据相关资料记载，20世纪60年代，差不多印度的每个车站都贴着兴教寺大遍觉堂这个玄奘石刻像。可见，玄奘的形象、事迹，早已冲出佛教界，成为一种伟大精神，受到广泛的推崇。

　　玄奘法师是公元7世纪的佛学集大成者，是真正的一代宗师。[①] 虽然他西行求法的初衷即"从佛教发源地印度求取佛法真意，弥合中土佛教诸宗派的分歧"并没有达成，但是他通过翻译佛经和弘传唯识学说，对公元5世纪之后的佛学进行了系统的整合，这项伟业对于中国佛教乃至世界佛教都产生了举足轻重的影响。

二、奘门贤哲

　　玄奘法师译经开一代新译风，他在领导翻译佛经的同时，培养了一批优秀的佛教精英，使盛唐的翻译水平达到了相当的高度。玄奘与日本、新罗（朝鲜）的佛学者也有传承关系，在国际上影响很大。他的弟子神昉、嘉尚、普光、窥基，因精通法相唯识之学，被尊为"奘门四哲"；普光、法宝、神泰从玄奘学习俱舍论，号称"俱舍三大家"；窥基、神泰、顺憬又因为精通因明学，被称为"因明巨匠"；辩机、道宣、靖迈、慧立在入选的九位缀文大德中，声名最著；新罗高僧圆测为玄奘的重要助手，被称为"玄奘神足"；新罗僧人元晓也曾从玄奘学习华严经论；西域利涉和尚是玄奘大

[①] 玄奘法师一生事迹，详见《大唐西域记》《广弘明集》《续高僧传》（第四、五卷）、《大慈恩寺三藏法师传》《佛祖历代通载》（元释念常撰，第十二至十五卷）等著作。

师的护法高僧。另外，义学名家玄应、律宗东塔宗创始人怀素等人，也都曾经跟随玄奘法师学习过。其中玄奘最得意的弟子是辩机，继承玄奘法相唯识一脉衣钵的主要是窥基、慧沼和智周。

1. 辩机

辩机（619—649），婺州（今浙江金华）人。唐初高僧，玄奘法师的弟子之一。协助玄奘翻译佛经，并笔成《大唐西域记》一书。

（1）少年英才

辩机少怀高蹈之志，容貌俊秀，器宇不凡。15岁时在长安大总持寺（今西安市高新区的木塔寺前身）剃发出家，师从隋唐之际著名的佛教学者道岳法师（568—636）。20岁受具足戒、正式出家成为僧人后，潜心研习佛教大、小乘经典，尤其擅长《俱舍论》，逐渐成长为京城长安有名的高僧。

俗谓"名师出高徒"。大总持寺是隋炀帝大业三年（607）为纪念隋文帝所修，初名"禅定寺"。因隋文帝曾自名法号曰"总持"，唐高祖武德元年（618）改其名为"大总持寺"。道岳法师俗姓孟，河南洛阳人，家世儒学，9岁读《诗经》《周易》《孝经》，聪敏强识。15岁出家，为隋末唐初著名佛学家，精通成实论[1]和俱舍论[2]，"深解法相，传誉京国"。

---

[1] 成实论，即佛教经书《成实论》，古印度佛教学者诃梨跋摩（约4世纪）著，十六国时期，后秦鸠摩罗什译成《成实论》二十卷（或云十六卷）。其所谓"实"指四谛（苦谛、集谛、灭谛、道谛，佛教基本教义之一）；"成实"意谓成立四谛的道理，《成实论》主要讲"我空"，兼讲"法空"，主张人、法两空，"成实宗"（成实学派）是中国佛教重要学派之一，以研习《成实论》而得名，其学者被称为成实师。

[2] 俱舍论，即佛教著作《阿毗达摩俱舍论》，古印度大乘佛教瑜伽行派创始人世亲（约四五世纪）著。中译本有南朝陈时真谛（499—569，西天竺人）的《阿毗达摩俱舍释论》二十二卷、唐玄奘的《俱舍论》三十卷等。"阿毗"意为"对"，"达摩"意为"法"，"俱舍"意为"藏"，合言之为"对法藏"，亦称"大法"或"无比法"。《俱舍论》为小乘佛教向大乘佛教过渡之作，基本反映了当时流行于迦湿弥罗（今克什米尔）的"说一切有部"（佛教派别之一）关于世界、人生和修行的主要学说，但也吸收"经量部"（佛教部派之一）许多观点。"俱舍宗"亦为中国佛教重要学派之一，以研习《俱舍论》而得名；其学者被称为俱舍师。

(2) 青年得志

唐贞观十九年（645），玄奘法师从印度取经回国后，受命在长安弘福寺开设译场。辩机时年26岁，被长安的大德高僧推举进入玄奘译场，名列九名"缀文大德"之一，后成为玄奘的弟子和前期译经的重要助手。

与辩机同时入选的"缀文大德"，有长安弘福寺明濬、普光寺栖玄、终南山丰德寺道宣、洛阳天宫寺玄则、简阳福聚寺靖迈、蒲州普救寺行友、豳州昭仁寺慧立、永济栖岩寺道卓，其中以辩机、道宣、靖迈、慧立四人声名最著。辩机和慧立与玄奘法师关系最为密切，辩机协助玄奘完成了《大唐西域记》的撰写；慧立与彦悰撰写了《大慈恩寺三藏法师传》，这两部书都是研究玄奘法师生平的重要文献。

据道宣（596—667）《续高僧传》卷四记载，辩机年轻俊朗、文采斐然，是玄奘法师在弘福寺期间最为得力的助手，所译经文100部中由辩机受旨证文者约占三分之一；其中就包括《显扬圣教论颂》《六门陀罗尼经》《天请问经》《瑜伽师地论》等要典。《瑜伽师地论后序》中就有"大总持寺沙门辩机，受旨证文"之语。

唐太宗贞观十九年（645）二月，玄奘法师奉诏编撰一部关于自己亲历西域见闻的书。因为太宗皇帝对此事极为急切、郑重，玄奘不敢马虎，立即着手编撰，为了尽快完成此书，他请弟子辩机帮忙。书中以玄奘西行途中所记的札记为底本，结合玄奘口述，由辩机进行记录、整理和润色。书稿编撰完成后，取名《大唐西域记》。

《大唐西域记》为研究唐朝时期包括印度在内的西域诸国的历史、地理、物产、政治、民族、风尚等提供了宝贵的史料。辩机也因此一时声名鹊起。

(3) 历史谜案

就在辩机的人生逐渐步入辉煌之时，却遇到了一场生死劫难。据《新唐书》卷八三《诸帝公主传》记载，辩机因与太宗女儿高阳公主（又名合浦公主）发生恋情而被处死。故事梗概如下：

太宗女儿高阳公主下嫁梁国公房玄龄次子房遗爱，公主仗着父皇的宠爱，欲使房遗爱夺取哥哥房遗直的嫡子地位。房遗直欲让于弟弟，太宗不许。房玄龄病卒后，公主又闹着分家，并诬陷房遗直对自己无礼。经问询，太宗宽恕了房遗直，并痛斥公主，公主迁怒于房遗爱。后来，公主与驸马在终南山打猎时，遇到了辩机和尚。辩机年轻英俊，谈吐间尽显才华，而驸马房遗爱与之相比，显得十分平庸。公主爱慕辩机，二人逐渐有了私情。后被御史检举，在辩机和尚居所搜得金宝神枕，其供词云乃高阳公主所赐。太宗大怒，下令将辩机和尚处死。此事最后还引得太宗父女之间反目成仇。太宗驾崩，公主无哀容。①

虽然经《新唐书》提出，高阳公主和辩机和尚之事为后世演义且经多方渲染，好像已成铁案，但事实上此事至今仍是一大谜案。在《新唐书》之前的《旧唐书》《太平御览》等书中未提及此事。而且《新唐书》的记载与《旧唐书》多有抵牾，且与唐代的爵位继承法、僧众管理办法多有不符。素以戒律闻名的道宣律师在著述中，数次怀念辩机，为辩机鸣不平。后世史学家猜测，辩机是被卷入了李唐皇室与关陇贵族的权力争斗之中，最终被牵连而无辜丧命的。但事实究竟如何，因缺乏史料，故不得而知。

可怜辩机和尚，正当青春年华、才学茂盛之时却命丧黄泉。辩机之死，是玄奘法师译经事业的一大损失，法师本人也极为伤悲、甚至一度消沉。此后，玄奘法师一直专注译经事业，努力避免过多涉入朝廷政治当中，但终究还是免不了被政治是非缠绕的烦恼，直到人生末年，迁到坊州玉华宫（今陕西铜川市北），才得到了难得的清净。

2. 窥基

玄奘法师在京城长安译经传法十几年，门下弟子云集，俊杰贤才如林。窥基就是其弟子中最优秀者——在大慈恩寺专事述作，弘扬瑜伽唯识之学、

---

① [宋] 欧阳修、宋祁等：《新唐书》卷83，中华书局，1975年，第3648页。

光大法相宗门庭，世称"慈恩大师"。史称"奘师为瑜伽唯识开创之祖，（窥）基乃守文述作之宗"。①

（1）系出名门

窥基（632—682），京兆长安（今陕西西安市）人。字洪道，俗姓尉迟，宗出鲜卑族尉迟部，祖罗迦为隋代州西镇将，父尉迟敬宗为右金吾卫将军、松州都督、江由县开国公；伯父即唐朝开国功臣鄂国公尉迟敬德。因出身将家，故后人称"鄂公犹子，奘师门生，所谓将家来为法将，千载一人而已"。贞观二十二年（648），窥基17岁，奉敕为玄奘法师弟子，初居广福寺，不久奉敕随师入住慈恩寺。23岁，受大乘戒（菩萨戒），并应选学习五印度语文。至25岁，奉敕参与玄奘法师主持的译经工作。唐高宗显庆四年（659），跟随玄奘移居玉华寺后，充任译经"笔受"。

窥基大师

关于窥基出家的故事，史书有两种不同的版本。赞宁的《宋高僧传》这样记载："奘师始因陌上见其眉秀目朗，举措疏略，曰：'将家之种，不谬也哉！'脱或因缘，相扣度为弟子，则吾法有寄矣。复念在印度时计回程次，就尼犍子边，占得卦甚吉。师但东归，哲资生矣，遂造北门将军，微讽之出家。父曰：'伊类粗悍，那胜教诏？'奘曰：'此之器度，非将军不生，非某不识。'父虽然诺，基亦强拒，激勉再三，拜以从命。奋然抗声曰：'听我三事，方誓出家，不断情欲、荤血、过中食也。'奘先以欲勾牵，

----
① [宋] 赞宁著：《宋高僧传》卷四本传，见任继愈主编《中华大藏经》（汉文部分）第62册，中华书局，1996年。

后今入佛智,俘而肯焉。行驾累载,前之所欲。故关辅语曰:'三车和尚'。即贞观二十二年也。"南宋祖琇撰的《隆兴佛教编年通论》有关窥基出家的记载更具传奇色彩,其云:"初,法师奘公于西域得一童子,敏悟绝伦,因携之诣宗。宗呼基出拜,奘使诵所著兵书且数千言,奘数目童子。及基诵毕,奘绐(诒)之曰:'此古书耳。'宗未之信,奘令西域童子复诵之,不差一字。宗大怒,以基窃古书罔已,将杀之。奘就丐出家。基曰:'听我御辇、色、晚膳,即从出家。不然宁伏剑死,不为饿死。'奘爱其俊而许之,遂从入道。"①尽管两则故事情节不一,厚诬了窥基,但起码说明窥基聪慧、智达且具有常人不具备的禀赋,才使玄奘慧眼识徒。事实上,窥基幼小失怙,很早就有入佛门之愿。在他所撰的《成唯识论掌中枢要》卷一有这样的记述:"基夙运单舛,九岁丁艰。自尔志托烟霞,加每庶几缁服,浮俗尘赏,幼绝情分。至年十七,遂预缁林,别奉明诏得为门侍。"②所以,赞宁在《宋高僧传》上一段引文下又做了如下解释:"基自序云'九岁丁艰,渐疏浮俗'。若然者,三车之说,乃厚诬也。"当代著名佛学家吕澂先生认为,"三车和尚"之说是教派之争对窥基的污蔑,他说:"他(窥基)在晚年讲《法华经》,和天台宗有了正面的冲突,以致他对于经喻三车为实的解释,也被论敌们歪曲了来诬蔑他为三车法师。这是说他外出的时候有饮食、女眷的后乘相随,完全不守清规;其实不是这一回事。"③笔者赞同吕先生的观点。前段时间笔者在翻检元释觉岸所撰的《释氏稽古略》(简称《稽古略》)时,发现书中说,当时有人称唯识宗为"三车法相显理宗慈恩教",这样说来,这个"三车"指的是法华观中的"三车说",而非窥基的那三车。④正好写到窥基,就将这个公案始末列出,以解世人之疑。

---

① [南宋] 祖琇:《隆兴佛教编年通论》卷13《高宗赐内宫亡人衣物助奘法师建塔·法师窥基》,广东人民出版社,2020年。
② [唐] 窥基:《成唯识论掌中枢要》卷上,《中华大藏经》(汉文部分)099 H1879,中华书局,1996年,第399页。
③ 吕澂:《吕澂佛学论著选集》卷5《附录·慈恩宗》,齐鲁书社,1991年,第2941页。
④ 窥基"三车和尚"说:有史传说,玄奘欲收窥基为弟子,窥基起初拒绝,后来,勉强答应,但提出三车相随条件,即一车载经纶,一车自乘,一车载家妓、女仆、食馔等。入佛门后,尽遣三车,一心向佛弘法,故得"三车和尚"之称。

(2) 宗师之志

年轻的窥基很早就有宗师的志向，最初反映在《成唯识论》的编译之中。

法相宗所依据的重要论书《成唯识论》10卷，虽属编译之作（即编译古印度瑜伽行派创始人世亲《唯识三十颂》的十家注释而成），但以护法（古印度瑜伽行派十大论师之一）的注释为宗旨，其他九家（德慧、安慧、亲胜、难陀、净月、火辩、胜友、胜子、智月）的注释掺杂其间，而这种编译法就是由窥基提出来的。

在编译《成唯识论》之初，玄奘法师本想把印度十家论师的注释分别译出，由神昉、嘉尚、普光、窥基四人分别担任润饰、执笔、检文、纂义之职。数日之后，窥基表示不同意这种翻译法，要求退出翻译团队。玄奘法师问其原因，窥基便提出以护法注释为主，杂糅其他诸释的编译法。他认为：

> 自世亲《略颂》既毕，广释方陈。机感未符，杳从冥往。后有护法等菩萨赏玩《颂》文，各为义释。虽分峰饱岫，疏干琼枝，而独擅光辉，颖标芳馥者，其惟护法一人乎！

他向玄奘请求说："自夕梦金容，晨趋白马，英髦间出，灵智肩随。闻五分以心祈，揽八蕴而遐望，虽得法门之糟粕，然失玄源之淳粹。今束出荣贵，并目击玄宗。幸复擢秀万方，颖超千古，不立功于参糅，可谓失时者也。况群圣制作，各驰誉于五天（五天竺，即古印度）。虽文具传于贝叶，而义不备于一本。情见各异，禀者无依。况时渐人浇，命促惠舛。讨支离而颇究，揽殊旨而难悟。请错综群言以为一本。楷定真谬，权衡盛。"[1]

玄奘法师经反复考虑之后，觉得窥基的话有道理，遂采纳他的建议，并遣去其他三人，独以窥基为笔受，编译出《成唯识论》十卷。这种参糅

---

[1] [宋] 延寿禅师：《宗镜录》卷47，见《中华大藏经》（汉文部分）第76册 H1698，中华书局，1996年，第511页。

三藏院壁画玄奘说法

编译之法，为窥基所独创，《成唯识论》十卷亦属中土成本。窥基说，此论"虽复本出五天，然彼无兹糅释。直尔十师之别作，鸠集尤难，况更撼此幽文，诚为未有"。[①] 此后，玄奘法师认为窥基编译《成唯识论》有功，仍以他为笔受，译出另外三部唯识论典及两部相关著作。

窥基聪敏好学，勤于记述，长于疏释。参译之际，凡玄奘法师有所宣讲，均详作记录，并加疏注，撰为述记。史载玄奘法师每于黄昏二时讲新译经论，译寮（即译场）僧伍竞造文疏、笔记、玄章并行于世。而窥基记述释文最勤，功亦最著。其《唯识二十论述记自序》称："我师不以庸愚，命旌厥趣，随翻受旨，编为《述记》。每至盘根错节之义，叙宗回复之文，

---

① [宋] 延寿禅师：《宗镜录》卷47，见《中华大藏经》（汉文部分）第76册H1698，中华书局，1996年，第511页。

旨义拾释，以备提训，更俟他辰。"① 因窥基之作大多亲受于玄奘，故玄奘的意旨多保存在他的著作中。在玄奘法师圆寂之后，时人多以窥基的记释为准据。

虽然窥基的有些记释属于后出，但都以当初的记录为根据。如他在《大乘阿毗达磨杂集论述记》中所说："微言咸绝杳无依，随昔所闻今述记。"② 玄奘法师圆寂后，玉华寺译场解散，窥基便回到慈恩寺，从事著述，教授弟子，广弘玄奘法师的唯识之学，人称"慈恩法师"。慈恩一宗，因窥基发扬光大，如日丽中天，最为兴盛。

（3）"百部疏主"

窥基一生，著述颇丰，因号"百部（本）疏主"。其知名者44部，现存者24部。

窥基著述宏富，涉及面很广，而以瑜伽唯识之学为重点，凡有关经论都有注释。不仅对玄奘法师的新译经论一一疏记，而且对前代译经名家真谛（499—569）的旧译经论亦加解释。据现知释著目录，窥基所作注释除唯识学所尊经藏之外，主要是古印度瑜伽行派创始人无著、世亲以来的唯识论典，其中又以所承该派著名论师护法一系学说为重心。窥基不仅提议编译了以护法注释为主的《成唯识论》，③ 而且再三注释此论，有关《成唯识论》的注释就有四种，部头多达36卷。其中《述记》20卷，为所有释著中卷数最多者；《别抄》也有10卷之多，《掌中枢要》4卷，《料简》2卷。

窥基的著作，多以玄奘法师的讲释为依据，保留了玄奘学说的精髓。因此有人说窥基的著作集成了他们师徒二人的思想，是法相唯识宗的代表作。窥基广释经论，阐发瑜伽行派唯识宗学说，多有创新发挥。如《大乘

---

① [印] 世亲著，[唐] 窥基述，智敏上师讲口述：《唯识二十论述记讲记》卷上，上海古籍出版社，2018年，第163页。
② [唐] 窥基：《大乘阿毗达磨杂集论述记》卷第1《本事分中三法品第一之第一》，民国八年金陵刻经处刻本，第1页。
③ 按：窥基撰《成唯识论掌中枢要》4卷，与慧沼（窥基弟子）撰《成唯识论了义灯》7卷、智周（慧沼弟子）撰《成唯识论演密》7卷，并称为"唯识三疏"。

法苑义林章》中提出五重唯识观，即遣虚存实识（去掉世俗的观想法，而存"依他起自性""圆成实自性"的观想法）、舍滥留纯识（舍虚妄的外识而存心识）、舍末归本识（舍"见分""相分"而存"自证分"）、隐劣显胜识（隐"心所"而显"心王"）、遣相证性识（舍"依他起自性"，而存"圆成实自性"，此为最高的认识）等。① 窥基对玄奘法师翻译的两部因明论典（《因明入正理论》1卷、《因明正理门论》1卷）也有注释，即《因明入正理论疏》6卷（亦有8卷本）、《因明正理门论述类记》1卷，对因明学多有发展。在玄奘法师译出因明二论后，译僧门徒竞作注疏，先有神泰、靖迈、明觉三家注疏流行，随后又有文轨、玄应、文备、璧公、普光、圆测诸家的注释流行。最后，窥基在鉴别以上诸家注释，尤其采取神泰、靖迈、文轨、文备四家之说的基础上，撰成《因明入正理论疏》。后来，庄严寺文轨的疏著和窥基的疏著最为流行，因称文轨的疏为《庄严疏》或《旧疏》，窥基的疏为《慈恩疏》或《大疏》。

窥基的注疏原稿不全，最后喻过十种②、真似二量③、真似能破各部分，由其弟子慧沼补足。窥基在其注疏中与其他著述的有关部分中，对因明学多有发挥。如提出"宗依"④与"宗体"（命题）应严加区别；"宗体"在

---

① 窥基撰《大乘法苑义林章》7卷（或作14卷），系统地分门别类地对唯识学说进行论释，对判教、唯识义理、修行理论、果位等等，皆有阐述，是研究唯识宗教义的重要资料。
② 喻过十种：佛教因明用语。因明三十三过中之似喻，可分为似同法喻和似异法喻两类。因明中以因成宗，喻是极重要的辅助手段。
③ 真似二量：又称真似二现量，即正确或错误的推理、论证，因明学用语。真现量，三量之一，指由感官和对象（所量）接触所产生的知识。似现量，因明八门之一，指谬误的现量。一般说来，佛家以只有不加入思维活动、不能用语言表述出来的"无迷乱""无分别"纯感觉知识为真现量；以具有概念思维成分之迷乱的'邪智'和有分别的现量视为似现量。
④ 宗依：因明论式中，命题所依以成立者，即命题之主词与述词，两者仍在单独各别、尚未联结之状态。

四种悉檀①中应取第四随自意乐而建立,不受拘束。

对于因支②,窥基提出"因"有启发作用的"生因"和了解作用的"了因",二者又各有言、义、智三方面。而就立量悟他来说,因支是应该以言生和智了二因为其实质的。就喻支,提出异喻止滥时用无体之法为喻依。由此推论到有体与无体,提出应当互相适应。

对于过失,窥基提出寄言简别不成为过失。每一过类分为全分的、一分的,又各分为两类四句。又在各支过失可以兼备的方面,错综排列出所有的句式,以为真似的勘定。以宗过一类为例,九过互具,再加以全分、一分四句的分别,演绎出二千三百零四种句式。

窥基的疏说中还介绍了玄奘法师创立的真唯识量③,并加以运用。同时批判顺憬对真唯识量的反对说法,对各家旧疏因明的错误之处并加批评。窥基的因明之学,后来由其弟子慧沼继承,再传智周,后东传日本。

（4）归葬慈恩塔院

唐高宗永淳元年（682）十一月十三日,窥基法师在大慈恩寺翻经院内圆寂,享年51岁。同年十二月四日,葬于长安城南樊川北渠之侧,临近凤栖原大唐护国兴教寺玄奘灵塔。唐文宗太和三年（829）七月,皇帝敕令启塔火化。其舍利迁葬至玄奘灵塔的西侧供奉,称为窥基塔或基师塔。

窥基塔为仿木结构楼阁式三层方形砖塔,塔高约6.76米,底层边长

---

① 四种悉檀:四悉檀,佛教名词。意译作宗、理（诸法的理趣）、成就等。"悉"的意义是"遍","檀"的意译是"施"（布施）。佛说法可分为四个范畴——"佛以四法遍施众生",即普度众生的四种方法:一世界悉檀,二为人悉檀,三对治悉檀,四第一义悉檀,故称四悉檀。
② 因支:"三支作法"的第二支。三支作法,亦称"三分作法""三支推论式",因明学的用语。指由宗（论题目）、因（理由）、喻（例证）等三部分组成的因明论式。印度新因明家陈那据古因明的五分作法所改造而成,这是因明学史上的一次重大变革,它使因明的论式更符合人的逻辑思维。
③ "真唯识量",为玄奘法师在印度戒日王所设曲女城"无遮大会"（大法会）上提出的三支比量（三支推理）。依据古印度大乘佛教瑜伽行派论师护法（约六世纪中叶）的唯识学说（"四分家"）,论证境色不离识,即客观世界不能脱离主观意识的理论。

2.4米，层间叠涩檐下施一排菱角牙子，塔顶平砖攒尖，置宝瓶式塔刹。窥基塔形制与兴教寺塔类似，只是规模较小。塔的一层有面向南方的券洞龛室，内部供奉着窥基法师塑像；北壁嵌有唐文宗开成四年（839）《大慈恩寺大法师基公塔铭并序》碑，塔的二层南壁镶有"基师塔"砖铭。

窥基是继玄奘之后对唯识宗做出最大贡献的人。宋代赞宁曾对窥基有这么一段评价："奘师为瑜伽唯识开创之祖，基乃守文述作之宗。唯祖与宗，百世不除之祀也。盖功德被物，广矣！大矣！奘苟无基，则何祖张其学乎？开天下人眼目乎？二师立功与言，俱不朽也。然则基也，鄂公犹子，奘师门生。所谓将家来为法将，千载一人而已。"[1]

3. 圆测

圆测法师（613—696），俗姓金，全名"圆测文雅"，原籍新罗（一说为新罗国王孙），自幼出家。唐太宗贞观二年（628），圆测15岁来华求学，追随释法常（567—645）、僧辩（568—642）二法师学习佛教经论。唐高宗时期，玄奘法师一度移驻西明寺，圆测成为他的助手。玄奘圆寂后，圆测法师被召为西明寺大德，开创了唯识宗西明学一系。

（1）学贯新旧

圆测来华之后，最初追随法常、僧辩学习相州地论宗和南方摄

圆测法师

---

[1] 宋赞宁著：《宋高僧传》卷4本传，见《中华大藏经》（汉文部分）第62册，中华书局，1996年，第28—29页。

论宗的佛法教义,并成为一名卓有成就的论师。

僧辩法师在隋文帝开皇时期(581—600)就已经非常出名,博通善讲,誉满天下。隋炀帝大业(605—618)初,奉诏主持禅守寺;唐太宗贞观年间(627—649)又移住弘福寺。僧辩擅长《摄论》,撰述有《中论》《唯识》等章疏,号称"法轮论士"。

法常是昙延大师的弟子,于唐太宗贞观初年就奉诏住在普光寺,不久后又转任空观寺上座。[①] 法常善讲《成实》《毗昙》《华严》《十地》等经论,尤其精通《涅槃》《摄论》,著有《摄论义疏》等著作十余部。

唐贞观元年至三年(627—629),玄奘客居长安时,就曾在法常、僧辩、道岳和玄会等门下研习法义。此时,圆测和玄奘在法常、僧辩二师门下,曾短暂同学。但此时玄奘二十七八岁,已是博学高僧了;而圆测才十四五岁,只是初窥门径的小沙弥[②]。

圆测后来在长安玄法寺受具足戒,正式出家为僧。他在玄法寺学习了《毗昙》《成实》《俱舍》《婆娑》等论典,具备了深厚的唯识学根基,尤其在《地论》和《摄论》方面见长。

唐高宗显庆三年(658)后,圆测被选为助译大德进入西明寺,后又拜师玄奘学习新唯识论,成为学贯新旧的唯识论大师。

唐高宗显庆三年,长安西明寺落成。高宗皇帝请玄奘法师移住该寺,并简选高僧大德50人,辅佐他译经弘法。而圆测因为"古今章疏无不娴晓""声名蔼著",也被选在这50人之列,成为玄奘法师的助手之一。

显庆四年(659)十月,玄奘法师移住坊州玉华宫继续译经。圆测虽然名籍西明寺,但是本人却追随玄奘法师到玉华宫。直到玄奘法师圆寂之后,

---

① 上座:寺院中统辖僧众的"三纲"(上座、寺主、维那)之一,又称长老、上腊、尚座、首座、上首。此词指僧众中之出家年数较多者,或指年岁高者,有时亦为对僧人之尊称。

② 沙弥:佛教称谓,意为"息慈""息恶""行慈""勤策男"等。"沙弥"(与"沙弥尼"),指7-20岁受过"十戒"的出家男子(与女子)。所谓"十戒",指不杀生、不偷盗、不邪淫、不妄语、不饮酒、不涂饰香鬘、不听视歌舞、不坐高广大床、不非时食、不蓄金银财宝。

圆测法师才又回到西明寺，弘扬唯识宗教义，并开创了唯识宗（即法相宗）西明学一系，人称"西明法师"。

蒙文通先生称圆测为玄奘的"义朋测师"。认为圆测跟随玄奘法师的时间大约不到两年，他只是玄奘的赞辅，两人之间并无明确的师徒关系。但是我们仔细研究玄奘法师在玉华宫期间所译经书，就会发现其中有很多经书的证义、缀文、笔受是由圆测法师来完成的。因此，圆测追随玄奘法师的时间绝不是两年，而是五到六年。根据《大周西明寺故大德圆测法师舍利塔铭并序》记载圆测法师圆寂之前，其愿望是归葬在玄奘法师的塔旁，足见圆测是师事玄奘法师的。玄奘法师年长圆测13岁，学养见识深厚，圆测敬服玄奘，拜在其门下，并非没有可能。两人之间的关系可谓亦师亦友。

（2）测、基之争

同为唯识宗大家，关于圆测与窥基之间的矛盾，历史上有不同的猜测。在《宋高僧传》的《窥基传》和《圆测传》中，记载了同一则故事：玄奘法师为窥基单独讲解新翻译的《唯识论》和《瑜伽论》，圆测贿赂了门子，在室外偷听，"辑缀义章"；在玄奘罢讲之后，他抢先回到西明寺，鸣钟说法。因此，二人结下了矛盾。

圆测和窥基两位大师的矛盾，不可能起于鸡鸣狗盗之事。笔者认为两人的矛盾归结起来主要有两点：

第一，学术矛盾。圆测和窥基在学术上的争议主要发生在"五种姓"说①上。玄奘法师从印度取经回国后，宣讲新唯识论，其中包括了那烂陀寺戒贤法师提倡的"五种姓"说。从佛教思想学说发展演变上讲，"五种姓"

---

① 五种姓：佛教用语，又称五姓，或五乘种姓。"姓"亦作"性"。瑜伽行派和法相宗认为众生先天具有的本性有五种，由阿赖耶识中种子决定，不可改变。即：(1) 菩萨定性（定性菩萨）；(2) 独觉定姓（定性缘觉）；(3) 声闻定姓（定性声闻）；以上三种统称"三乘"，一定会相应地达到菩萨（或佛）、辟支佛（缘觉）、阿罗汉的果位（修行得道、修成正果）；(4) 三乘不定姓（不定种姓），指具有三乘本有种子，但究竟会达到什么果位，还不一定；(5) 无性有情（无种姓），指永远沉沦生死苦海，虽然可以修生为人或转生天界，却永远达不到佛教解脱。

说是佛教深受印度教①文化影响而成的产物，带有先定论色彩。窥基出身贵族，对"五种姓"说尤为崇尚，并将其发展到极端地步，而圆测对"五种姓"说持保守态度。

玄奘法师圆寂后，窥基自玉华宫重返长安，主持大慈恩寺寺务。窥基的行事风格浮夸、潇洒，但又存在着严重的成见，贵族气息浓厚。他从事撰述时，对唐之前的译著、经疏、撰论进行了大刀阔斧的"删整增讹，缀补纸胭"。对"古师之未了（公案）"往往一言而决，处处彰显新唯识学之"正理"。他有卓著的才华，又凭借玄奘法师弟子的身份，一时间风头无两。但是，他极力倡导"五种姓"说，把"一阐提迦"②这部分人排除在了佛门之外，使得他所领导的法相唯识宗慈恩寺一系的学说带有强烈的贵族化气质，并呈现出保守性趋势。

圆测与窥基则大有不同。其一，他在学习新唯识学的时候，旧唯识学的功底深厚，不主张彻底推倒旧论；其二，圆测本身为新罗人，对中国的贵族矛盾相对比较疏远。他的唯识宗西明学是建立在常、辩二师传授的旧唯识学的基础上，引进玄奘法师新唯识学的理论体系，进而将二者融合创建起来的学派。他与窥基最大的不同在于反对"五种姓"说，认为一切众生皆有佛性，最终都能成佛。

杨维中《中国唯识宗通史》中说："圆测天资聪明，不但精于《毗昙》《成实》等诸论，又通梵语、西域语等六国语言。法常、僧辩精通古唯识学，而从圆测的思想来看，应该受二师的影响很大。"③正因如此，"圆测在思想方面忠实于古唯识学，而与窥基不同"。

---

① 印度教：也称"新婆罗门教"，公元4世纪前后，婆罗门教吸收佛教、耆那教等教义和民间信仰演化而成。主要经典有《吠陀》《奥义书》《往世书》《摩诃婆罗多》《罗摩衍那》等。其基本教义与婆罗门教类同。
② 一阐提迦：佛教名词。意为"不具信"，或称"断善根"。指被认为断绝一切善根的人。对于"一阐提迦"是否具有佛性？能否成佛？佛教内部也有长期论争。小乘否认众生可以成佛，而大乘是以成佛为目的，提出"一切众生，悉有佛性"，认为众生皆可成佛。
③ 杨维中：《中国唯识宗通史（下）》，凤凰出版社，2008年版，第772页。

对于唯识宗慈恩系与西明系学说的冲突，圆测采取了退避三舍的办法。窥基回到长安后，圆测即"往依终南山云际寺，又去寺三十里，闲居一所，静志八年"，尽量避免唯识宗慈恩系与西明系之间的矛盾升级而最终造成宗门分裂。应该讲圆测法师是老成持重的，是经过长时间的静志深思才如此行事的。

第二，政治矛盾。窥基出身贵族，与李唐皇室关系密切，容易卷入唐高宗末年到武则天时期的政治纷争之中去；而圆测作为一个外国人，对于李唐和武周的纷争并不十分关心，他在政治态度上更加中立，因而避免了许多不必要的麻烦。

显庆五年（660），唐高宗体弱多病，武则天开始临朝执政。大唐王朝的政治形势逐渐发生了变化。武后临朝，并在事实上掌握了朝政大权，在当时的历史条件下，这是让人难以接受的。从儒家政治伦理的角度讲，妇人执政是"牝鸡司晨"；从关陇贵族和山东士族的角度讲，更是难以接受一个出身庶族、且身为女子的人执掌朝政。因此，在武则天执政时期，她始终面临着儒家纲常伦理和传统封建势力的挑战，为了寻求意识形态的庇护，武则天将希望寄托在佛教上。但是，当时最为显赫的唯识宗在玄奘法师的主持下，是绝对不肯为武则天效力的；唯识宗慈恩系的窥基大师与李唐王朝关系密切，也不会倒向武则天。

玄奘法师德高望重，为朝野所崇。而武后临朝不久，地位尚未稳固，因此，她对慈恩系唯识学只能采取冷处理的办法。但是，自玄奘法师圆寂后，武后的势力已经长成，对唯识宗的干预就越来越多。她采取推捧圆测、打压窥基的办法，掌控佛教最显赫的宗门。于是，唯识宗内部两派势力呈现出此消彼长之态势。

唐新罗崔致远《故翻经证义大德圆测和尚讳日文》载："武后尊贤，实重之如佛。每遇西天开上。则征东海异人（即圆测）惮就讨论，因资演畅。

是以谈经则必居其首,撰疏则独断于心,栖幽则灵感荐臻,升座则法音随应。"① 武则天对圆测及其学说的欣赏是显而易见的。圆测法师被请回西明寺,在此宣讲本系学说。唐睿宗垂拱年间(685—688),新罗国王屡次上表,请求唐朝廷让圆测法师回国弘扬佛法。但武则天却迟迟不放人,而且"优诏显扼",使得圆测终生未能返回其祖国。

窥基法师在武则天执政时间离开长安,远赴五台山。他在唐高宗咸亨四年(673)和永隆年间(680—681),两次躬游五台山,名为传法,实为避祸。窥基最后一次来到五台山,居住在华严寺西院,次年还京后,即被人诬告。至于窥基赴五台、化白黑等活动是一种进取与开拓的说法,则不符合历史事实。武则天对窥基的防备之心一直存在,窥基在中台造玉石弥勒像供养。而武则天证圣元年(695)给自己上的尊号就是"慈氏越古金轮圣神皇帝",即自比"弥勒佛",并在五台山的五个台顶各建铁塔镇之。②

而圆测的唯识宗西明系,在武则天时期最为辉煌。一方面,是因为其自身的平民性更容易赢得信徒;另一方面也是最重要的,就是迎合了武则天统治的政治需要。武则天掌权的24年,也是圆测弘法活动及西明系唯识学发展的黄金时代,同时也是唯识宗慈恩系处于低谷的时期。神龙革命、李唐王朝复辟后,西明一系逐渐式微,也是显而易见的。

(3) 其争也君子

至于圆测与窥基本身的争论,存在于佛教教义之中;而史料中并没有二者针对对方展开人身攻击的记载。笔者认为,圆测和窥基为了唯识宗宗门的存废,相互之间是有着一定默契的。至于日本僧人圆仁撰写的《入唐求法巡礼行记》中所说"慈恩臺(应为"基",即窥基)法师避新罗僧玄测(圆测)法师,从长安来(太原龙山童子寺)始讲唯识之处也",③ 其

---

① 转引自杨剑霄:《唐代法相唯识宗衰败原因新探》,见《北京社会科学》,2017年第4期,第108页。
② 陈景富:《圆测与玄奘、窥基关系小考》,《南亚研究》,1994年第3期,第20页。
③ [日] 圆仁:《入唐求法巡礼行记》,广西师范大学出版社,2007年,第108页。

"避"字则是带有主观臆断色彩。

至于《宋高僧传》中对圆测法师的污蔑（偷听玄奘讲法），更是子虚乌有。《因明入正理论》和《因明正理门论》早在贞观二十一年（647）和二十三年（649）就分别译出，并流行于世，世人皆知。玄奘译《成唯识论》时，"理遣三贤（神昉、嘉尚、普光），独授庸拙"，当时在场者并非窥基一人，并不是私下授受，只不过窥基为执笔者。《瑜伽论》（即《瑜伽师地论》）译出后，窥基注疏在前，圆测注疏在后，何来盗听之说！

圆测与窥基各自继承了玄奘法师佛学的一部分，又各有侧重。两人都是唯识法门的大师，只不过因为政治时局的影响，二者的人生际遇出现了较大反差。

（4）归葬慈恩塔院

武则天万岁通天元年（696）七月二十二日，圆测法师在洛阳佛授记寺圆寂，世寿84岁。临终前，他嘱咐弟子将自己陪葬在师父玄奘法师的舍利塔旁。遗体荼毗（即火化）后，弟子慈善携其遗骨回到长安，但由于各种原因圆测法师附葬慈恩塔院的愿望没有达成，弟子最终将他葬在了终南山丰德寺的东岭上。①

宋徽宗政和五年（1115），同州（今陕西大荔县）龙兴寺广越

兴教寺中的圆测塔

---

① 另说，圆测大师圆寂后在洛阳香山寺北谷荼毗，起塔。合理的解释应当是在洛阳举行荼毗仪式后，舍利被分作两份：一份在洛阳建塔供奉，一份被带回长安葬在终南山丰德寺的东岭上，后辗转归葬兴教寺塔院。

和尚阅读圆测传记时，对于圆测法师未能附葬慈恩塔院深感遗憾，于是从丰德寺东岭取得圆测法师遗骨的一部分，将之葬于兴教寺玄奘法师塔左侧，并修塔纪念，即圆测塔，又称测师塔。圆测塔与玄奘法师塔右侧的窥基塔相对，一起接受历代信众的瞻仰。

圆测塔与窥基塔形制相同，亦为仿木结构楼阁式三层方形砖塔。其塔高约7.10米，塔的一层右面向南的龛室内供奉着圆测泥塑像；北壁嵌着《大周西明寺故大德圆测法师舍利塔铭并序》碑文。二层西壁有"测师塔"砖铭。该塔始建于宋徽宗政和五年（1115），是三座塔中修建最晚的一座。

4. 慧沼与智周

法相一脉正宗由玄奘法师传窥基法师，窥基法师传慧沼法师，慧沼法师传智周法师。慧沼与智周都是法相唯识宗的嫡传。

（1）慧沼法师

慧沼法师（650—714），淄州淄川（今山东淄博市）人。其生卒年代诸说不一。出生时间，一说生于唐太宗贞观二十二年（648），一说生于唐高宗永徽元年（650）。根据《大唐齐州神宝寺记碣铭》与《神塔碑》记载，其卒年约在开元十四年至二十九年（726—741）之间，寿数约在79到94岁之间。[①]

慧沼自幼就聪明过人，长大后智慧超群。他15岁出家，曾受学于玄奘法师；后又拜窥基、普光法师为师，学习唯识经义。其学法修身持戒严谨，时人称之为"沼阇梨"[②]。青年时期已经博通经藏，能解《法华经》《般若经》《涅槃经》等经，后辈尊称其为"淄川大师"。

慧沼法师的论疏现存有10部，共40卷。其中包括《金光明最胜王经

[①]杨剑霄：《唯识宗三祖慧沼生卒年考》，《佛学研究》，2018年第1期。
[②]阇梨：也作"阇黎"，梵语 acarya "阿阇黎"之省，意为高僧，也泛指僧人、和尚；也做导师讲。

疏》10卷、《十一面神咒心经义疏》1卷、《法华玄赞义决》1卷、《成唯识论了义灯》14卷、《因明入正理论义纂要》1卷、《因明入正理论义断》2卷、《因明入正理论续疏》《大乘法苑义林章补阙》《能显中边慧日论》4卷、《劝发菩提心集》3卷。另有《能断金刚般若经疏》《发菩提心论疏》等10种经论散佚。其著作中最为重要的是《成唯识论了义灯》14卷，与窥基的《成唯识论枢要》、智周的《成唯识论演秘》合称"唯识三疏"。

慧沼是慈恩宗的嫡传，唐中宗复位后，他受到当时朝廷的重视。其晚年曾在大荐福寺义净译场任证义大德。据《开元释教录》记载，神龙三年（707），唐中宗召义净（635—713）同译经沙门九旬入宫坐夏，慧沼就在其中。义净所译《浴像功德》《称赞如来功德神咒》《根本说一切有部苾刍尼毗奈耶》《唯识宝生》等经论，均有慧沼参与证义。义净新译《金光明最胜王经》，也是由慧沼作疏。

慧沼法师是法相唯识宗第三祖，继承了窥基法师的衣钵。在唯识宗慈恩系与西明系的辩论中，慧沼对慈恩系的胜利起了决定性的作用。慧沼为人严谨，有求真务实的精神，对于圆测、法宝等前辈多有质疑；对于本师窥基也不会盲从；就是对玄奘法师的主张也要深入思考才接受。时人誉其为"山东一遍照"。

慧沼的弟子有智周、义忠、道巘、道邑、如理等，其中最著名的首推智周。

（2）智周法师

智周法师（668—723），俗姓徐，江苏泗州人。自幼出家，19岁受具足戒；23岁即拜入慧沼法师门下，得法相唯识宗慈恩系嫡传。其后来主持濮阳报城寺，传扬慈恩宗教义，对唯识学、因明学多有裨益。智周法师一生未曾入长安，但依旧声名远播，世称"濮阳大师"。

智周受学于慧沼法师，终生弘扬唯识宗慈恩一系学说。当时，法相唯识宗内部存在着慈恩寺系与西明系之争。慧沼法师著《成唯识论了义灯》

驳斥圆测法师的学说，弘扬窥基法师所传的佛法精髓，阐发慈恩宗三乘五性①之说。智周忠于宗门，恪守师说，他的大部分著作是对窥基、慧沼著作的疑难解答和疏意详解。如《法华玄赞摄释》是对窥基《法华玄赞》的疑难解答；《成唯识论了义灯记》是对慧沼《成唯识论了义灯》的释难。

智周继承窥基、慧沼之学，为法相宗的嫡传弟子。但自智周以后，法相唯识宗逐渐式微，著述零落，门人星散。因为对于一般的善男信女来说，他（她）们需要的是简便易行的修持法门，从而有效地解决精神生活中的实际问题。而法相宗的经论注疏过于深奥，唯识学说偏重于"见"（理论）传承，而忽视"行"（实践），难以吸引下层民众。

智周最重要的贡献，是将唯识宗法门传播到了朝鲜半岛和日本。在智周的弟子中，有来自于新罗国（在今朝鲜半岛）、日本的学问僧。武则天长安三年（703）新罗僧人智凤、智鸾、智雄入唐，从智周学习法相宗旨。唐玄宗开元五年（717）日本僧人玄昉（？—746）入唐，从智周学法。玄昉在唐朝学习时间长达19年。智鸾、玄昉等回国后，将唯识教义带到了朝鲜半岛日本。玄昉创立了日本法相宗。日本法相宗在奈良时代（710—794）极为辉煌，为日本佛教的显宗，对慈恩宗一系诸法师重要著述的保存和流传贡献颇多。

由于近千年历史的沧桑变幻，中国的法相唯识学典籍多有散佚。直到清朝末年，杨仁山居士等在日本学者南条文雄等人的帮助下，将日本所藏中国法相唯识章疏典籍从日本取回，并在金陵刻经处刻版流通，从而掀起了中国近代唯识学研究的热潮。

---

①三乘五性：佛教名词。(1) 所谓"三乘"，指引导教化众生达到解脱（摆脱一切烦恼、摆脱生死轮回）的三种方法、途径或教说。一般指声闻乘（小乘）、缘觉乘（中乘）、菩萨乘（大乘），为浅深不同的解脱之道。如"声闻"，原指佛在世时的弟子，作为"三乘"之一，指的是只能遵照佛的说教修行，并以达到自身解脱为唯一目的的出家者。"菩萨"，意谓修持大乘六度，求无上菩提（觉悟），利益众生，于未来成就佛果的修行者。"三乘"亦泛指佛法。(2) 所谓"五性"（又五姓、五种姓、五乘种姓），指瑜伽行派和法相宗认为众生先天具有的五种本性，由阿赖耶识（种子识）决定，不可改变。

三、法相唯识

唐太宗贞观二十二年（648）十月，大慈恩寺建成，皇太子李治奏请度僧三百人，别请大德五十人入居，请玄奘法师入寺担任主持，别造翻经院，继续主持译经工作。十二月，玄奘携从天竺带回的经像，自弘福寺移居慈恩寺，朝廷举行了盛大的升座仪式，太宗皇帝和太子李治亲临现场，观礼祈福。所请五十大德、三百僧人也同时入寺，成为玄奘的弟子。以大慈恩寺为中心，玄奘法师及其弟子窥基、圆测、慧沼等创立了法相唯识宗。

玄奘法师所宣扬的唯识学派，属于印度大乘佛教教派之一。该派认为世界的精神性本体"识"①为实有，因此也称为"大乘有宗"。古印度唯识学派的创始人为无著和世亲（无著之弟）两位大师，该派信仰弥勒菩萨，以《解深密经》和《瑜伽师地论》为根本经典，阐述阿赖耶识、三自性、三无性等佛教理论。玄奘法师在印度求学期间，曾向唯识派大师、那烂陀寺戒贤法师和杖林山胜军居士学习唯识法门；归国之后，又博采众长译出了《成唯识论》，并在前人基础上提出了"三类境"理论。②虽然法相唯识

---

① 识：佛教名词。有多种含义，泛指一切精神现象，如"唯识无境"。与"心""意"的含义相同。"法相唯识"，因分析一切事物（法）的相对真实（相）和绝对真实（性）而得名；强调"万法唯识"，不许有心外独立之境。

② 三类境：佛教术语。识所变现的性境、独影境、带质境三类的总称，是唐玄奘针对当时印度唯识学说有关"见分""相分"是同种还是别种所作的一个总结。印度唯识论者主张识有"见""相"二分，见分为能缘所觉，相分为所缘所觉。见分是能别，相分是所别。见分托相分而起，相分仗见分而生，同为识变，因作用不同而分为"能""所"，即一个识体有此两种功能。玄奘认为，这不能一概而论，要随着不同性质的"境"而定，由此提出三类境说，他自撰的颂文（载窥基所撰《成唯识论常中枢要》卷上）是"性境不随心，独影唯随见，带质通情本，性种等随应。"

宗的辉煌时间只有四十余年，但其对于中国佛教哲学的发展和中印文化的交流影响极为深远。

1. 地论宗

早在玄奘法师取经之前，唯识宗经典《瑜伽师地论》的相关内容《地持经》，在北凉时期就已经由昙无谶①译出；《十地经论》也由北魏时期的菩提流支②译出——"地论学派"以研习阐释这部经典而得名。

当时，地论学派的大本营在相州，以邺城（今河北临漳县西南）为中心，包括魏郡、阳平、广平、汲郡、顿丘、清河六郡。勒那摩提、慧光等昙无谶的继承者在相州南道诸郡传法，称为"南道地论师"；菩提流支、道宠等在相州北道诸郡传法，称为"北道地论师"。后来，南朝的真谛法师（499—569）又翻译了无著大师的《摄大乘论》、世亲大师的《摄大乘论释》，中原出现了弘扬《摄大乘论》的"摄论师"。其主要理论有阿赖耶识、

---

①昙无谶（385—433）：亦作昙无忏、昙摩谶。十六国时北凉僧人，中天竺人，后至西域诸国。幼出家，聪敏出群。年二十已熟习大小乘经典六万多颂，诵大小乘经二百余万言，明解咒术。北凉玄始十年（421）由龟兹至姑臧，北凉主沮渠蒙逊接待甚厚。译出《大涅槃经》前后分、《大集经》《大云经》等经典，总计所译现存本和缺本一共11部112卷。北魏太武帝闻其名，遣使迎请，蒙逊不放。适谶请西行取经，蒙逊疑，杀之于途。时义和三年（433），谶年四十九岁。

②菩提流支：一作菩提留支，意译道希。北魏僧人，北天竺人。学宗世亲大乘瑜伽，是大乘瑜伽行派的正根正脉；博通经、律、论三藏，熟悉密宗教法，又工咒术。神悟聪敏，洞善方言。志在弘法，于北魏永平元年（508）经西域来到洛阳，住永宁寺。受到北魏宣武帝的优礼，率领七百梵僧，主持翻译佛经。后随东魏迁邺城，继续译经，前后近三十年。与住在白马寺的勒那摩提，分别培养出了一大批《地论师》，形成了在北朝佛教中占有重要地位的《地论》学派。因永宁寺在洛阳城西第三门道北，白马寺在西郊第二门道南，故形成《地论》道北、道南学派。菩提流支就成为主张佛性始有、判教为五宗的《地论》学北道派的祖师。有《入楞伽经》等30部，101卷。

三自性①、三无性②等。

因为对"阿赖耶识"的认识有所不同，地论学派中又分为了两派：一为妄心派，为说一切有部的一派，以虚妄心为染净的所依，清净法是附属的；一为真心派，为分别说部，受禅宗如来藏思想的影响，认为当"阿赖耶识"摆脱了人、法两执后，破除了"见思""尘沙""无明"之惑后，就可以脱离一切虚妄证得"真如佛性"。

简而言之，在玄奘取经之前，相州北道以"阿赖耶识"为依持，认为众生之性为沾染之性，主张佛性"始有"，但仅为种子；相州南道以"真如佛性"为依持，认为众生心性本净，因而佛性是"本有"，亦即佛性常在。摄论师则试图在"阿赖耶识"的基础上，沟通"真如佛性"。当时，三派围绕"心性问题"激烈争论，且都有佛经作为理论支撑。

三派的争论使得玄奘感到十分困惑，为了探究"唯识"真义，他决定到佛学的发源地印度去学习，到唯识学派的根据地那烂陀寺去学习，解决中土各派在佛法上的争议。他认为佛教传入中国已经六百多年了。迦什摩腾、竺法兰两位大师被东汉明帝迎入洛阳，从此佛法兴起于河洛；康居沙门僧会于吴主孙权赤乌十年（247）宣道于建业（今江苏南京），因而江左佛法大兴；支娄迦谶、鸠摩罗什两位大师在后秦时的凉州（今甘肃武威）弘法，他们所讲的经义玄奥美妙，不失佛家的风范；这些高僧都能利教弘法，匡振伟业。但是，因为这些大师们都是来自异域他乡，语言有所差异，加之与佛陀生活的时代已经非常久远，因此，在经义方面有所偏差。佛祖在菩提树下所讲的一种法旨，被分裂为如今的两种说法；大乘佛教一致的

---

① 三自性：佛教用语。指一切有情生命的本源，瑜伽行派所认为的一切存在的三种状态：因执着而产生的幻相，即遍计所执自性；由条件构成的现象，即依他起性；绝对的真实，即圆成实性。《成唯识论》卷八："三种自性皆不远离心、心所法。"

② 三无性：大乘佛教瑜伽行派的基本主张之一。相对于三自性而言，三无性指三种无自体的存在状态：即相无性，谓形相是由概念而有，所以没有自体；生无性，谓现象是条件构成，所以也没有自体；胜义无性，谓究竟真实就是呈现没有自体的状态。从这三个角度，瑜伽行派也说一切存在都无自体。《唯识三十论颂》："即依此三性，立彼三无性。"

教理，被分析为南北两种流派。普天之下的信众心中都藏着迷惑，可是没有巨匠能够为他们答惑。于是玄奘决心西去佛教发源地印度系统地学习佛法。

玄奘取经归来后，法相唯识宗逐渐取代了地论宗，成为唯识学派在中国的代表。

2. 弥勒信仰

弥勒信仰①是唯识宗的核心信仰。弥勒信仰历史悠久，早在部派佛教阶段（公元纪年之前）就已经出现。早期流传于中国的净土信仰主要就是弥勒净土信仰，它又可以分为上生信仰和下生信仰。上生信仰认为：弥勒死后当生兜率天（弥勒净土），世人持戒修行、称念弥勒名号，死后就可往生弥勒净土。下生信仰认为：弥勒菩萨从兜率天降生人间（为未来佛），在龙华树下成佛，向天人说法，能够听闻弥勒之法者，皆能成就佛果。

从东晋道安法师（314—385）开始，弥勒信仰逐渐在中国开始流传。相传道安法师与弟子法遇等曾在弥勒佛前立誓："愿生兜率（天）"②。由于道安法师的影响力，弥勒信仰逐渐得到普及，在南北朝时期达到鼎盛。受此佛学风气影响，玄奘法师与弥勒菩萨的渊源颇深。

而早期的弥勒信徒主要信奉上生信仰，愿意往生兜率天、亲近弥勒菩萨，闻听正法，得不退转果位；未来随弥勒佛降世，拯救世界。南朝梁天

---

①弥勒（意译"慈氏"）：佛教菩萨名。佛教传说，是从佛受记（预言）将继承释迦佛位为未来佛（"当佛"）的菩萨。中国一些寺庙里供奉的笑口常开的弥勒像，则为五代时名为契此的和尚（即"布袋和尚"），相传是弥勒的化身，故后人塑像作为弥勒供奉。

②兜率天：也译"睹史多"，意译"妙足""知足"；读音：dōu lǜ tiān。佛教用语。佛教谓天分许多层，第四层叫兜率天，其一昼夜，相当于人间四百年。居此天者彻体光明，能照耀世界。此天有内、外两院，外院是欲界天的一部分，为天上众生所居之地；内院是弥勒寄居于欲界的"净土"，释迦牟尼的生母摩耶夫人死后往生之地。据《弥勒上生经》载，若皈依弥勒并称念其名号者，死后就能往生此天。

监十五年（516），南朝僧众建造了剡县（今浙江嵊州）大佛（弥勒佛像）。北魏献文帝时期，建造了云冈（今山西大同市）第十二窟弥勒佛像。北魏迁都洛阳后所建造的龙门石窟，就有大大小小的弥勒像数百尊。当时社会上普通信众所作的发愿文、礼赞文碑刻，则充溢着对弥勒和弥勒净土的赞美。所以，传播弥勒净土信仰的高僧也很多。著名的有法祥、法盛、道矫、道汪、道法、慧严、僧业、昙副、昙斌等。在魏晋至隋唐社会的这种信仰氛围中，玄奘至诚归敬弥勒是很自然的。

玄奘自幼就虔诚信仰弥勒。据《大唐故玄奘法师行状》记载："法师从少以来，常愿生弥勒佛所"。他出家后，曾亲手绘制观自在菩萨、弥勒菩萨像各一千张，以结善缘。在漫漫取经路上，对弥勒菩萨的至诚信仰，是激励他克服一切艰难险阻的重要精神力量。

佛教中的弥勒信仰

玄奘法师在取经途中，出玉门关时，苦于无向导引路，于是到附近寺院的弥勒像前启请，请求得到指引渡过关口。后来果然有一胡僧出现，帮助法师度过险关。在天竺境内时，从阿逾陀国（中印度境内），沿殑伽河（即恒河）去往阿耶穆佉国途中，遭遇盗贼，欲杀取血肉以祠突伽天神。法师盘膝而坐镇静自若，专心观想弥勒菩萨，口诵真言："愿得生彼恭敬供养，受《瑜伽师地论》，听闻妙法，成就通慧，还来下生，教化此人令胜修行，舍诸恶业，及广宣诸法，利安一切。"顿时间，天象骤变，"黑风四起，折树飞沙，河流涌浪，船舫漂覆"。① 众盗贼见状，惊怖不已，感到害此沙门会惹怒天神，于是向玄奘叩首忏悔谢罪，稽首皈依佛门。

在印度求学期间，玄奘听说伊烂拏钵伐多国②的一座寺院、有一尊观自在菩萨像，能满足信众的愿望，非常灵验。于是他就持香花等物前往礼拜，在菩萨像前发了三大愿望："一愿归国途中平安无难；二愿依所修福慧生睹史多宫（兜率天宫），事奉慈氏菩萨；三愿菩萨开示，众生是否皆有佛性。"他的愿望皆得到了菩萨的回应。玄奘又听闻无著菩萨兄弟发愿往生兜率天侍奉弥勒菩萨，并且如愿以偿，因此更加坚定了他的信仰。

回国后，玄奘随即着手翻译了"弥勒三经"，即《佛说弥勒上生经》《佛说弥勒下生经》《佛说弥勒大成佛经》。他经常念诵所译的《赞礼弥勒慈尊四礼文》，其第一首文曰：

至心归命礼，当来弥勒佛。

诸佛同证无为体，真如理实本无缘。为诱诸天现兜率，其犹幻土示众形。元无人马迷将有，达者知幻未曾然。佛身本净皆如是，愚夫不了谓同凡！知佛无来见真佛，于兹必得永长欢。故我顶礼弥勒佛，唯愿慈尊度有情。愿共诸众生，上生兜率天，奉见弥勒佛！

玄奘法师晚年住在玉华宫玉华寺的时候，每天坚持礼拜佛祖、翻译经书。礼拜的时候每每发愿上生兜率天，见弥勒佛。他临终之时，嘱咐弟子齐声称念颂"弥勒如来"。在其弥留之际，"弟子光等问云：'和尚决定得生

---

① [唐] 释慧立本、释彦悰笺，孙毓棠、谢方点校：《大慈恩寺三藏法师传》，中华书局，2018年，第55-56页。
② 伊烂拏钵伐多：梵名 īrana-parvata。又称伊兰拏钵伐多国、伊烂拏国。位于摩揭陀国东，殑（qíng）伽河南岸之国。据《大唐西域记》卷十载，此国之大都城气候和畅、风俗淳质，有伽蓝十余所、僧徒四千余人，多习小乘正量部之法。境内之伊烂拏山含吐烟霞，蔽亏日月，为一火山，今其附近仅有温泉涌出，而不见喷火。释尊往昔曾居住此国，为诸天人广说妙法。

弥勒众不？'法师报云：'得生。'言讫，气息渐微。少间神逝"。① 玄奘法师终其一生，信仰弥勒如来，不曾更改舍弃以往生兜率天的祈愿。其弟子从窥基始，至文备、神泰等均修弥勒净土；延至后世，弥勒信仰遂成为法相宗修行的共同信愿。

传说著名的道宣律师（596—667）曾向天神问及古代传法僧人德位之高下，说到玄奘法师时，天神赞曰："奘九生九世修福慧两业，由善业力，往生兜率天，慈氏内众，从弥勒问法，悟解得圣。"

综上所述，玄奘法师的弥勒信仰，一是源于他信仰瑜伽行派——弥勒菩萨是瑜伽行派的祖师。而玄奘以祖述弥勒、弘传唯识为己任是自然的；二是中国社会的宗教风气和印度大乘师的影响。玄奘自幼学习地论学派的经典，西行之后又从瑜伽行派大师密多斯那、戒贤学习，因此，对弥勒净土的向往已经无比坚定；三是玄奘信奉力行哲学。他认为由自力和因力结合而生发的菩提心，才会坚固不动；由他力、加行力发心则不坚不固。他十分强调智慧和力行精神之间的辩证关系，法相唯识宗也是最重视力行的佛教流派之一。

虽然玄奘法师提倡的弥勒上生信仰和法相唯识宗在中国逐渐式微，但是，他对传播、融合佛教文化，实现其和谐发展与中国化厥功至伟，他的学说是中外文化结合的典型范例。

3. 唯识教义

唯识宗，又称瑜伽行唯识学派，或瑜伽行派、唯识派，是大乘佛教教派之一，与中观学同为大乘佛教的理论基础。玄奘大师自印度归来后，将印度唯识学派的佛学观点系统地介绍到了中国，以分别判决有为、无为之诸法性相为教义，鼓吹"万法唯识"之宗旨，创立宗派，称"法相唯识宗"，以区别以前宣扬瑜伽行派的地论宗。又因玄奘、窥基皆译经于慈恩

---

① [唐] 释慧立本，释彦悰笺，孙毓棠、谢方点校：《大慈恩寺三藏法师传》，中华书局，2018年，第222页。

寺，故亦称"慈恩宗"。

（1）"万法唯识"

印度佛教唯识宗认为，世界的精神性本体"识"为实有，被称为"大乘有宗"（传入中国称法相宗或唯识宗），与中观派"大乘空宗"（宣扬"一切皆空"）并列。瑜伽行派信仰弥勒菩萨，主要经典为《解深密经》和《瑜伽师地论》。早在部派佛教时代就有传说：唯识学派的创始人无著大师在禅定（静坐凝心）中，神魂飞升到兜率天内院听弥勒菩萨讲学，回到尘世后，将听到内容记录下来，形成了《瑜伽师地论》，由此建立了唯识学派。

唯识宗认为："实无外境，唯有内识，似外境生。"[1] 也就是说，世界上一切事物和现象都是"唯识所变"，不能离开识而客观存在，法相宗所说的"识"也叫"心"，它是意识对事物加以了解的功能，在他们看来，只是由于作为"识"的存在，外境才得以成立，主客观世界的一切事物都是依托于物的假象，只有"识"是真实的存在，这就叫作"万法唯识"。"万法唯识"是法相宗的基本命题。把"识"又分为"内识"和自我感觉意识。"内识"又叫"根本识"，是最高的精神本体；自我感觉意识就是人的眼、鼻、耳、舌、身、意六种感觉和思维。它们熏染了内识，便产生了万事万物。人们如果能皈依佛教，通过修行停止自我感觉意识对"内识"的熏染，保持"内识"的纯净（由"染"而"净"，那么就可以成佛，进入西方"极乐世界"）。

所谓"法相"[2]，既是指佛的法相，又是指摄受一切的形式及方式、方法，在理论上是指佛门的宗旨、要义和源流变迁等。法相唯识宗强调法与

---

[1] 护法菩萨等造，三藏法师玄奘译：《成唯识论》卷1，见《中华大藏经》（汉文部分）第30册，中华书局，1996年，第684-685页。

[2] 法相：佛教名词。（1）泛指事物的相状、性质、名词、概念及其含义等等。（2）指"真如""实相"。（3）瑜伽行派根据《解深密经》等，把三自性（三相）归为"法相"，由之铺展为五位百法（对世俗世界、彼岸世界一切现象所作的分类），以此说明诸法的本质无非是"唯识真性"，从而得名"法相宗"。

相的辩证统一，内容与形式的统一，于虚妄之中证得"真如"①。

（2）阿赖耶识

阿赖耶识，是古印度佛教术语的音译，又可译为"阿梨耶识"等。梵文之意为所藏、能藏、集藏，也是指能够集藏分段生死等有漏无漏法中的第八识"如来藏"。意译为"藏识""无没识"。"藏识"意为含藏诸法种子，"无没识"意为执持诸法种子而不失去。

佛教认为人间有情众生具足八种识，前六种为眼、耳、鼻、舌、身、意；第七识末那识也称意根，或深层次潜意识；前七种识合称前七识或七转识；第八种识称作阿赖耶识。《大乘密严经·阿赖耶建立品第六》卷中云：

"一切众生阿赖耶识本来而有，圆满清净，出过于世，同于涅槃。"②

阿赖耶识也是三能变③之第一能变识"异熟"，亦称"果报"，意谓果异于因而成熟，泛指依业因而得的果报。《成唯识论》中说第一能变识：即第八识——阿赖耶识，亦名如来藏，即是阿含所说能出生名色之入胎识。为何称为能变？因为第八识心，可以变现种种的法，也可以变现种种的功能差别，可以变现众生的五蕴、十八界，变生六尘之法，故称为第一能变识。第二能变识是意根，也就是末那识，第三能变识是意识心。

阿赖耶识是一切种子识，具有不生不灭的特性，其中保存着令人成就佛果的自性之唯一心体（成佛的种子），出世间无漏法，成佛之功德及各种业种（众生在世间活动，由身口意行而制造的各种因，包括善业、恶业、

---

①真如：佛教名词，意为事物的真实情况，真实性质。一般解释为绝对不变的"永恒真理"或本体。据《成唯识论》卷9："真，谓真实，显非虚妄；如，谓如常，表无变易。谓此真实，于一切位，常如其性，故曰真如……此性即是唯识实性。"

②[唐] 天竺三藏地婆诃罗译：《大乘密严经》卷中《阿赖耶建立品第六》，见《中华大藏经》（汉文部分）023 H0447，中华书局，1996年，第234页

③三能变：阿赖耶识与三能变，是佛教瑜伽行派和法相宗着重阐发的一种识体。所谓"三能变"，是为论证万法"唯识"而确定的三类能够变现万法之识体。第一为"异熟"能变，指第八阿赖耶识；第二为"思量"能变，指第七末那识（即总是不停地起思虑作用）；第三为"了境"能变，指前六识。

净业、无记业)。前六识制造的各种业力、因缘,通过第七识交由阿赖耶识保存,因此阿赖耶识称为"藏"。因为其中包含着人的佛性和成佛的种子,也称"真如"。如《入楞伽经·刹那品第十四》云:

(佛言:)"大慧!愚痴凡夫不觉不知,执着诸法,刹那不住,堕在邪见而作是言:'无漏之法亦刹那不住。'破彼真如如来藏故。"①

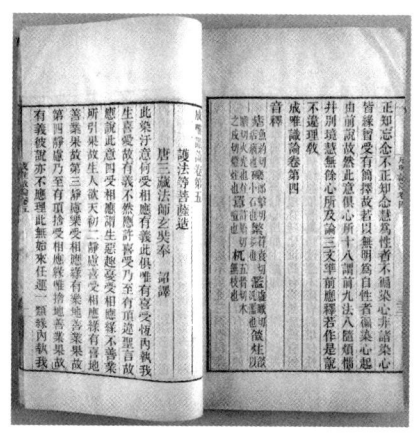

玄奘所译《成唯识论》书影

可见,真如即是如来藏,如来藏即是阿赖耶识,是故真如即是阿赖耶识。

阿赖耶识是佛法的根本识、本觉智,若无阿赖耶识和它的阿赖耶性,众生就无法成佛。

戒贤、玄奘法师等唯识学者认为,佛法修行就是要去除阿赖耶识内的杂染种子,转成无垢的大圆镜智,然后才能成就佛果。玄奘在《八识规矩颂》赞曰:

受薰持种根身器,去后来先作主公。不动地前才舍藏,金刚道后异熟空,大圆无垢同时发,普照十方尘刹中。②

(3) 三性与三无性

三性(三自性)与三无性,也是瑜伽行派和法相宗理论体系的中心观念。所谓"三自性",即依他起自性、遍计所执自性、圆成实自性,讲的是

---

① [北魏] 天竺三藏菩提流支译:《入楞伽经》卷第8《刹那品第十四》,见《中华大藏经》(汉文部分) 017 H0169,中华书局,1996年,第697页。

②《八识规矩颂》:唐代玄奘三藏法师著,凡四章十二颂四十八句。世亲菩萨摄取瑜伽百卷之要,精粹成三十颂,开后学易入之道。后经护法等十师广释,却演为烦琐难解,故玄奘从天竺归国后,糅百本之论撰成《成唯识论》十卷,至此始见唯识学之大成。玄奘复撮择精粹,撰《八识规矩颂》,概述唯识学说,着重于讲说唯识学说中心的心识问题。前三颂说前五识,四至六颂说第六识,七至九颂说第七识,末三颂说第八识。

"识"的存在的形式。所谓"三无性",是三种无自性性,即相无性、生无自性、胜义无自性,是空性,讲的是由实性所衍生的各种幻象。

三性说是整个唯识理论的建构基础,代表了唯识宗认识世界的三个层面:

(1)"依他起自性"(又称"他根性"),讲宇宙万法(相)皆是依托众缘(四缘①)而得起的一切现象,即以阿赖耶识种子为因("因缘"),借诸众缘而生。(2)"遍计所执自性"(又称"普观察性"),指凡夫俗子不了解万事万物皆是由依他起自性幻化,妄执为实我、实法,无时无刻不在周遍算计。即人们视一切事物为各有自性差别的客观实在的世俗认识,被认为是不真实的谬误。(3)圆成实自性(又称"成就相"),"圆"指圆满,"成"指成就,"实"指真实。圆成实性指的是人法二空(我空、法空)所显圆满成就诸法实性,亦名真如、法性②等,即远离"遍计所执性"的谬误,认识到一切现象既无"人我"又无"法我",由此所显示之真如实性。

三自性讲人的本质,可分为善性、恶性和无记性(非善非恶之性),是人的根性。凡对于人的现世、来世,以及自己和他人都是顺益的是善性,如仁、义、理、智、信等道德规范。凡对于人的现世、来世及自己和他人都是违损的是恶性,如贪、嗔、痴等。而非善非恶是中庸之法,对人的果报是益是损,不能预测,是为无记性。在唯识宗看来,性(本质)与相(现象)是相通的,所以三性又可称作三相,即遍计所执相、依他起相和圆成实相。

---

① 四缘:指一切"有为法"所借以生起的四类条件,概括佛教所说的一切因缘。(1)因缘,"因"即"缘",指直接产生自果的内在原因。此缘适用于物质和精神的一切现象。(2)等无间缘,唯适用于精神现象,指已灭之前念,能为生起之后念让路,起开导作用,为认识活动得以发生的条件。(3)所缘缘,指认识的一切对象。(4)增上缘,除了上述三缘之外,余下之各种有助于或无碍于现象发生的条件。

② 法性:佛教名词,与实相、真如、涅槃等概念属于同等性质,着重指现象的本质、本体。据《成唯识论述记》卷九:"性者体义,一切法体,故名法性。"大乘理论将"真如"与"法性"并称。

通过三性，人们可以认识世界和知识的真相，从而获得超越的智慧。顺应人的自性及学习相应的善所对等的佛法，就犹如牛饮甘草之汁，会引生甘美之汁，相得益彰。

所谓"三无性"即相无性、生无性、胜义无性，是相对"三自性"而言，依"遍计所执"立相无性，依"依他起"立生无性，依"圆成实"立胜义无性。三无性是空性。所谓"相无自性"的相，就是体相，是说凡夫俗子执着的影像，实际上并非真实存在，就像龟的毛、兔的角一样，从未有过。所谓"生无自性"，是说事物的存在没有自然性，乃众缘和合而生。佛经《中观论》说："诸法不自生，亦不从他生，不共不无因，是故知无生。"事物的存在是因缘和合而生的，故有"真相"和"假相"，而人们或偏于常见，或偏于断见，失却真相。

所谓"胜义①无自性"，不是说胜义不存在，而是讲必须摆脱我法二执，摆脱错误的认定和执着，否则是见不到实相的。胜义是真实有，代表着诸法实相，而且是遍一切处②的。唯有否定遍计所执，才能开启智慧，证得实相。

整个唯识宗的修行③体系，就是要人们正确认识、对待遍计所执相，断除染污的依他起相，最终证得圆成实相（"诸法实相"是佛法的基本原理）。

---

① 胜义：佛教名词，指一切事物当体即空的第一义谛（犹"真谛"）。谛，指至高无上、真实不虚之理。佛教"二谛"，指俗谛（世俗谛）和真谛（胜义谛）。将"二谛"联系起来观察现象，被称为中观、中道。认为因缘所生诸法，自性皆空，世俗之人不懂这个道理，误以为是真实。这种世俗以为正确的道理，谓之"俗谛"。而佛教圣贤发现世俗认识之"颠倒"，懂得缘起性空的道理，以此种道理为真实，成为"真谛"。瑜伽行派把世俗的认识活动和对于对象的理解，称为世俗谛；把佛教智慧及其对于对象的理解，称为胜义谛。此二谛虽然有高下之分，但对于佛教来说，均是缺一不可的"真理"。
② 遍一切处：法身佛之梵名，名为毗卢舍那；一名遍一切处，以如虚空无遍际，遍满于一切处故也。
③ 修行：指佛教徒依据佛教教义修习行持。内容包括"三学"，扩而为"三十七道品"（意为达到佛教觉悟，趋向涅槃的途径，共分七种三十七项），大乘佛教概括为"六度"，即"六到彼岸"：布施、持戒、忍、精进、定、智慧。所谓"三学"：（1）戒学，即戒律，防止身、口、意之过失；（2）定学，即禅定，修持者思虑集中，观悟佛理，灭除情欲烦恼；（3）慧学，即智慧，能使修持者断除烦恼，达到解脱。

(4)"三类境"说

"三类境"指的是性境、独影境、带质境,是玄奘法师针对当时印度唯识学说有关见分、相分(二分说①)是同种还是别种所作的一个总结。所谓"性境",就是一切实境的性质,如石头的坚硬,水的湿润。"独影境",就是事物独有的形象,非真实,缘于一切幻象。

关于对现实世界的认识,印度唯识学派认为"识"有"见""相"二分,有人主张见分、相分及本质尘(物之自体)三法皆属同种;有人认为相分、见分、本质尘三法二种生,见分为一种,相分与本质尘为一种;还有人主张各识之见分、相分两法同种生;还有人主张两法无论何时皆属别种。

玄奘法师认为,"见"与"相"不能一概而论,要随着不同性质的"境"而定。他认为:"性境不随心,独影唯随见,带质通情本,性种等随应。"

(5)"五种姓"说

所谓"五种姓"(亦作"五姓""五种性"),是瑜伽行派和唯识宗的重要理论之一。认为一切众生先天具有五种不同的根器,即"五姓":菩萨定姓(定性菩萨)、独觉定姓(定性缘觉)、声闻定姓(定性声闻)、三乘不定姓(不定种姓)、无性有情(无种姓)。"五种姓"皆由阿赖耶识中无漏种子(没有烦恼所污)和有漏种子(为烦恼所污,受到束缚限制)所决定,不可改变。前三种统称"三乘"。

凡拥有定性菩萨("如来乘种性")者悲智双运,冤亲等观,广利群

---

①二分说(见分、相分):属于佛教瑜伽行派和法相宗的认识学说。认为人们的认识发生时,要有认识的主体和认识的对象两个方面,前者被称为"能缘",后者被认为"所缘";在"八识"(眼、耳、鼻、舌、身、意、末那、阿赖耶识)的每一识体上,既具有"能缘"一面,名为"见分",同时也具有"所缘"一面,名为"相分"。人们的认识活动,就是识体自身的"见分"去缘虑自身的"相分",或"相分"引起"见分",此称为"二分说"。最早由古印度5至6世纪的唯识派论师难陀提出。

生，最终能够证菩提果，修成金身罗汉、辟支佛、菩萨，乃至称佛。凡拥有定性缘觉（"缘觉乘种姓"）者能够观察思维因缘生灭的法和理，契证真实灭谛，因此叫作缘觉。但是这种人只是独善其身而不拯救众生，只能修成辟支佛果位。凡拥有定性声闻（"声闻乘定姓"）者，听闻佛的言教能够觉悟，但不想进求佛道，只能证声闻果，成罗汉果位。

而拥有不定种姓（"三乘不定姓"）者，具有前三种姓的本有种子，遇缘熏习，修行不定。结果就是如近声闻乘，则修习声闻法；近缘觉乘，则修习缘觉法，近菩萨乘，则修习菩萨法，最终有何成就，得到何种果位，不能肯定。

至于"无种姓"（无姓有情）者，无善根种子，与佛无缘。他们不信佛法，无佛种姓，生成邪见，不受化度，不求解脱，甘溺生死，难脱因果轮回之苦。虽然也可能修得人、天胜妙果报，却永远不能成佛。

由于"无种姓"（无姓有情）说与佛教宣扬的"一切众生本具如来德性，因缘成熟最终都能成佛"之说有所出入，因此也造成了唯识宗内部巨大的争议。

4. 因明之辩[①]

玄奘法师在弘福寺时，曾翻译了商羯罗主（6世纪印度僧人）的《因明入正理论》；移居慈恩寺后，又译出陈那（商羯罗主之师）的《因明正理门论》，这两部论是印度大乘佛教"新因明"学说的重要著作。前者详细论述"新因明"的"三支作法"（亦称"三分作法"），并以能立（指论述论

[①] 因明之辩：（1）因明：佛教名词。因明学实际上是关于逻辑推理（研究逻辑规则和逻辑错误）和认识论（"量论"）的学说。所谓"因"，指推理的原因、依据、理由；所谓"明"，即知识、智慧，含有学术的意义。而"因"最重要，故称"因明"。"因明之辩"这部分内容，主要依据唐释慧立本、释彦悰笺，孙毓棠、谢方点校：《大慈恩寺三藏法师传》卷8，中华书局，2018年版，第166-178页；以下引文均来源于此，为免重复，不再一一注释。

断的成立，意即证明）、能破（指论述论断的不成立，意即反驳）、现量、比量，各分真（正确）似（错误），总共八个部分，概括了因明的全部内容。所以，引起了学僧们的浓厚兴趣，他们纷纷对此新学阐述自己的观点与看法。①

(1) 因明之辩缘起

玄奘法师对有关因明学著作的翻译，也引起了朝廷儒士们的注意。尚药奉御吕才②也对玄奘所译经文进行注释，并就有关问题提出质疑。由此引发了一场儒释之间关于因明学的辩论，双方一往一复，愈辩愈烈，直到最后由朝廷下旨，请玄奘裁定方才作罢。

在参与译经的诸僧中，栖玄法师与吕才是故交，但二人因儒释身份不同，信仰有别，经常发生争论。而吕才自恃才学高明，宣称学无不通，闻一知十，博通儒道之外，也常涉足释典。但栖玄法师则对其有关佛教的议论不以为然，说佛法玄妙，不像太玄、象戏之类，可以逢事穿凿附会，纵然强学推寻，也难免隔靴搔痒，难得其真理。

---

① 自南北朝以降，印度佛教"古因明"（推理用"五支作法"）论典就陆续传入中国。公元 6 世纪，大乘佛教瑜伽行派论师陈那（约 440—约 520）及其弟子所发展的学说，被称为"新因明"（推理用"三支作法"）。7 世纪，唐玄奘及其弟子在中国翻译传播的即是"新因明"。

②(1) 尚药奉御：据《唐六典》卷 11《殿中省》记载，尚药奉御是唐代中央机构殿中省尚药局官员，秩别正五品下，职掌"合和御药及诊候之事"。如皇帝服药时，由尚药奉御先尝，殿中监（殿中省长官，从三品级）、皇太子依次尝毕，然后才奉上。(2) 吕才（606—665）：博州清平（今山东高唐县清平镇吕庄）人，通晓阴阳、方伎、地理、医药、历史，尤长于乐律。曾奉太宗命刊定《阴阳书》颁行天下。反对风水、算命、择日、卜宅等阴阳术数迷信，指斥"禄命"说、"五姓"说和"丧葬吉凶"说"事不稽古，义理乖僻"，既不符合历史，又不合乎道理。他还研究佛教的因明论，认为《易》的"太极生两仪，两仪生四象，四象生八卦，八卦生万物"与印度古代哲学中的"极微"说言异词同，把"极微"和"气"看成是世界的根源。撰有《因明注释立破义图》，对因明三支均有新释。著述很多，流传至今者较少，《叙宅经》《叙禄命》《叙葬书》，收入《旧唐书》卷 79 本传；《因明注解立破图》收入《大藏经》。十一条零散材料，辑入清马国翰《玉函山房辑佚书》。

在玄奘法师译出因明二论后，栖玄见其义趣幽隐，于是抄写一本，见示于吕才，并附书说："此论极难，探究玄妙，比有聪明博识，听之多不能解。今若复能通之，可谓内外俱悉矣。"① 于是，吕才以此学问前所未闻，又耻于被试，遂仔细披阅二论，反复推研，自认为"依极成而探深义，凭比量而求微旨，反复再三，薄识宗趣"。他后来又借到神泰、靖迈、明觉三法师的义疏，更加究习，相互比较，觉得三家所说虽议论丰富，文理会通，但所持观点不同，自相矛盾。由此认为三家既然皆秉承玄奘，说法岂能不同？进而怀疑问题出在玄奘身上。认为他翻译有误，才导致他人发生歧解，正所谓"衅发萧墙，故容外侮窥则"。

吕才确信自己的逻辑无误，在永徽元年（650）六月，也开始对因明学著作进行注释。对于三家所说，他觉得有道理的就加强论证，自立一说；觉得有疑虑之处，则举例三四十余条加以驳斥。他把自己的观点写成《立破注解》，分为上、中、下三卷；并画出义图，共相比较，名之《因明注解立破义图》，即所谓"方丈图"。图前作序文，宣称他无师自通，学无再请，闻一知十，其注解合理无纰缪。并公然挑战说："法师等若能忘狐鬼之微陋，思句味之可尊，择善而从，不简真俗，此则如来之道，不坠于地。弘之者众，何常之有？必以心未忘于人我，义不察于是非，才亦扣其两端，犹拟质之三藏。"② 因明之辨由此开始。

（2）儒、释辩因明

吕才的宣战，在学僧中引起了强烈的反响。译经僧慧立听说后，于当年七月向尚书左仆射于志宁致书，论其利害，其大意为："诸佛之立教也，文言奥远，旨义幽深；流俗之辈窥究宗因，辩其异同，未免太狂妄。玄奘

---

① [唐] 释慧立本、释彦悰笺，孙毓棠、谢方点校：《大慈恩寺三藏法师传》，中华书局，2018年，第168页。
② [唐] 释慧立本、释彦悰笺，孙毓棠、谢方点校：《大慈恩寺三藏法师传》，中华书局，2018年，第169页。

法师通达三藏，深究佛理，实为缁林之龟镜。所译因明二论，虽未为玄门之要旨，亦非造次之所知。吕才以常人之资，窃众师之说，妄为穿凿，好起异端，不过是沽名钓誉，夸竞自媒，不量涯分而已。"

十月，太常博士①柳宣见吕才没有回应慧立和尚，便自告奋勇，作《归敬书》，致译经诸僧。其书认为自古以来释经论义，都不过囿于文字，停留于表面。实则"息言明道，方契证于凝寂。犹执玄以求玄，是玄非玄；理因玄以忘玄，玄或是玄。义虽冥会幽途，事理绝于言象，然摄生归寂，终藉筌蹄"。② 言下之意，是说出家为僧、译经作疏者，未必真能得意忘象，领会玄理。儒士处俗，虽不事佛门，也未必不能得其真谛。故说吕才"入空有之门，驰正见之路；闻持拟于昔贤，洞微侔于往哲。其词辩，其义明，其德真，其行著。……意在弘宣佛教，立破《因明》之疏。若其是也，必须然其所长；如其非也，理合指其所短。"③

当时，又有太史令④李淳风也站出来维护吕才，贬抑诸僧。柳宣引其议论，说玄奘名实称道，吕才学识赅博，但以因明义隐，所说不同，触象各得其形，共器饭有异色。并提出吕才既已执情，道俗企望指定，望征询三藏裁决，传示四众。

---

① 太常博士：官名。唐代中央机构太常寺置太常博士四人，级别从七品上阶。其职掌为"辨五礼之仪式，奉先王之法制；适变随时而损益焉。"按：太常博士可谓朝廷礼仪制度方面的学术权威，属于精选之人才、清望之官职。他们在太常礼院（博士所居指出）讨论礼仪，皆得自专，无须禀告"三卿"（太常寺长官设置太常卿1人、太常少卿2人）。
② [唐] 释慧立本、释彦悰笺，孙毓棠、谢方点校：《大慈恩寺三藏法师传》，中华书局，2018年，第171页。
③ [唐] 释慧立本、释彦悰笺，孙毓棠、谢方点校：《大慈恩寺三藏法师传》，中华书局，2018年，第171-172页。
④ 太史令：此处指官名。唐代中央机构秘书省太史局置太史令两人，级别从五品下阶。其职掌为"观察天文，稽定历数。凡日月星辰之变，风云气色之异，率其属而占候焉。"即负责观察记录天文现象（特别是天象异常）、每年预造历法（颁行于全国）等方面事务。

(3) 濬师论因明

译经僧众收到柳宣《归敬书》后，明濬法师随即作《还述颂》予以反驳。他同样回了一颂，言其得失。在《还述》中除了颂扬玄奘三藏、抬举吕才之外，还针锋相对地辩驳儒士们的论点，尤其举例指正吕才的错误。说吕才虽敬慕大乘，夙敦诚信，但因朋友一句戏言，就异想天开要研究因明，不拜师求教而穿凿附会，推论诸疏，指斥求非，甚至弄到朝廷，发动议论，引朋相援。他的愿望自然无可厚非，但他的说法确实让人感到困惑。

明濬法师的《还述》，首先借用柳宣书中"玄非玄"的套法，也以"是非是"的套法回敬说：吕才之论共一卷五张纸，"举非四十，自无一是。自既无是，而能言是；疏本无非，而能言非。言非不非，言是不是。言是不是，是而恒非；言非不非，非而恒是。非非恒是，不为是所是；是是恒非，不为非所非。"① 然后举例指正吕才的具体错误。

如在"生因"（生起之因，如同种子，能生物）与"了因"（了悟之因，如同灯光照物，使人明了一切）的相互关系和区别上，吕才"据生因了因，执一体而亡二义；能了所了，封一名而惑二体。"即把两种不同概念当作一体，不能区分能了与所了，使用同一名称来表述却不知它们实际上是两种不同的思维方法。

再如在"宗依"（指命题中的主辞与宾辞）与"宗体"（指整个命题）的相互关系上②，吕才"留依去体以为宗"，即不知道何为宗体，排除宗体，

---

① [唐] 释慧立本、释彦悰笺，孙毓棠、谢方点校：《大慈恩寺三藏法师传》，中华书局，2018年，第175页。
② "宗"：即"论题"，佛教因明学术语。由主辞（"自性"或"有法""有别"）和宾辞（"差别"或"法""能别"）两部分组成。主辞与宾辞各叫"宗依"，二者合成一个命题便叫"宗体"。在因明论式中，凡所立之"宗"（论题、命题），必须"立敌极成"，即真实无误，为立（立论者）敌（问难者）即辩论双方所共许（共同认可）而无异议者。"宗体"则必须"违他顺自"，即为立论者所主张，而为论敌所反对。"宗"又分为真宗（即正确的论题）与似宗（即错误的论题）二种。

而只把宗依当作命题。还有，在"喻体"与"喻依"的相互关系上，吕才"去体留依而为喻"，即不知道"喻"是由喻体（指包含一般原理的直言判断或假言判断）和喻依（指例证）共同组成的，错误地认为去掉喻体、只有喻依就可以了。①

明濬法师指出，吕才没有搞清楚这两层基本概念及其涵义，就乱起猜疑，导致迷惑重生。"迷一极成，谬生七难"。即对"极成"② 没弄明白，把"极成能别，差别性故"一句译文，竟改作"差别为性"，进而自生问题，反来辩难别人。又指出，吕才宣称钻穷因明二论，实则自以为是，错误百出，"滞文句于上下，误字音于平去"，甚至连上下文句都没有搞通，字音都弄错了。如把"数论"误作"声论"，将"生城"误作"灭城"。所以吕才的错误，岂止在对于因明格式的离合关系的误解上，就连语言文字的前后倒顺的常识都违背了。吕才又以汉语的民间俚语俗言与讹传的所谓"韶音"来比拟梵语的"转音"，虽广引七种，而只当梵语的一转，但还不包括梵文的七转声，仅涉及第八呼声而已。其舛差乖讹，不知从何而至！

明濬法师又指出，吕才将印度胜论派主张的"极微"说与古代中国《易传》中的太极说牵强附会地拉到一起，竟说彼此言异义同。他指正说：胜论主张有常极微，其数无穷，其体极小。常极微后来逐渐和合，生诸子极微。子微的数量成倍地减少于常微，而其体则又成倍地增大于所生常微。和合增减到最后，极微之体扩张成大千世界，极微之数则唯余一个。

就吕才引据《易经·系辞》所说的"太极生两仪，两仪生四象，四象

---

① "喻"：佛教因明学术语。印度佛教"古因明"论式的"喻"仅是例证；6世纪时期的"新因明"论式才明确区分出喻体与喻依。所谓"喻依"，即例证；"喻体"，即包含一般原理的直言判断或假言判断。

② "极成"：佛教因明学术语，义为"至极成就"。唐玄奘弟子窥基撰《因明入正理论疏》卷一曰："至极成就，故名极成。"玄奘翻译的古印度因明学著作《因明入正理论》曰："此中宗者，谓极有成法，极成能别，差别性故。随自乐为所成立性，是名为宗。"参看注释"宗"条。

生八卦，八卦生万物"的话，认为彼此言异义同，明濬法师质问说："太极无形，肇生有象，元资一气，终成万物。岂得以多生一而例一生多？"就是说，太极说是由无形生有形，由一气生万物，怎么能把它看作数量关系的以一生多而与极微说的以多生一相比附呢？进而批判：吕才"引类欲显博闻，义乖复何所证？设引大例生义似同若释，同于邪见深累如何自免！岂得苟要时誉，混正同邪，非身之仇，奚至于此？"并指其要害说："根既不正，枝叶自倾，遂误生疑，随疑设难，曲形直影，其可得乎？"

明濬法师的《还述颂》还对李淳风的讥讽做了回击，说李淳风虽然"专精九数，综涉六爻"，但就吕才余论复致间言，"良恐言似而意违，词近而旨远"。[①] 对柳宣博士以其态度诚恳，出语恭敬，予以赞扬。柳宣收到明常法师的书后，又用言语激将吕才，并将其事本末奏于朝廷，请朝廷下敕遣学士们往慈恩寺，由玄奘法师与吕才当面对定。

（4）奘师解因明

玄奘与吕才在慈恩寺当面辩论，往复数次。玄奘指出吕才的错误不仅在立论方面，而且主要还在于据以立论的文字上。其对因明二论的译文产生了误解，导致概念混乱，尤其不懂梵文及梵汉翻译之法，擅自改动译文，致使错上加错。

对于"生因"（生起因）与"了因"（了悟之因）二义，吕才辩难说："谓立论言，既为'了因'，如何复说'生因'也？论文既云'由宗等多言，开示诸有问者未了义，故说名能立'。果既'了'为名，'因'亦不宜别称。不尔，岂同一'因'之上，乃有半'生'、半是'了因'？故立论言，但名'了因'，非'生因'。"

玄奘法师解释说："此虽实义，义实未通，非直不耻于前贤，而是无惭于后哲。立言虽一，所望果殊，了宗既得为生智，岂非所以？此乃对所生

[①] 以上几段均引自《大慈恩寺三藏法师传》，中华书局，2018年，第176页。

'了'，合作二因，难令生了半分？吕失实为孟浪。如灯显瓶，既得称'了'能起瓶智，岂不名'生'。"①

吕才改动译文处，如《因明入正理论》解释"宗支"的原译文为"极成能别差别为性"，意即立论者和论敌一致认识的宾词区别了而成。吕才则擅自改作"差别为性"。玄奘指出这样改动译文不但违反因明格式，而且还违反了语言规律，不论梵语还是汉语，都是讲不通的，有违语言常识。对此，玄奘弟子窥基后来也批评说："或有于此，不悟所由，遂改论云'差别为性'。非直违因明之轨辙，亦乃暗唐梵之方言。辄改论文，深为可责！"

吕才的错误，首先是在语言文字上，其次是对因明的基本概念认识不清。玄奘法师耐心地给他讲梵、汉语文的不同特点，讲述对译的基本方法，并详细地介绍了因明的基本格式和主要概念的含义，以及因明的性质和理论特点，然后诚恳地指出他的错误所在，凡数千言。吕才词屈，无言以对，礼谢而退。

法相唯识宗的理论涉及许多认识论和心理学的问题，他们的理论也广泛为佛教各派接受，而且对中国近代哲学有深远的影响，但它是一种典型的烦琐哲学，兴盛三四十年，三传以后逐渐衰落。

四、理贯八宗

佛教是起源于古印度的宗教，西汉张骞凿通西域之后，佛教沿着"丝绸之路"，由西而东，由边疆而内地逐渐传入中原。三国魏晋时期，不得不依托道家的黄老玄学立足。由于对佛教经义发挥的侧重不同，中国佛教形

---

① 日僧善珠撰：《因明论疏明灯钞》，见［日］高楠顺次郎等：《大正新修大藏经》第68册，新文丰出版公司，1973年，第258页。

成了"六家七宗"①，而且各宗派在佛教理论上的分歧越来越大，争议也越来越激烈。直到东晋时期，才逐渐摆脱了引进过程中"六家七宗"关于佛学教义的争议。之后，中国的佛教徒就不断地对佛教理论进行修正，使其和中国本土文化相结合。鸠摩罗什的弟子竺道生（？—434）提出了"顿悟成佛"与"众生皆能成佛"的学说，将印度的"佛性平等观"与中国"圣贤平等观"结合起来，从此中国佛教走上了独立发展道路。

佛教在中国的南北朝时期得以弘扬，并出现了佛教中国化的趋势。这一趋势不断发展，逐渐走向哲理化，至唐代达到鼎盛。隋唐时形成佛教教派，其和中国传统文化相结合，具有独特的宗教理论体系、宗教戒规、寺院经济和势力范围，以及世代相袭的法嗣系统。其中最主要的共有八大宗派，一是三论宗，二是瑜伽宗又名法相宗（唯识宗），三是法华宗，四是贤首宗又名华严宗，五是禅宗，六是净土宗，七是律宗，八是密宗又名真言

---

① "六家七宗"：中国佛教般若学各派的总称。东晋时，佛学日趋繁荣，佛家依傍玄学各派观点，阐发《般若经》否定客观世界存在的所谓"空"的含义，因而产生多种派别。晋宋间昙济作《六家七宗论》，即观点有六家，派别分七宗。七宗指以道安为代表的"本无宗"，主张一切诸法，本性空寂；以竺法深为代表的"本无异宗"，主张有（指宇宙万有）源于无，由无生有；以支道林为代表的"即色宗"，主张色不自有（没有自性），虽色而空；以于法开为代表的"识含宗"，主张识含于神，神明既觉，则惑识斯尽，三界都空；以道壹为代表的"幻化宗"，主张世界万法如幻化；以支敏度为代表的"心无宗"，主张无心于万物（即使心体虚空，不为外物所累），万物未尝无；以于道邃为代表的"缘会宗"，主张诸法由因缘会合而有，缘散即无。其中，"本无异宗"系"本无宗"的分支，故名六家。六家中"本无""即色"和"心无"三家影响较大。杨维中先生在《"六家七宗"新论》中通过文献解读与学理分析，认为魏晋南北朝时期的"六家七宗"中只有被僧肇批评的"本无宗""即色宗""心无宗"三宗才属于受玄学影响的早期般若学派，而"识含宗""幻化宗""缘会宗"三宗则属于受小乘佛教思想影响的思想流派。杨先生观点见《陕西师范大学学报》（哲学社科版），2002年第1期，第24-29页。

宗。① 玄奘法师所信仰的唯识宗在《十地经论》②的阐释上，也分裂为相州北道派与相州南道派两派。

在这些宗派中，除禅宗、天台宗外，大都创立于古都长安。各宗都有自己的祖庭,③ 各宗的著述和流传的法门，大都各具有本宗的特质；及至今日，宗派划然，各宗有各宗的内容，各派有各派的藩篱。所以，要想了解中国佛教的历史概要，就必先了解各宗派传承的源流、盛衰背景，进而探索其教义宗旨。

1. 三论宗

三论宗源于古印度的中观派④，因据印度龙树的《中论》《十二门论》

---

① 八大宗派各有特点，可用一偈浅而概之，即"密富禅贫方便净，唯识耐烦嘉祥空；传统华严修身律，义理组织天台宗。"
②《十地经论》：佛教经典。古印度世亲（大乘佛教瑜伽行派创始人之一）著，北魏时菩提流支（来华的北天竺高僧）译，十二卷。《十地经论》是对《华严经·十地品》的论释，对菩萨修行的十个阶位、八识、三身、三聚净戒、因分果分、总别同异等六相的论释，是南北朝时期地论学派所依据的主要典籍。
③ 祖庭：特指开创各大宗派的祖师即初祖所居住、弘法布道的寺院，这些祖庭大寺既是唐代各宗派的根据地，也是当时国家资助的学术中心之一；既是中国汉传佛教与印度佛教的重大区别，也是佛教传入中国以后完成中国化的重要标志之一。
④ 中观派：亦称"大乘空宗"，与瑜伽行派（有宗）并称为印度大乘佛教的两大派别。在约公元3世纪、由龙树、提婆所创，后为佛护、清辨所发展。主要论籍有《中论》《十二门论》《大智度论》《百论》《般若灯论释》《大乘掌珍论》等。中观派的哲学理论就是空，即所谓"众因缘生法，我说即是空（无），亦为是假名，亦是中道义"（《中论·观四谛品》卷24）。其次，中观派在阐述空的同时又提出了二谛说，认为世俗的认识属于"俗谛"，只有按照佛理去直觉"现观"，才能证得的诸法实相，属于"真谛"。从"俗谛"说，因缘所生法，一切皆有；从"真谛"看，这一切皆无自性，都"毕竟空"。但"世俗有"即是"毕竟空"，后者即存在于前者中。"若不依俗谛，不得第一义；不得第一义，则不得涅槃。"这种在理论上把性空和方便统一起来，在认识上和方法上把名言同实相、俗谛同真谛统一起来，在宗教实践上，把世间和出世间、烦恼和涅槃统一起来，即所谓"假有性空"，不着有、无二边的观点，即名"中观"。此派学说由鸠摩罗什开始被系统介绍进入中国，影响很大。

和提婆《百论》为主要经典立宗而得名，其核心思想也由这三部著作而来；又因着重阐扬"一切皆空""诸法性空"理论，亦称空宗或法性宗①。后秦弘始三年（401），鸠摩罗什法师（344—413）来到长安，与众弟子在草堂寺翻译"三论"。吉藏（549—623）应隋炀帝之邀，在长安日严寺注疏"三论"，集鸠摩罗什、僧肇、僧朗、僧诠、法朗等人的三论学说之大成，形成三论宗的理论体系，正式创立了三论宗。隋开皇年间，吉藏曾在绍兴嘉祥寺著疏弘传"三论"，有"嘉祥大师"之号，故三论宗又称嘉祥宗。

"三论"学说于初唐盛极一时，后逐渐衰落。会昌禁佛中，"三论"章疏被毁殆尽，几乎绝传。直至清末，杨文会（字仁山）居士由日本寻回已失传的隋唐古经注疏，"三论"学说才得以保存。

对于"缘起"②的解说，是佛教各种经论和各个宗派全部世界观和宗教实践的基础理论，成就菩提觉悟，达到佛的境界，亦依赖于对"缘起"的认识。

中观学派的"缘起性空"，是说世间一切诸法，都不是独立的存在，而是由众多因缘和合产生的。也就是说，一切事物都是由众多的因素和条件组合而成的，如果脱离了其他的因素和必要条件，那世界上的任何事物都不能产生和存在。宇宙间的万事万物无不由因缘和合生起而有，所以名为"缘起"。凡是众缘和合生起的事物，必然是无自性的；自性就是事物自体本性，缘起的事物没有自己的实体本性，所以名为"性空"。

三论宗是中国佛教八大宗派中形成最早的一个宗派。正是由于三论宗

---

①法性宗：简称"性宗"。在佛教流派上，一般把主张真如（"法性"或"佛性"）为世界本源者，称为法性宗；把分析法相（"真如""实相"）论证"万法唯识""唯识真性"者，称为法相宗。一般以印度大乘中观学派以及中国的三论宗为法性宗。
②缘起：谓一切事物均处于因果联系之中，依一定的条件生起变化，以此来解释世界、社会、人生以及各种精神现象产生的根源。而最早系统出现的"缘起"说，乃是"业感缘起"，即十二因缘，主要用以解释社会不平等和人生痛苦的原因。所谓"十二因缘"（"十二缘生"），为佛教"三世轮回"的基本理论，包括无明、行、识、名色、六处、触、受、爱、取、有、生、老死，也称"十二有支"。

的形成，促使了后来各家立宗兴派，以发扬自己的学术思想，从而形成了中国佛教宗派的兴起，将中国佛教推向了一个新的发展阶段。在三论思想传来之前，中国佛教对大乘和小乘思想，没有严格的界限区分，一直是自说自大、贬低他人为小。自从鸠摩罗什的三论思想在关内传扬以后，人们才真正认识到了佛教大乘般若思想体系，弃小乘教义而归大乘思想体系。所以，自从三论宗判释了大乘与小乘的分界线以后，小乘思想在中国佛教中逐渐失去了地位，最后逐渐完全灭绝，从而形成了中国大乘佛教的新局面。

草堂寺中鸠摩罗什舍利塔

　　三论宗形成之时，正是南北朝"玄学"盛行时期，佛教的"般若"思想对当时的传统文化"玄学"思想产生了很大的影响。玄学之流认为"虚无"即是佛教般若思想的"空"，二者是平等一致的。东晋著名佛教学者道安（314—385）等也用玄学"虚无"来解释般若"空"的思想，史称为"格义佛教"①。而三论宗的形成，不仅纠正了当时人们对佛教的错误认识，同时也推动了玄学的更大发展。由此可见，三论宗般若思想的发展，大力推动了中国传统文化与佛教文化的共同发展。

　　三论宗由吉藏弟子高丽僧人慧灌于唐武德八年（625）东传日本，慧灌

---

① 格义：哲学概念，指一种类比理解的方法。"格"有比较、度量的意思；"义"的含义是名称、项目或概念。顾名思义，就是用比较和类比的方法来解释和理解跨文化背景的概念。狭义上的格义，特指中国古代的佛学格义。

因此被尊为日本三论宗初祖。终南山草堂寺被奉为三论宗祖庭。①

2. 法相宗

法相唯识宗源自古印度的瑜伽行派。该派信仰弥勒菩萨，其创始人无著、世亲两位大师（约公元四五世纪北印度人）。玄奘法师从印度取经归来后，集南、北地论师和摄论师学说为一体，博采众长，译出《成唯识论》，因主张"外境非有""万法唯识""心外无法"，并且主张由分析法相（一切事物的相对真实）入手而表达"唯识真性"，故名为法相宗或唯识宗。又因创始人玄奘及其弟子窥基常住长安大慈恩寺，而窥基大师有"慈恩大师"之称，也被称作慈恩宗；由于《瑜伽师地论》为该宗的根本经典，故又称之"瑜伽宗"。

法相唯识宗主要典籍有"一本十支"，即以《瑜伽师地论》为本，以《百法明门论》《五蕴论》等10部论著为支，《成唯识论》为代表作。在唐初经由玄奘法师的弘扬，成为当时最为显赫的宗门。

法相唯识宗深入分析诸法性相，即分析世界上各种物质现象和精神现象（法），认为一切现象都是如《华严经》所讲的"三界唯心，万法唯识，唯心所现，唯识所变。"即一切现象皆是佛法显化，一切现象皆是由"识"所变现出来的，以期转识成智，成就解脱、菩提二果。就其前一特点来说，叫法相宗；从后一种特点来说，叫唯识宗。② 关于该宗的主要观点，前文已

---

① 三论宗作为中国最早成立的宗派之一，其祖庭数说法不一，大多数认为只有终南山草堂寺一处，也有二处之说，即草堂寺、嘉祥寺或草堂寺、栖霞寺。东南大学董群先生认为有三处："一个是三论宗所依经典译出地的长安终南山草堂寺，第二是金陵摄山的栖霞寺，第三是实际创立人吉藏曾居的会稽嘉祥寺，在这三地，构成三论宗发展的三个阶段，关河三论、摄山三论和嘉祥三论。"（见董群《三论宗的三大祖庭与三论宗思想的三个发展阶段》，《法音》2017年第2期，第30-36页。）不论哪一说，草堂寺都是三论宗公认的祖庭。
② 张岂之主编：《中国思想史》，西北大学出版社，1993年，第254页。

有叙述，在此不再赘言。

该宗由玄奘法师译传而成立，是印度无著、世亲学说的直接继承者。由于法相唯识学过于烦琐，一般人不易理解，唐之后渐衰。唐永徽四年（653）至开元四年（716），由日僧道昭传到日本，流传不绝。唐长安大慈恩寺是玄奘法师翻译佛经的译场，兴教寺是玄奘灵骨所在地，故大慈恩寺、兴教寺均为法相唯识宗祖庭。日本佛教法相宗亦以此二寺为祖庭。

3. 天台宗

天台宗亦称法华宗，因其教义主要依据《妙法莲华经》（以《法华经》为佛的最高最后说法）因而得名。同时，又因其创立者智𫖮大师（538—597）在天台山（今浙江天台县城北）隐居十年，创悟此宗，故被称为"天台宗"。它是以鸠摩罗什译出的《法华经》《大智度论》《中论》等为依据，吸收了印度传来的和在中国发展的各派思想，重新加以系统组织而形成的佛教学说体系。其宗义以"五时""八教"为总纲，以"一心三观""三谛圆融"为中心思想。

所谓"五时"，是把释迦如来所说的经教，划分为五个不同的时期：一华严时（说《华严经》，共经27日）、二阿含时（在讲经地鹿野苑说《阿含经》）、三方等时（说大乘佛法，"方等"是大乘经的统称）、四般若时（说《般若经》）、五法华涅槃时（说《法华经》和《大涅槃经》，天台宗主要以《法华经》为经典依据，故借此论证天台宗之优越），称五时教。"五时"的名称都是佛经的名称，主张佛陀所说的经教不出这五个时期的范畴。

所谓"八教"，是天台宗的判教学说，根据释迦牟尼传教的不同形式、教化众生的教法内容划分为"化仪四教"（顿教、渐教、秘密教、不定教）和"化法四教"：藏（指小乘教）、通（指诸部《般若》）、别（指大乘经）、圆（指《法华经》）。

所谓"三观"，是禅观修行的观法，即空观、假观、中道观；此三观可以在一心中获得，交融不分，是谓"一心三观"。"三谛"即真谛、俗谛、中道谛；此三谛"虽三而一，虽一而三，不相妨碍"，说三说一是圆融无碍的，故称"圆融三谛"。"一心三观""三谛圆融"是圆教的教义，说明诸法无碍，事理圆融。若能这样观察分析世界，即是把握了佛教的绝对"真理"——"诸法实相"。

天台宗以自宗为"圆"教（教义圆满、圆融），别的宗属前三教，即总结了以前各派的思想，将佛教教义加以精密的调整，发展了大乘圆教理论，展示了中国独创的大乘思想。

日本佛教天台宗及日莲宗均以浙江天台山国清寺为祖庭，另有不少佛教宗派都与中国天台宗有直接或间接的渊源。

4. 华严宗

华严宗因奉《华严经》为最高经典而得名。又因宣扬法界缘起论，故亦称法界宗。该宗对《华严经》有深入的研究和精辟的阐发，是在前人三论、天台、慈恩、地论师、摄论师等学说的基础上形成的一个思想体系。其实际创始人法藏（643—712）曾被武则天赐号"贤首大师"，所以也称"贤首宗"。

华严宗由隋至唐初僧人法顺（杜顺）、智正、智俨奠定理论基础，法藏集大成创立。法藏一生主要从事经典翻译和华严教义的研究，先后讲解《华严经》三十多遍，代表作有《华严经探玄论》等。他所创立的华严宗，经武则天极力倡导，一度声势很大。法藏为武则天家庙和尚，曾受中宗、睿宗菩萨戒，其三传弟子澄观为德宗门师，宪宗加号"大统清凉国师"，令其主持全国佛教法事。穆宗、敬宗、文宗等相继为其加封，华严宗一时达到极盛。会昌禁佛中，华严宗受到沉重打击，几乎绝传。北宋元祐（1086—1093）初年，华严宗得以复传。元、明、清各代有不少僧人及学者研习及阐扬华严宗。民国以后日趋衰落。

华严宗的教义主要有五教十宗的判教说①和法界缘起的理论。五教十宗的判教说把佛教的各种经典和各家学说分作深浅不同的五种教义,即小乘教("愚法声闻教")、大乘教("权教")、大乘终教("实教")、顿教(说顿悟教理的《维摩经》等)、圆教(即圆满无缺,圆融无碍的理论《华严经》和《法华经》),各家学说又分为十宗。法界缘起说为论证世界万物"浑然一体""圆融无碍",提出"四法界""六相圆融""十玄缘起"等法门,宣扬"一真法界"或"一心法界"(也称真如佛性、如来藏自性清净心)是世界的本质和本原,世界一切现象均由"清净心""随缘"而起。他们认为《华严经》的教义是最圆满的"圆教",《华严经》里说莲华藏世界中有无数无量的香水海,每一滴中又有无数无量的世界种,每一世界种中又有无数无量的世界,以此说明佛的世界是一切差别的事物无尽缘起、周遍包容的大法界。华严宗主要教理为认为世界分为事和理两大类,两类既相异相斥,又相即相融,但它们无不像"月映万川"那样统摄于"一心",体现着"一心"。

根据以上这种观点,华严宗提出了四法界②、六相义③、十玄门(十玄

---

① 判教说:佛教各个宗派为了调和内部的不同说法,树立本派的正统和权威,对先后所出经典从形式到内容给予重新安排和估价,分别深浅、大小、权实、偏圆等,用以确定本宗为佛的最完满说教。此种方法,在印度佛教典籍中就已经开始运用。在中国,大、小乘佛典同时流行,判教(就是以佛四十九年所说的法即经、律,来判释自己的宗派属佛所说的至上的圆教经典,以此来判别或判定佛教各类经典的意义和地位)在宗派理论上占有重要地位。唐代佛教各宗均有自己的判教说法,如法相宗分"三时教"(初时"有教",指小乘;第二时"空教",指大乘空宗;第三时"中道教",指唯识宗),华严宗分"五教十宗",天台宗分"五时八教",等等。
② 四法界:华严宗把法界分为四种,即为事法界、理法界、理事无碍法界、事事无碍法界。这四种法界,代表了对世界的不同层次的认识,第一种是凡夫的认识,后三种属于佛智。华严宗认为,只有事事无碍法界,才是佛智的最高境界。
③ 六相:总相和别相、同相和异相、成相和坏相。这六相既同时表现在一切事物中,也同时表现在一个事物中。无论在一切事物中或在一个事物中,都是相反相成、同时具足、互融互涉、彼此无碍的。华严宗用这三对范畴从六个方面说明,一切现象虽然各有自性,但又都可以融合无间,故称"六相圆融"。

缘起)① 等学说。

具体阐明一切差别的事物之间都是交互包容、全息统一、完全没有差别的，真心与妄念、本质与现象以及现象之间无不是相即（不同性质的现象之间可以互相转化为同一体的关系）相入（现象作用不同，可以使事物互相渗透、互相包容的关系），"圆融自在"的关系，形成一张无穷无尽的互为条件、互相包容且永无矛盾、圆融方无间的和谐之网。华严宗这种重重无尽、法界圆融的思想，虽说导源于《华严经》，而实际为中国所独创，它的法界缘起、一切无碍（理事无碍、事事无碍、无尽圆融）的学说，大大发展了印度传来的大乘思想。同时，华严宗的理论含有丰富的辩证法思想，对后代程朱理学有直接影响。

唐咸亨二年（671），新罗僧人义湘将华严宗传入朝鲜，义湘因此被尊为东海华严初祖。开元二十八年（740），法藏弟子、新罗审祥住日本大安寺，宣讲《华严经》，传法于日僧良辩，开创了日本华严宗。因初祖杜顺禅师、三祖法藏大师以及四祖澄观法师（清凉国师）均葬于少陵塬畔的华严寺，故华严寺被奉为华严宗的祖庭。

5. 禅宗

禅宗主要是以鸠摩罗什所译《金刚经》为依据，传说创始人为菩提达摩（？—528，来华的南天竺僧人）。"禅"的音译"禅那"，意译"静虑"，是静中思虑的意思。它取自《礼记·大学》："知止而后有定，定而后能静，

---

① 十玄门：据智俨所撰《华严乘十玄门》及承初祖杜顺和尚说，华严宗的十玄名目次弟为：一同时具足相应门、二因陀罗网境界门、三秘密隐显俱成门、四微细相容安立门、五十世隔法异成门、六诸藏纯杂具德门、七一多相容不同门、八诸法相即自在门、九唯心回转善成门、十托事显法生解门。十玄门的总意就是具体发挥《华严经》中提到的教与义、理与事、解与行、因与果、体与用、逆与顺、分与位、主与伴人与法、依与正十对与"佛智"有关的复杂关系，用以论证佛法乃是一个整体。

静而后能安，安而后能虑，虑而后能得。"① 中国佛教习惯把禅和定并称为"禅定"，含义比较广泛。禅宗以"禅"命宗，进一步扩大了禅定的观念，重在"修心""见性"，不再限于静坐凝心、专注观境的形式。

而所谓"参禅"，是将心专注在一法境上一心参究，何为本来面目，于念念之间用功，以期证悟本自心性。禅的种类很多，有声闻禅、有菩萨禅、有次第禅、有顿超禅。在禅学方面，中国的禅宗可谓"教外别传"，异军突起。

禅宗所传习的不是古来传习的次第禅，而是直指心性的顿修顿悟的祖师禅。其禅法是在6世纪初由印度来华的菩提达摩所传。过去说：禅宗单传心印，不立文字，称为"教外别传"。但中国禅宗初祖达摩以四卷《楞伽经》传于二祖慧可，作为印心的准绳；弘忍、惠能又教人诵持《金刚般若波罗蜜经》。这样，《楞伽》《般若》便成为禅宗的经典依据。后来，更有《六祖坛经》和许多"语录"的出现，不能说禅宗没有经典依据。

禅宗在中国很兴盛，至五祖弘忍（602—675）而分成北宗神秀（约606—706）、南宗慧能（638—713，亦作惠能）。北宗神秀一派主张"渐悟"（即"渐了"，需要经过长期修习才能达到佛教的觉悟），盛极一时，但不久便衰落。南宗慧能主张"顿悟"（即"顿了"，无须长期修习，一旦把握佛教"真理"，即可突然觉悟），后世尊为六祖，弘传甚盛。从唐到宋，南宗的禅师辈出，又分为五家七派，可想见其兴旺的景象。

禅宗和净土宗一样，一直是中国流传最广的宗派。南宗六祖慧能的弟子中，有南岳怀让（677—744）和青原行思（？—740）两大支系，由这两大支系又分成五宗七派。从南岳系先分出一派沩仰宗，次又分临济宗。青原行思一系分出三派：曹洞宗、云门宗、法眼宗；由两系分为五宗。到宋代，又从临济宗分出黄龙、杨岐两派，合前五宗名为七派，都曾兴盛一时。

---

①[宋] 朱熹：《四书章句集注·大学章句》，见《新编诸子集成》（第一辑），中华书局，1983年，第3页。

但经过一段时期，有的宗派就衰绝不传了。后来的禅宗只有临济、曹洞两派流传不绝，临济宗更是兴旺。近代所有的禅宗子孙，都是临济、曹洞两家后代。

因禅宗初祖菩提达摩在河南嵩山少林寺创立禅宗，所以少林寺被中国禅宗各派奉为共同祖庭。

6. 净土宗

净土宗，唐代僧人善导（613—681）创立，因提倡观佛、念佛以求生为宗旨，死后往生阿弥陀佛所居西方"净土"（极乐世界），故名。尊东晋慧远法师（334—416）为初祖，实际创始人善导大师为二祖。又因其初祖慧远于东晋元兴元年（402）曾在庐山东林寺与僧俗结成"莲社"（或作"白莲社"），发愿往生西方净土（即"极乐世界"），又称莲宗、莲社。

净土思想渊源于印度，东汉时期其经典开始传入中国。相传古印度龙树菩萨（约3世纪）把佛陀所说"法门"分为难行道、易行道二道。别的宗派依戒定慧修六度万行，需经三大阿僧祇[①]劫，难以达到解脱，称为"难行道"；而修习净土法门，一生至诚念佛，都摄六根，净念相继，临命终时，仗承阿弥陀佛摄取不舍的愿力，往生安养净土，并永不退转，直至成就佛果，故称为"易行道"（指净土宗教说）。经慧远、昙鸾、道绰注经弘传，奠定了基础。唐代善导先往山西玄中寺师从道绰，后到长安光明寺、大慈恩寺弘扬净土教义，著有《观经四帖疏》，正式创立净土宗。主要经典为"三经一论"，即《无量寿经》《观无量寿经》《阿弥陀经》和《往生论》。

净土宗认为现实世界是"秽土""尘者"，佛所居的世界是"净土""佛国"，其中以阿弥陀佛所居西方净土，"无有众苦，但受诸乐"，人应修

[①] 阿僧祇：梵语译音，意为无数、无量。印度的十大数是以"一阿僧祇"为单位，倍倍相乘，也就是说，一个阿僧祇乘以一个阿僧祇等于一个无量，一个无量乘以一个无量等于一个无边。依此类推。

行成佛，往生净土。因此，净土宗主张劝人念佛、求生西方净土极乐世界。其修习简单易行，三根①普被，能摄受广大群众，有念佛法门②、十六观法门③等，依生前发心、修持不同，往生又有九品往生的分别。正行分为读诵、观察、礼拜、称名、赞叹、供养；念佛方法有持名念佛、观像念佛、实像念佛。在所有佛教宗派中，净土宗的理论最为简单，以修持者念佛行业为内因，以弥陀的愿力为外缘，内外相应，往生极乐净土。强调修习律宗，不必一定广研教乘、通达佛经，也不必一定要静坐专修；凡是行住坐卧，皆可称念"南无阿弥陀佛"，只要信愿具足，制心一处，一心念佛，始终不已，就可概括八万四千法门，临命终时，就可往生西天净土。即便犯下五逆恶罪④，若命终时能够至心称念"阿弥陀佛"名号十声，下品下生亦能往生西方极乐净土。当然，平时也要持戒诵经，广行众善以作助行。因为净土宗法门简便，在唐代流传很广，士大夫阶层不少人信仰，以至于弥勒净土信仰在民间广为流传。五代以后，其他宗派的学者多兼修此法，以

---

① "三根"：佛教名词。所谓"三根"，指众生具有的三种根性：上根、中根、下根（又称利根、中根、钝根）。人人皆有佛性，是有慧根，但因各人的悟性不同，而有上、中、下之分。净土宗的修学法门，号称"三根普被，利钝全收"，就是说任何根性的人，都能够修习该法门，即净土宗能够"普渡众生"。

② "念佛"：思念佛的形相和功德，或念诵佛名号的一种修行方法。一心念佛可以不生情欲，有助于达到解脱或死后往生佛国。其方法有三种：（1）称名念佛，口称佛的名号（"南无阿弥陀佛"），诵念不已。（2）观相念佛，观佛的塑像与画像。（3）观想念佛，静坐入定，专心思念佛的法身妙相及所居净土。净土宗主要倡导前二种，谓由此业因死后可往生极乐净土。

③ "十六观"法门：（1）日想观（日落观），（2）水想观（水冰观），（3）地想观（宝地观），（4）七树观（宝树观），（5）水池观（宝池观），（6）宝阁观（宝楼观），（7）莲花观（华座观），（8）像想观（作像观），（9）弥陀观（真身观），（10）观世音观，（11）大势至观，（12）三圣观（普观），（13）杂想观（普生观），（14）上辈观（悟道观），（15）中辈观（上上观），（16）下辈观（九品观）。此属于观想念佛法门，即观想西方极乐世界、观想佛的境界，就可转识成智，达到佛的境界。

④ 五逆恶罪：佛教所说的五种将会招致堕入无间地狱报应的恶业大罪。即杀父、杀母、害阿罗汉、斗乱众僧、起恶意于如来所。无间地狱即"阿鼻地狱"，佛教八大地狱的第八地狱，深广各二万由旬（一由旬，"印度国俗乃三十里"），堕入其中者，"受苦无间"。

净土为归，因而使净土法门在中国得到特别广泛的流行。

　　净土宗于唐代传入日本，北宋末年到南宋初期，日僧源空（法然）受善导《观无量寿经疏》的启发，创立日本净土宗。长安香积寺为初祖善导舍利塔所在地，因而被尊为净土宗祖庭，日本净土宗亦把香积寺奉为祖庭，王维《过香积寺》诗被编入日本小学课本。

7. 律宗

　　律宗，亦称"南山宗"，全称"南山律宗"，因创立者道宣（596—667）住终南山，创设戒坛，制订佛教受戒仪式，故名；道宣也被历代尊为律宗开祖，其道场南山净业寺也成为律宗祖庭。

　　律宗以鸠摩罗什等人所译《十诵律》为主要经典。中国僧人们在修学大乘的戒定慧"三学"中，仍然重视出家"声闻乘"的戒律。戒律有声闻戒、有菩萨戒。声闻律部中的《四分律》是律宗所依据的基本典籍，就戒条戒相说，有五戒、十戒、具足戒之分。"五戒"是出家、在家佛弟子共持之戒；"十戒"与"具足戒"是出家弟子修持之戒。各部律藏不只是戒相和制戒因缘，更多的部分是僧团法规、各种羯摩法会①办事、出家法、受戒法、安居法、布萨法②、衣食法，以及日常生活小事，都有详细规定。菩萨戒分为在家、出家。出家菩萨戒，如《梵网经》有十重戒、四十八轻戒。在家菩萨戒，如《优婆塞戒经》有六重戒、二十八轻戒。又总摄菩萨戒为"三聚"（三类），称为三聚净戒：一是摄律仪戒，是戒相，要众生"诸恶莫作"；二是摄善法戒，"众善奉行"；三是饶益有情戒，即"利益一切众生"。

---

① 羯摩法会：羯摩，意译为"业"或"办事"。指僧团按照戒律的规定，处理僧侣个人或僧团事务的各种活动。如受戒羯摩、忏悔羯摩等。法会，佛教为说法、供佛、施僧等举行的仪式、集会。
② 布萨法：布萨意译为"净住""长养"等，布萨法指佛教仪式。如：（1）出家僧尼每半月、一月集会一次，专诵戒律，称为"说戒"，能够长养善法。（2）在家的佛教信徒，在每月的六斋日（每月的八、十四、十五、二十三、二十九、三十日）实行"八戒"，也能够增长善法。（3）佛教信徒相别人忏悔所犯罪过，称为"断增长"，意谓能够断恶长善。

菩萨戒律属于大乘佛教戒律（中国主要流传大乘佛教）。四分律虽属小乘戒律，但其文义通于大乘，自古就有"分通大乘"的说法。中国盛行大乘，以大乘教义解释律藏，摄小入大，就是大乘戒的组成部分，出家菩萨三聚净戒中的摄律仪戒就是以声闻戒为基础的，如杀、盗、淫、妄四根本戒，是大小乘共同遵守的。

对于佛教律学的研究，最重要的是善于分辨开、遮、持、犯，就是在出家戒条中，本来是不得触犯的，但在某种情况下可以开许，这叫"开"；在通常情况下又不得违犯的，就叫"遮"。在某种情况下，本人也不知是持戒还是犯戒，这就需要研究律学，律师根据律藏分辨清楚，确定开、遮、持、犯的界限。

在声闻戒中，除四根本戒杀、盗、淫、妄，还有八根本僧残戒（比丘十三戒、比丘尼十七戒），必须严格遵守，不得违犯外，其他绝大部分的戒条，在特殊情况和必要情况下，是可以开许的。例如"非时食"这一条戒，即通常过午就不许吃东西，但在劳作以后就允许。而如何开许要依戒律来判定。可见佛教戒律并不死板，除根本性戒外，都具有灵活性。因为时代的关系，环境的不同，许多戒律的规定，早已废弛不行了。

律宗由道宣三传弟子鉴真东传日本，创立了日本律宗。明末清初，虽有高僧弘传，但律宗实际影响不大。

8. 密宗

密宗因以《大日经》《金刚顶经》等密经为主要依据，自称受法身佛大日如来深奥秘密教旨传授，为"真实"言教，主张修习语密（口诵真言咒语）、身密（手结契印、身体姿势）和意密（心作观想）三密而得名。又称密教、秘密教、瑜伽密教、金刚乘、真言乘等。

一般认为密教是公元7世纪以后印度大乘佛教一部分派别与婆罗门教相结合的产物，以高度组织化的咒术、仪礼、民俗信仰为其特征。在唐开元年间（713—741），由号称"开元三大士"的天竺国僧人善无畏（637—735）、金刚智（669—741）及狮子国（今斯里兰卡）高僧不空（705—

774）到长安大兴善寺及洛阳翻译经典，弘传密教，形成中国佛教的密宗。

密宗因密法奥秘，仪轨①复杂，对设坛、供养、诵咒、灌顶等皆有严格规定，须经阿阇梨秘密传授；不经灌顶和传授不得任意传习及显示别人。

密宗分为两派：一为胎藏界，一为金刚界。其教义主要是将世界万物、佛和终生的本源，看作由地、水、火、风、空、识"六大"所造，前"五大"为"色法"，属胎藏界；"识"为"心法"，属金刚界。主张色、心为二，金、胎为一。密宗以毗卢遮那佛（大日如来佛）为"本尊"②，认为要成就本尊的所有功德智慧，众生就要依法修习三密瑜伽法（三密加持③），这样能使身、口、意"三业"清静，与佛的身、口、意三密相应，即身成佛。密宗最高理论，还是以"性空无相"④的法性⑤理体为基础，所谓阿字本不生（生，指事物的产生和形成），不生就是空义。

---

①仪轨：即礼法规矩，梵语 kalpa sūtra。原指密部本经所说诸佛、菩萨、天部等，于秘密坛场之密印、供养、三昧耶、曼荼罗、念诵等一切仪式轨则，后转为记述仪式轨则之经典的通称。全称秘密瑜伽观行仪轨、念诵仪轨、秘密仪轨、三摩地仪轨；或称修行法、念诵法、供养法、三摩地法、密轨。

②本尊：是指佛教修习者选择自己最敬爱最尊崇的一尊佛、一位菩萨或者一位明王，作为学习佛法成就的对象或榜样。

③三密加持：密教认为六大（即六界：地、水、火、风、空、识界）是大日如来佛的法身，是构成世界万有的本体。而众生为六大所造，在本质上与大日如来佛平等无差，但是因为三业（身、口、意）迷误，才流转生死。如果按照密教教义，手结印契（各种特定手势）、口诵真言密咒、心观想大日如来佛，就会使自己三业清静，而分别与大日如来佛的"三密"相应，即身成佛。

④性空无相：（1）性空（自性空），"性"指"自性"，谓一切有为法（世界一切物质现象和精神现象），皆因缘所生，没有自己固有的性质，故"性空"也表示诸法皆非客观独立的实体。（2）"无相"，"相"指现象的相状和性质，也指认识中的表象和概念，即"名相"。"有相"，佛教把凡可见知的事物都称为"有相"，泛指作为认识对象的事相和认识中的映像、名相。"无相"，指摆脱世俗的有相认识所得之真如实相。故"无相"即是"法性""涅槃"（涅槃名无相）。

⑤法性："法性"与"实相""真如""涅槃"等概念属同等性质，着重指现象的本质、本体。但佛教各派对"法性"的解释有所不同。大乘学说认为："佛"（指释迦佛，也泛指一切觉行圆满者）认识和体现了"法性"，故构成"法性身"，简称"法身"；而"法身"的客体化、普遍化又成为万有的本源和本质，也称"法性"。

密宗经唐武宗会昌灭佛及五代战乱，渐渐断传。日本高僧弘法大师空海在青龙寺师事不空弟子惠果，经其授以金、胎两部秘法并授以传法大阿阇、黎（导师）位，回国后盛传密宗，创立日本真言宗（东密），流传至今。大兴善寺与青龙寺被奉为密宗祖庭。

为了统合佛教诸宗派，玄奘法师对佛学进行了系统的梳理，将佛学分为佛法、戒律、因明、中观和瑜伽等五科，他所翻译的佛法知识遍及三乘（即声闻、缘觉、菩萨），佛教的诸多宗派皆可以在他的译著中找到理论依据；他翻译了大乘佛教的《瑜伽菩萨戒》和实行规范《受戒羯磨》；他所译的《理门》和《入正理论》，树立了佛家的论议逻辑轨范；他还译出了《广百论释》，以见瑜伽系贯通中观；于瑜伽科，则差不多将《瑜伽》十支全部翻译了出来。

自公元7世纪开始，由于印度教、伊斯兰教的不断冲击，佛教在其发源地印度逐渐衰落，玄奘法师则通过他的翻译保留了印度那烂陀寺鼎盛时期的佛学精华。佛教在印度于公元13世纪初消亡，被商羯罗逐出了印度，在中国却作为"大乘佛法"得以发展和创新，这更凸显出玄奘对于印度佛教哲学的东传和中国哲学的发展的贡献和深远影响。

「一典一脉 一传播」

　　玄奘法师在唐太宗、唐高宗两代帝王的支持下，以大慈恩寺为主要基地，创立了堪称豪华的译经团队。其团队中除了家喻户晓的"奘门高足"窥基、圆测、辩机以外，还有唯识大家神昉、嘉尚、普光，俱舍大家法宝、神泰，律学宗师道宣、怀素，因明巨匠顺憬，华严大家元晓，义学名家玄应等，皆是一时之选。玄奘译经团队翻译经书之多，质量之优，冠绝长安四大译场。在译经过程中，玄奘法师以印度佛教唯识宗祖师世亲的《唯识三十颂》为主线，以印度十大论师的护法一系为宗旨，糅合十家学说诠释编译成了《成唯识论》一书，开创了佛教唯识宗一脉。

　　在后世，《成唯识论》不仅是唯识宗的根本经典，也是大慈恩寺的最重要佛法部派，由寺院的高僧代代相传。无论后世大慈恩寺如何演变，但通晓《成唯识论》成为大慈恩寺一脉的重要标志。唯识宗佛法后来还随着新罗、日本等国的遣唐使漂洋过海，在朝鲜半岛和日本生根开花，繁衍盛传。

一、译经大德

　　在中国隋唐时代，凡从事译经事业者，特称"大德"。贞观十九年（645）玄奘大师从洛阳回到长安，开始了辛苦的佛经翻译工作。除了奘门弟子外，朝廷还通过各种方式从长安其他寺院召集了一批熟悉佛法的高僧大德参与译经，奉敕选拔高僧的任务由房玄龄负责。据《大慈恩寺三藏法师传》卷六记载：参与译经的证义大德 12 人、缀文大德 9 人、字学大德 1 人、证梵语梵文大德 1 人等；① 其他如笔受②、书手一应俱全。以上足见当时玄奘所请建立的译场组织已达到相当完备的程度。兹依据《续高僧传》（亦称《唐高僧传》）《宋高僧传》《大慈恩寺三藏法师传》《大慈恩寺志》③ 及《佛光大辞典》④《佛教大词典》⑤ 等，对当时承担证义、缀文、笔受等工作的助译僧给予简述，以便于大家通过他们的贡献更深入地了解中国的佛教文化及法相唯识宗法系的传播。

1. 证义大德

释灵润 唐代长安弘福寺僧人。灵润，俗姓梁，河东虞乡（今山西永济市）人。其家乃当地望族，世代仕宦。他本人性格刚毅，气度恢宏，少年时就涉猎玄理。13 岁时，初听《涅槃经》，即通文旨。长大之后广读各经，德行兼善，为海内名僧所重。唐贞观八年（634），诏住弘福寺。因精通大乘教理，且观修功深，入选为 12 名证义大德之一。贞观十九年

---

① 据道宣《续高僧传》记载，玄奘译场的翻译团队是一个庞大的僧团，且各有分工。他们分工详细，各司其职，保证佛经翻译的质量：主译人在翻译的过程中，旁边有证义，以对照主译人的译文与原文，如有出入，可与译主共同商定；另外还有证文，在译主朗诵梵文时，注意是否与原文存在出入；还有人负责中文的润色，甚至还设"梵呗"专门负责最后对译文一唱三诵，翻来覆去，确保所译佛经朗朗上口。
② 笔受：用笔记述别人口授的话。如宋高承《事物纪原·道释科教·笔受》："太平兴国七年六月，译经院成，译经诏梵学僧笔受缀文。"宋叶适《温州新修学记》："嘉定七年，留公茂潜来守，既修崇之，食增田焉。告诸生曰……诸生侧听，转相语，自学官及其父兄，皆请余笔受。"
③ 陈景富主编：《大慈恩寺志》卷十《人物一》，三秦出版社，2000 年，第 197-209 页。
④ 星云大师监修、慈怡法师主编：《佛光大辞典》，书目文献出版社，1989 年。
⑤ 任继愈主编：《佛教大辞典》，江苏古籍出版社，2002 年。

(645)，唐太宗诏玄奘在弘福寺翻译《大菩萨藏经》（20卷）时，"沙门慧明、灵闰（润）等，以为证义"。① 另外，灵润还撰有《涅槃经》《摄大乘论》等义疏。

释文备 唐代长安弘福寺僧人。姓名、籍贯、生卒年月等不详。时房玄龄奉敕为玄奘译经选取证义、笔受等大德，文备因谙解大小乘论，为时众所推举，入选为12名证义大德之一。

释慧贵 唐代京兆罗汉寺僧人。姓名、籍贯、生卒年月等不详。时房玄龄奉敕为玄奘译经选取证义、笔受等人才，慧贵因精通大小乘论，为时众所推，入选为12名证义大德之一。

释明琰 唐代长安实际寺僧人。姓名、籍贯、生卒年月等不详。时房玄龄奉敕为玄奘译经选取证义、笔受等人才。明琰因精通大小乘论，入选为12名证义大德之一。参与《瑜伽地师论》《因明入正理论》等翻译工作。

释法祥 唐代京兆②宝昌寺僧人。同州（治所在今陕西大荔）人，童稚出家。时房玄龄奉敕为玄奘译经选取证义、笔受等人才。法祥因精通经论，入选为12名证义大德之一。

释普贤 唐代京兆静法寺僧人。姓名、籍贯、出生卒年月等不详。时房玄龄奉敕为玄奘译经选取证义、笔受等人才。普贤因精通经论，入选为12名证义大德之一。

释神昉 唐代法海寺僧人。神昉为入唐新罗僧人之一，他通达三藏，

---

①［唐］释道宣：《续高僧传》卷4《玄奘传》，见《中华大藏经》（汉文部分），第61册 H1182，中华书局，1993年，第545页。
②京兆：地名，古都长安（西安）及其附近地区的古称。秦统一后，在首都咸阳设内史，不属于任何郡县，直属中央政府。汉武帝太初元年（前104），将右内史东部改为京兆尹，西部改为右扶风，左内史改为左冯翊，称"三辅"，共治长安城中。东汉三国魏晋南北朝沿袭，所辖范围相当于陕西西安及其附近所属地区。隋唐两代均都长安，在汉长安城之南另建新城，隋称之大兴城。唐高宗永徽四年（653）改名长安城。在长安城周围的京畿地区，隋唐均设京兆尹（郡、府）或雍州，作为郡级建制以统长安、大兴（唐改为万年）等20余县。

精于大乘，有"大乘昉"之称；与嘉尚、普光、窥基，号称奘门"四上足"①，皆为法相之大家。时房玄龄为玄奘译经选取证义、笔受等人才，神昉以12名证义入选者身份参与玄奘主持的译经工作。（译经成果另见"域外传播"部分的详介）

释道深 唐代廓州（治所在今青海化隆西）法讲寺僧人。姓名、籍贯、出生年月不详。时房玄龄为玄奘译经选取证义、笔受等人才。道深因精通经论，入选为12名证义大德之一。译有《瑜伽师地论》中《本地分中》《五识身相应地意地》《有寻有伺地》《无寻唯伺地》《无寻无伺地》等，凡17卷。

释玄忠 唐代汴州（治所在今河南开封）演觉寺僧人。姓名、籍贯、生卒年月等不详。时房玄龄奉敕为玄奘译经选取证义、笔受等人才，玄忠以其精通大小乘经论为时众所推，入选为12名证义大德之一。译有《瑜伽师地论》中的《菩萨地》《有余依地》《无余依地》等，凡16卷。

释神泰 唐代蒲州（治所在今山西永济市西南蒲州镇）普救寺僧人。姓名、籍贯、生卒年月等不详。时房玄龄为玄奘译经选取证义、笔受等人才，泰因精通大小乘经论，为时众所推，入选为12名证义大德之一。协同译主评量梵文原意，并评判汉译之意与梵文的差异。著作颇丰，有《因明正理门论述记》《因明入正理论疏》《掌珍论疏》《观所缘缘论疏》等。

释敬明 唐代绵州（治所在今四川绵阳东）振乡寺僧人。姓名、籍贯等不详。时房玄龄为玄奘译经选取证义、笔受等人才，因敬明精通经纶，入选为12名证义大德之一。同时在翻译《大乘广百论释论》10卷中担任笔受。

释道因 唐代大慈恩寺僧人。俗姓侯，濮阳（今河南濮阳市西南）人。依灵岩寺出家，初开讲《涅槃》，"宿齿名流咸所叹服"。及升上品，旋学律仪，又随彭城嵩法师习大乘。后隐于泰山四年。不久因避难三蜀，于多宝寺开讲《摄论》《维摩》，听众达千人以上。后赴长安，居大慈恩寺，入选为12名证义大德之一。"与玄奘法师翻译，校定梵本，兼充证义。奘师偏

----

① 奘门"四上足"：亦称奘门四哲，指玄奘门下成就最高的四位上座弟子神昉、嘉尚、普光、窥基。

奖赏之一。每有难文，同加参酌。新翻弗坠，因有力焉"。① 其对《涅槃》《华严》《大品》《维摩》《法华》《楞伽》等经和《十地》《地持》《毗昙》《智度》《摄大乘》《对法》《佛地》等论以及《四分》等律有专攻。圆寂于长安慧日寺，享年72岁。

2. 缀文大德

释栖玄 唐代京兆普光寺僧人。姓名、籍贯、生卒年月等不详。时房玄龄奉敕为玄奘译经选取证义、缀文等人才，栖玄被荐举，入选成为缀文大德九人之一。

释明濬 唐代京兆弘福寺僧人。俗姓孙，齐（今山东）人，善章草，常以《金刚般若》为业。时房玄龄奉敕为玄奘译经选取证义、笔受、缀文等人才，他入选成为缀文大德九人之一。在翻译《瑜伽师地论》100卷及《因明入正理论》（1卷）中也担任笔受。永徽二年（651）卒，享年不详。

释辩机 唐代京兆会昌寺僧人。时房玄龄奉敕为玄奘译经选取证义、缀文等人才，入选成为缀文大德九人之一。他在玄奘译场中担任缀文译出的经典计有《六门陀罗尼经》1卷、《佛地经》1卷、《显扬圣教论颂》1卷、《天请问经》1卷；又参加译出《瑜伽师地论》要典，在100卷经文中由他受旨证文者30卷，足见他才能兼人，深受玄奘器重。同时他还为玄奘整理《大唐西域记》12卷。"奘门贤哲"有详述，此不赘言。

释道宣 唐代终南山丰德寺高僧。俗姓钱，吴兴（今浙江湖州市）人。年11岁出家，20岁依智首受具足戒，并在其门下听受律学。之后于四方广泛求学，自称"居无常师，追千里如咫尺；唯法是务，跨关河如一苇；周游晋魏，披阅累于初闻；顾步江淮，缘构彰于道听"。贞观十九年（645）玄奘求法归来，房玄龄奉敕为其译经选取证义、缀文等人才，道宣入选成为缀文大德九人之一。永徽三年（657），奉诏为西明寺上座，辅佐玄奘译

---

①［宋］赞宁等：《宋高僧传》卷2，见《中华大藏经》（汉文部分）第62册H1183，中华书局，1993年，第13页。

经,在翻译《大菩萨藏经》(20卷)中担任证义。武德七年(624)后,常住终南山白泉寺,陆续撰成《四分律删繁补阙行事钞》《四分律拾毗尼义钞》《四分律删补随机羯磨》《疏》《四分律比丘含注戒本》及《量处轻重仪》《比丘尼钞》。开创律宗南山宗,世称律祖。

道宣一生著述甚丰,其著作还有:《释门章服仪》《释门归敬仪》《关中创立戒坛图经》《律相感通传》《释门正行忏悔仪》《教诫新学比丘行护律仪》《净心诫观法》及《续高僧传》《释迦方志》《集古今佛道论衡》《大唐内典录》《广弘明集》等。乾封二年(667)卒,享年72岁,僧腊52。其弟子多达千人,著名的有大慈、灵尊、文纲等。

释靖迈 一说静迈,唐代简州(今四川简阳西北)福聚寺僧人。精通经论。贞观中房玄龄奉敕为玄奘译经选取证义、缀文等人才,靖迈入选成为缀文大德九人之一。居慈恩寺。在翻译《本事经》(7卷)中与栖云等执笔缀文。著有《古今译经图记》4卷,记述自汉明帝时摩腾尊者始,至唐太宗时玄奘三藏终,各叙其所译之经论。

释行友 唐代蒲州普救寺僧人。姓名、籍贯、生卒年月等不详。贞观中,房玄龄奉敕为玄奘译经选取证义、缀文等人才,入选为缀文大德九人之一。贞观十九年(645),唐太宗诏玄奘在弘福寺翻译《大菩萨藏经》时,"沙门行友、玄赜等,以为缀缉"。又在翻译《显扬圣教论》(20卷)时沙门行友"理文句";同时也参与翻译《瑜伽师地论》中《声闻地》《初瑜伽处种姓地》等,凡9卷。

释道卓 唐代蒲州栖岩寺僧人。姓名、籍贯、生卒年月等不详。参与译经前也曾为瑶台寺①僧人。贞观中,房玄龄奉敕为玄奘译经选取证义、缀文等人才,入选成为缀文大德九人之一。

---

① 瑶台寺:据宋人宋敏求《长安志图》所绘的唐太宗昭陵图,在陵域范围之内,有"瑶台寺""广济寺""澄心寺""百城寺""舍卫寺""升平寺""证圣寺""宝国寺"等。又据《金石萃编》记载:"瑶台寺,则《昭陵图》有之,在昭陵之西、澄心寺之南也。"中唐宰相权德舆有诗《八月十五日夜瑶台寺对月绝句》:"嬴女乘鸾已上天,仁祠空在鼎湖边。凉风遥夜清秋半,一望金波照粉田。"据今考古,瑶台寺在昭陵西南18里处。

释慧立 一作惠立,唐代豳州(治所在今陕西郴州市)昭仁寺僧人。俗姓赵,今甘肃天水人。贞观三年(629)15岁时出家,住昭仁寺。后应诏至京兆大慈恩寺,入选成为缀文大德九人之一。次补西明寺都维那,后授太原寺主。武则天时,以其博学多才,直言不惮威严,频召入内,与黄冠子对论。慧立认为,玄奘法师求经印度,若无记述,其事迹恐难久传,便开始撰写《慈恩三藏行传》,书未成而卒,后由广福寺僧彦惊续而成之。初慧立见尚医奉御吕才著《释因明图注》三卷,对诸师正义有所非议,曾致书责之。在翻译《药师琉璃光如来本愿功德经》1卷中也曾担任过笔受。

释玄则 唐代洛州(治所在今河南洛阳)天宫寺僧人。姓名、籍贯等不详。贞观中,房玄龄奉敕为玄奘译经选取证义、缀文等人才,玄则入选成为缀文大德九人之一。同时在翻译《十一面神咒心经》1卷及《阿毗达磨发智论》20卷中担任笔受。

在入选的99位缀文大德中,辩机、道宣、靖迈、慧立四人名声最著,他们除了参与翻译佛经之外,都另有撰著传世。如辩机编撰有《大唐西域记》,道宣著有《大唐内典录》《续高僧传》,靖迈著有《古今译经图记》,慧立著有《大慈恩寺三藏法师传》,这些著作在当时影响很大,深受人们欢迎。

3. 笔受大德

释玄赜 唐代僧人。生卒年不详。《续高僧传·玄奘传》中记载,贞观十九年(645)随玄奘在弘福寺在翻译《大菩萨藏经》时,与沙门行友等任缀缉;贞观二十年正月十七日至闰二月二九日间,翻译《大乘阿毗达磨杂集论》(16卷)时担任笔受之职。[1] 可见,"玄赜早在唐贞观年间,就已经在义解沙门里出类拔萃,成为翘楚,与像道宣这样的饱学沙门,共同参与玄奘主导的皇家翻经院。"[2] 据《佛光大辞典》"玄赜"条记载:太原祁县

---

[1][唐]道宣:《续高僧传》卷4,见《中华大藏经》(汉文部分)第61册H1182,中华书局,1993年,第545页。
[2]玄赜禅师及其禅学思想,可参考扬州大学佛学研究所所长杨尚全教授《玄赜禅师传及其禅学思想勘补》一文,见《五台山研究》,2014年第2期,第37-39页。

（今山西省祁县）人，俗姓王。咸亨元年（670）至双峰山，入禅宗五祖弘忍门下，承其教诲。后止于安州寿山孝感（今湖北孝感市）得五色舍利。久视元年（700），蒙武后召见。景龙二年（708）奉敕至京师，受中宗之皈依。曾撰有《楞伽人法志》，然今不存。其弟子净觉即以《楞伽人法志》为基础，撰述著名之《楞伽师资记》。① 从以上记述可知，玄赜不仅由义解沙门成为禅师，而且为禅宗五祖弘忍之法嗣，其禅学思想也有重要影响。

释智证 唐代僧人。姓名、籍贯等不详。为玄奘译经班子成员之一。在翻译《大菩萨藏经》（20卷）及《显扬圣教论》（10卷）中担任笔受。

释普光 唐代僧人，号大乘光，玄奘上首弟子，与嘉尚、神昉、窥基，号称奘门"四上足"。勤恪智解，从玄奘译经始末，1300余卷译作大部分为其笔受，参译的重要经典有《说无垢称经》6卷、《解深蜜经》5卷、《最无比经》1卷、《称赞大乘功德经》1卷、《如来示教胜车王经》1卷、《他起圣道经》1卷、《不空罥索神咒心经》1卷、《咒五关经》1卷、《拔济苦难陀罗尼经》1卷、《受持七佛名号所生功德经》1卷、《佛临涅槃记法住经》1卷、《寂照袖亦三摩地经》1卷、《菩萨戒本》1卷、《菩萨戒羯磨文》1卷、《佛地经论》7卷、《大乘阿毗达磨集论》7卷、《唯识二十论》1卷、《唯识三十论》1卷、《大乘五蕴论》1卷、《观所缘缘论》1卷、《大乘成业论》1卷、《大阿罗汉难提蜜多罗所说法住记》1卷。另与大乘钦及嘉尚合作，担任《大般若波罗蜜多经》（600卷）笔受，与人合作担任《大乘大集地藏十论经》（10卷）、《阿毗达磨识身足论》（16卷）、《阿毗达磨品类足论》（18卷）、《阿毗达磨大毗婆沙论》（200卷）的笔受。著有《俱舍论记》《百法明门论疏》等，秉承师说，称为正传。弟子有圆晖。

释大乘晖 唐代僧人。法号、姓名等不详，为玄奘译经班子成员之一，在翻译《大乘掌珍论》（2卷）中担任笔受。

释大乘魏 唐代僧人。法号、姓名不详。为玄奘译经班子成员之一。

---

① 星云大师监修、慈怡法师主编：《佛光大辞典》第3册，书目文献出版社，1989年，第2034-2035页。

在翻译《摄大乘论本》(3卷)、《摄大乘论世亲释》(10卷)中担任笔受；与大乘林合作翻译《摄大乘论无性释》(10卷)，共同担任笔受。

释大乘谋 唐代僧人。法号、姓名等不详，为玄奘译经班子成员之一。在翻译《广百论本》(1卷)中担任笔受。

释大乘林 唐代僧人。法号、姓名等不详，为玄奘译经班子成员之一。在翻译《正法正理论》(1卷)中担任笔受，与大乘魏合作翻译《摄大乘论无性释》(10卷)，共同担任笔受。

释大乘询 即明询，唐代僧人。姓名、籍贯等不详，为玄奘译经班子成员之一。在翻译《分别缘起初胜法门经》(2卷)、《称赞净土佛摄受经》(2卷)及《瑜伽师地论释》(1卷)中担任笔受。

释大乘云 唐代僧人，姓名、籍贯等不详，为玄奘译经班子成员之一。在翻译《显无边佛土功德经》(1卷)、《胜幢臂印陀罗尼经》(1卷)、《诸佛心陀罗尼经》(1卷)、《八名普陀罗尼经》(1卷)中担任笔受。与大乘光（普光）合作翻译《大乘阿毗达磨集论》(7卷)中担任笔受。

释大乘钦 唐代僧人。姓名、籍贯等等不详，为玄奘译经班子成员之一。在翻译《大般若波罗蜜多经》(600卷)中，与大乘光、嘉尚合作担任笔受；在翻译《甚希有经》(1卷)中独立担任笔受。

释嘉尚 唐代大慈恩寺僧人。籍贯不详，玄奘上首弟子，与神昉、普光、窥基，号称奘门"四上足"。据《宋高僧传》卷四"义解篇第二之一"《唐京兆大慈恩寺嘉尚传》记载：其"慧性天资，环奇气质，篇聚坚守，性相克攻，勤在进修，务于翻译。……久稽考《瑜伽师地》《佛地论旨》《成唯识论》，深得义趣。随奘于玉华宫译《大般若经》，充证义缀文，多能杰出"。[①] 曾与大乘光、大乘钦合作，担任《大般若波罗蜜多经》(600卷)的笔受，与大乘光合作担任《阿毗达磨大毗婆沙论》(200卷)的笔受，独自担任《入阿毗达磨论》笔受。玄奘临终前命他"具录所翻经论合75部，总

---

① [宋]赞宁等：《宋高僧传》卷4，见《中华大藏经》（汉文部分）第62册H1183，中华书局，1993年，第31页。

1335卷。又录俱胝画像一千帧，造十俱胝像，写经放生"。① 武则天时期，他也曾与薄尘、灵辩等，充译场证义，成绩显著。

释诠 唐代高僧。姓名、籍贯等不详，为玄奘译经班子成员之一。与人合作翻译《入阿毗达磨论》（2卷）及《五事毗婆沙论》（2卷），共同担任笔受。

释神察 唐代僧人。姓名、籍贯等不详，为玄奘译经班子成员之一，在翻译《持世陀罗尼经》（1卷）中担任笔受。

释惠朗 唐代僧人。姓名、籍贯等不详，为玄奘译经班子成员之一。在翻译《阿毗达磨显宗论》（40卷）中，与嘉尚共同担任笔受。

释元瑜 唐代僧人。姓名、籍贯等不详，为玄奘译经班子成员之一。在翻译《阿毗达磨俱舍论》（30卷）及《阿毗达磨顺正理论》（80卷）中担任笔受。与人合作担任《阿毗达磨俱舍论本颂》（1卷）笔受。

释弘彦 唐代僧人。姓名、籍贯不详，为玄奘译经班子成员之一。与释诠合作翻译《阿毗达磨集异门足论》，共同担任笔受。

释灵携 又作灵隽，唐代僧人。姓名、籍贯等不详，为玄奘译经班子成员之一。在翻译《胜宗十句义论》（1卷）中担任笔受。

释玄志 唐代僧人。姓名、籍贯等不详，为玄奘译经班子成员之一。在翻译《大乘百法明门论》（1卷）中担任笔受。

4. 字学大德

释玄应 唐代京兆大总持寺僧人。姓名、籍贯、生卒年月等不详。博闻强记，深谙音韵文字训诂之学。唐贞观十九年（645），玄奘自西域归来，成立译场，房玄龄奉敕为玄奘译经选取证义、笔受等人才，玄应以字学大德入选，参与译经之业。贞观末年，奉敕撰成《一切经音义》25卷，世称《玄应音义》（收于《中华大藏经》第一辑第三十册），后世研究音义者，

---

① [宋] 赞宁等：《宋高僧传》卷4，见《中华大藏经》（汉文部分）第62册H1183，中华书局，1993年，第31页。

莫不以之范准。此外，其著作尚有《摄大乘论疏》10 卷、《辩中边论疏》《因明入正理论疏》3 卷、《大般若经音义》3 卷等。

5. 证梵语梵文大德

释玄谟　唐代京兆大兴善寺僧人。姓名、籍贯、生卒年月等不详。贞观中，房玄龄为玄奘译经选取证义等各方面人才，玄谟以证梵语梵文大德入选。

6. 参译大德

释义褒　唐初高僧。据《续高僧传》卷十五《唐京师慈恩寺释义褒传十五》记载，义褒俗姓薛，常州晋陵（今江苏常州市）人。出家后，初从苏州永定寺小明法师，禀学《华严》《大品》。后师事缙云山婺州永安寺旷法师，传经述论 30 余年。接着前往东阳金华法幢寺，弘道不倦。大慈恩寺建成后，广求贤哲大德；高宗时奉敕入朝，助玄奘译经。与玄奘法师就译经"盛处权衡，当扬弘演。承思远问，用写繁芜，亦既至止，共许幽致。"待问起大乘经论，义褒更是无所不通。他针砭时弊，"详括文义，统略悟迷，经难论易，悼时俗之反昏，论释深经，诲今闻之异昔"，故"宰辅冠盖倾仰德音"，大家都"叹其辣拔之神奇，伏其辩给之铦利。"[①] 显庆间多次奉诏至内殿，与道士辩论。龙朔元年（661），应诏入东都，后住洛阳净土寺，频入宫禁，义论横驰，英声愈盛。年 51 岁圆寂，敕送柩返金华山旧寺。

释道洪　又作道宏，隋末唐初高僧。据《续高僧传》卷十五《唐京师慈恩寺释道洪传十四》记载，道洪俗姓尹，河东（今山西西南部）人。其父曜，历任隋朝江陵令。开皇六年（586），年 13 岁出家，先师事京邑大德昙延法师，致力于涅槃经之研究，博通内外，驰誉门序。又从净愿法师，"学穷《地论》（《十地经论》），傍通经教，德器崇振"。后奉隋炀帝之诏，入大禅定道场，专事弘经，"周轮无辍"。贞观初，敕为律藏寺上座，不久

[①]［唐］道宣：《续高僧传》卷 15，见《中华大藏经》（汉文部分）第 61 册 H1182，中华书局，1993 年，第 738 页。

又敕住大总持，为本寺寺主。从事讲经及译经，大慈恩寺建成后，又奉敕前往，参与译经，且"选立证义"。生平讲《涅槃经》87遍。① 年79岁逝去。

释彦悰 唐代大慈恩寺僧人。性好玄儒之学，颇见精微，长于文笔，超越流辈。贞观末年进京，求法于玄奘法师之门。高宗时住长安弘福寺，龙朔二年（662），集录六朝至唐高宗时僧徒臣工反对拜君亲之文章，编为《集沙门不拜俗议》6卷，《新唐书·艺文志》有著录，今存于《大正藏》本。垂拱四年（688），又将慧立撰《大慈恩寺三藏法师传》5卷，重加整理"排次""序引"，并加以补充"伸明"，另补撰后5卷，合成10卷，记述了玄奘取经所历种种险阻及译经弘法盛况。文笔生动简洁，为中国古代传记文学名著。彦悰又著《唐护法沙门法琳别传》3卷，记唐初名僧法琳一生护法事迹，其中有关法琳与太宗争论之事记述尤为生动。此书收于《大正藏》中；又撰《大唐京寺录传》10卷，已佚。

释道世 唐代僧人。据赞宁《宋高僧传》卷四"义解篇"《京师西明寺道世传二》记载：道世字玄恽，俗姓韩，先祖为伊阙（今河南伊川西南）人，后其祖代因官为京兆（今陕西西安）人。因道世名字中"世"字犯唐太宗李世民讳，故以字代名，通常称为玄恽。12岁时，于青龙寺出家。显庆年间（656—661），应诏进京，入慈恩寺参与玄奘译场工作。后西明寺建成，以英博被召入此寺。道世著述甚丰，其《法苑珠林》总100篇，勒成10帙，"始从劫量终乎杂记，部类之前各序别论。令学览之人就门随部检括所知，如提纲焉，如举领焉。"② 其他著作有《善恶业报》及《信福论》共23卷、《大小乘禅门观》及《大乘观》共11卷、《受戒仪式》《礼佛仪式》共6卷、《四分律讨要》5卷、《四分律尼钞》5卷、《金刚经集注》3卷等。

释玄觉 高昌国僧人。据《宋高僧传》卷二"译经篇"《唐玉华寺玄觉

---

① [唐] 道宣：《续高僧传》卷15，见《中华大藏经》（汉文部分）第61册H1182，中华书局，1993年，第737页。

② [宋] 赞宁等：《宋高僧传》卷4，见《中华大藏经》（汉文部分）第62册H1183，中华书局，1993年，第29页。

传三》记载，玄觉是否西土种姓，不得而知。但他"学慕大乘从玄奘三藏研核经论，亦于玉华宫参预翻译及《大般若经》"。玄奘圆寂前，玄觉曾有征兆，"因梦一浮屠庄严高大，忽然摧倒，遂惊起告奘。奘曰：'非汝身事，此吾灭之征耳！'觉暗悲。"[1] 玄觉也曾请求参加《宝积经》的翻译。

二、历代高僧

长安作为中国佛教的重镇，历史悠久，祖庭众多，历代高僧辈出，唐代大慈恩寺尤甚。大慈恩寺由于玄奘、窥基等在此译经，又创立了法相唯识宗，在唐代地位十分的重要，许多高僧因此来寺习经研修。除了前面所列译经大德之外，《续高僧传》《宋高僧传》中也记载了不少协助玄奘译经的助译僧及其以后的住寺僧或方丈。在大慈恩寺内有不少古代留下的碑刻、塔铭，以纪念他们对唯识法相宗法系的传承之功。在这些高僧中，盛唐时期最多，中唐次之，晚唐由于战乱、割据，见于记载的不多。

经五代至宋元时期，大慈恩寺更加荒芜破败。宋人宋敏求《长安志》、张礼《游城南记》等书中对慈恩寺和大雁塔虽有记载，但由于是地理形志和游记体裁，主要内容为历史沿革与变迁，很少提及寺院高僧；宋代赞宁《宋高僧传》《大宋僧史略》只到宋初，而且大部分为唐代僧人，大慈恩寺僧人涉及不多。明人如惺撰有《明高僧传》8卷（清藏作6卷），此传只有"译经""解义""习禅"三科，而且传中著录的僧人，大都居南方，居北方者仅数人，大慈恩寺僧人不在其列。据相关史料知，明秦藩王兴平王曾对大慈恩寺进行过重修，之后又恭请有戒行的大德住持，领导僧众弘法修行。这位高僧大德什么法号，却不得而知。至于《陕西省志》《大慈恩寺

---

[1]［宋］赞宁等：《宋高僧传》卷2，见《中华大藏经》（汉文部分）第62册H1183，中华书局，1993年，第12页。

志》以及网络上所提明成化、正德年间大慈恩寺是由"番僧"乳奴领占、结列领占及灌顶净修弘治国师等"主持寺务，也一直弘传藏传佛教"的说法，笔者认为不符合历史事实。① 虽然大慈恩寺法系在历代传承过程中有变化，不专一，清代曾一度成为禅宗道场，弘传青原系曹洞宗的禅法，但唯识法相宗仍为主宗。不管哪种法系，这些高僧为慈恩寺香火传续做出了贡献。

1. 唐五代高僧

释明慧 唐代大慈恩寺僧人。史载他"简默恭己，约志耀明，耐乎寒馁，誓求大乘"。常彻夜念诵经行。玄奘于麟德元年（664）圆寂玉华宫时，明慧称曾见北方有白虹四道从北亘南，横跨东西，并直势贯慈恩塔院，历历分明。明慧的其他事迹不详。

释灵会 大慈恩寺僧人。仪凤三年（678），僧运期受交州都督梁难敌派遣，奉表进《大般涅槃经后分》入京。该经系其师会宁②与南海波凌国僧若那跋陀罗合译，说世尊焚棺收设利罗之事。当时灵会曾于东宫请求批准此经流行。灵会的其他事迹不详。

释法宝 唐代大慈恩寺僧人，玄奘弟子。参与玄奘译经工作，注重译著的精确。长安三年（703），至福先寺、西明寺，参与义净译场，法宝与法藏、胜庄等证义，于时崭露头角。

释义福 唐代大慈恩寺僧人。俗姓姜，潞州铜提（今山西沁县南）人。出家于蓝田化感寺，后至京兆慈恩寺。其"追望高峙，倾动物心"。开元十一年（723），从驾往东都，沿途"拜礼纷纷，瞻望无厌"。开元二十年（732）卒，葬伊阙（今河南伊川西南）之北，送葬者数万人，谥号"大智

---

①详见"先觉堂"部分的注释。
②会宁：唐代僧人，居于成都，善三藏学。高宗麟德中往天竺国观礼圣迹，路经南海波凌国，与其国僧人若那跋陀罗合译《大般涅槃经后分》二卷，寄归交州。交州都督派其弟子运期奉表将经送往长安。其他事迹不详。

禅师"。时中书侍郎严挺之为之着丧服,并撰碑文。

释神楷 唐代僧人。俗姓郭,太原人,后随父来到京兆。依慈恩、西明等寺度公者出家,拜明恂法师(即大乘恂)为师。到年满受具戒时,对于经论义理已大小皆通,遂讲《摄大乘》《俱舍》等论。后讲《净名经》,见古师判处有未尽善之处,便重新注疏。当时皇帝敕令诸道高行入京翻译经典,神楷应诏而入,配居崇业寺。从其所宗来看,神楷乃窥基的弟子。卒于崇业寺,其弟子迁其塔于南逍遥园。

释义忠 唐代大慈恩寺僧人。据《宋高僧传》卷四"义解篇第二之一"《京兆大慈恩寺义忠传》记载,义忠俗姓尹,潞府襄垣(今山西襄垣县北)人。9岁出家,师从慧沼大师。13岁时,慧沼授与《大涅槃经》,他"相次诵彻40卷,众皆惊骇,号空门奇童也。20岁登戒,学《四分律》,义理淹通,旁习《十二门论》二本,即当讲演。沼师知是千里之骏,学恐失时",[①]便送至长安依窥基为师,未及五年,又通二经五论。72岁时坐化,乡人道俗为之建塔供养。著有《成唯识论纂要》《成唯识论钞》30卷、《法华经钞》20卷、《无垢称经钞》20卷、《百法论疏》等。

释善导 唐代僧人,净土宗实际创始人,后世尊他为莲社第二祖。他俗姓朱,临淄(今山东临淄县)人(一作泗州人)。幼年从密州(今山东诸城)明胜出家,常诵《法华》《维摩》诸经;偶入经藏赤《观无量寿经》,大为欣赏。曾周游各地,访问高德。听说道绰在西河(今山西境)盛弘净业,即于贞观十五年(641)赴并州(今太原)石壁山玄中寺相访。贞观十九年(645)道绰入寂,善导便从玄中寺至京师长安弘法,大约在玄奘从大慈恩寺迁至西明寺、玉华宫寺译经后,他曾到慈恩寺弘扬过净土法门。永隆二年(681)三月,忽患微疾,怡然长逝,世寿六十九。僧义成撰塔铭,由李振方所书,树塔于慈恩寺内,称"唐慈恩寺善导禅师塔"。至大中五年

[①] [宋]赞宁等:《宋高僧传》卷4,见《中华大藏经》(汉文部分)第62册H1183,中华书局,1993年,第33页。

(851),僧志遇再为之撰塔铭,并书之于碑,立于慈恩寺内,称"唐慈恩寺善导和尚塔"。①其弟子怀恽等葬善导法师遗骸于长安终南山麓神禾原,建寺立塔纪念,即今香积寺与崇灵塔。

释惠教 唐代僧人,姓名、籍贯不详。曾住过大慈恩寺。入寂后,贺兰钦明于开元十七年(729)为之撰铭,立塔于大慈恩寺内,称"慈恩寺惠教禅师塔"。

释道进 唐代僧人,姓名、籍贯不详。曾在大慈恩寺内弘扬戒律。天宝四年(745)入寂后,高参为之撰塔铭,僧法亮书碑,树于大慈恩寺内,称"慈恩寺道进律师塔"。

振上人 唐代宗时期(762—779)慈恩寺僧人,与"大历十才子"之一的诗人韩翃有交,韩曾作《题慈恩寺振上人院》诗一首。其诗云:"披衣闻客至,关锁此时开。鸣磬夕阳尽,卷帘秋色(一作气)来。名香连竹径,清梵出花台。身在心无往(一作事),他方(一作时)到几回。"②其他事迹不详。

暕上人 唐大历(766—779)前后慈恩寺僧人,与朝宣耿沣拾遗和秘书省校书郎、诗人李端有交往。《全唐诗》收李端《慈恩寺暕上人房招耿拾遗》一诗。其诗云:"悠然对惠远,共结故山期。汲井树阴下,闭门亭午时。地闲花落厚,石浅水流迟。愿与神仙客,同来事本师。"③李端在诗中将暕上人比为东晋庐山东林寺名僧惠(慧)远,表示极深的敬意。暕上人或许是一位修西方业的净土宗高僧。

清上人 中唐时慈恩寺僧人。与朝臣权德舆等有交往。《全唐诗》收权德舆《和李中丞慈恩寺清上人院牡丹花歌》诗一首。其诗云:"澹荡韶光三月中,牡丹偏自占春风。时过宝地寻香径,已见新花出故丛。曲水亭西杏

---

①善导与慈恩寺相关的资料,见南宋临安陈思撰《宝刻丛编》卷7,作为佚书收录在《京兆金石录》中的两块善导碑文。
②[清]彭定求等编纂:《全唐诗》卷244,中华书局,1999年,第2732页。
③《全唐诗》卷285,李端二,中华书局,1999年,第3249页。

园北，浓芳深院红霞色。擢秀全胜珠树林，结根幸在青莲域。艳蕊鲜房次第开，含烟洗露照苍苔。庞眉倚杖禅僧起，轻翅萦枝舞蝶来。独坐南台时共美，闲行古刹情何已。花间一曲奏阳春，应为芬芳比君子。"① 其余事迹不明。

郁公　法讳文郁，中唐时住慈恩寺僧人。与诗人贾岛有深交，《全唐诗》收贾诗《宿慈恩寺郁公房》《寄慈恩寺郁上人》《酬慈恩寺文郁上人》三首。诗中有"独住天台意，方从内请还"；"此夜情应切，衡阳旧住峰"；"袈裟影入禁池清，犹忆乡山近赤城"；"闻说又寻南岳去，鱼端诗思忽然生"等句。② 从中似可了解：郁公原籍为浙江赤城山（在今浙江天台县城旁）附近，曾在南岳衡山驻锡弘法，属天台宗法嗣。

释霄韵　中唐时慈恩寺僧人。与诗人贾岛及太原籍"李司空"有交往。《全唐诗》收贾岛《送慈恩寺霄韵法师谒太原李司空》诗一首。其诗云："何故谒司空，云山知几重。碛遥来雁尽，雪急去僧逢。清磬先寒角，禅灯彻晓烽。旧房闲片石，倚著最高松。"③ 弘法事迹不详。

释元果　唐代慈恩寺僧人，弘法事迹不详。《唐两京城坊考》引《唐诗纪事》中有"长安三月十五日，两街看牡丹甚盛。慈恩寺元果院花最先开，太平院开最后，裴潾作《白牡丹诗》题壁间"④ 的记载。

释思振　晚唐慈恩寺僧人，见于《剧谈录》"慈恩寺牡丹"一目。曾叙慈恩寺某院深红牡丹华贵及被盗之事。

释莲芳　五代后唐慈恩寺僧人，见宋人樊察所撰《慈恩雁塔唐贤题名十卷序》碑铭中，曾主持大雁塔修葺工作。碑载："五季寺废，唯雁塔岿然独存。有僧莲芳始葺新之，塔之内外，皆已涂圬，唐人题字不复可见。"⑤

---

① [清] 彭定求等编纂：《全唐诗》卷327·权德舆八，中华书局，1999年，第3668页。
② 以上诗句分别见于《全唐诗》卷573之第6720页、6728页及卷574之第6733页。
③ [清] 彭定求等编纂：《全唐诗》卷572，中华书局，1999年，第6701页。
④ [南宋] 陈思：《宝刻丛编》上，浙江古籍出版社，2012年，第536页。
⑤ [清] 徐松撰，李健超增订：《增订唐两京城坊考》，三秦出版社，2019年，第134页。

2. 元明清高僧

释僧贵　元代僧人。俗姓、籍贯不详。生于元代大德十年（1306），至正二十六年（1366）正月初八日圆寂于大慈恩寺内，当年仲夏初旬前六日归塔，刻《大悲心陀罗尼经》于石幢以为纪念。碑幢今存，碑上除经文外，还有"慈恩寺僧贵戒师于丙午正月初八日圆寂铭记，大朝丙午岁次仲夏初旬前六日归塔"等铭文，由是知僧贵为弘律僧人。

释镇□　法号碑刻模糊，不详，曾参与康熙十年（1671）慈恩寺的维修工作，为《重修大塔寺遇仙桥记》记事碑署名五僧人之一。

释惟忠　生卒、姓氏、籍贯不详，曾参与康熙十年（1671）慈恩寺的维修工作，为《重修大塔寺遇仙桥记》记事碑署名五僧人之一。

释方真　生卒、姓氏、籍贯不详，曾参与康熙十年（1671）慈恩寺的维修工作，为《重修大塔寺遇仙桥记》记事碑署名五僧人之一。

释觉义　生卒、姓氏、籍贯不详，曾参与康熙十年（1671）慈恩寺的维修，为《重修大塔寺遇仙桥记》记事碑署名五僧人之一。

释镇贤　生卒、姓氏、籍贯不详，曾参与康熙十年（1671）慈恩寺的维修，为《重修大塔寺遇仙桥记》记事碑署名五僧人之一。

憨公　法讳憨月，清代慈恩寺僧人，曹洞宗第三十一世法嗣。据清道光十二年（1832）《重修慈恩寺碑记》载，此前"寺有憨公和尚，绸缪未雨；又有印可上人，经营鸠工，接踵而修，聊以避风雨而已。"说明憨公和尚曾对慈恩寺做过一定的修葺。又据乾隆十一年（1746）《慈恩寺功行碑记》，憨公"以正法眼藏，游情翰墨，功行圆满，偈谛流传"，在佛学上，他是一位颇有造诣的僧人。圆寂后在慈恩寺立塔供养。塔今存。

印可上人　清代慈恩寺僧人。据清道光十二年（1832）《重修慈恩寺碑记》载，印可上人对慈恩寺也曾进行过修葺。又据乾隆十一年（1746）《慈恩寺功行碑记》所记，"印可上人来自渭上，精心戒律，大畅宗风"，在律学方面，是一位大德之人。

璨公　即释粲然，清代慈恩寺僧人。据乾隆十一年（1746）《慈恩寺功行碑记》，粲然是继憨公之后慈恩寺有功行的僧人之一，"超悟其功，勤息其行，不斤斤语言文字而神明内彻。数十年来，丈室阒恤，斋厨严整，四方冠簪，远近至者无虚日"。圆寂后在慈恩寺内立塔供养。塔今存。

释治宽　清代慈恩寺僧人。入寂后在慈恩寺内建塔供养。塔今存。

释清元　曾任清代慈恩寺方丈。据道光十二年（1832）《重修慈恩寺碑记》载，清元长老时"募化檀那，骤兴土木，补葺旧址，建造檐楹，重造山门三间，钟鼓楼二座，天王殿三间，客堂对面六间，厢房十四间，游廊六间，雁塔楼梯完备。"可见，清元对慈恩寺的维护曾做出过一定的贡献。

释永杰　清代慈恩寺僧人。据道光十二年（1832）《重修慈恩寺碑记》所记，永杰曾参与道光间对慈恩寺的维修工作。

释一照　清代慈恩寺僧人。据道光十二年（1832）《重修慈恩寺碑记》所记，一照曾参与过道光间对慈恩寺的维修工作。

释通元　清代慈恩寺住持之一。据道光十二年（1832）《重修慈恩寺碑记》所记，通元曾参与过道光间对慈恩寺的维修工作。

释一德　清代慈恩寺僧人。据道光十二年（1832）《重修慈恩寺碑记》所记，一德曾参与过道光间对慈恩寺的维修工作。

释清悟　清代慈恩寺僧人。道光二十五年（1845）入寂后在慈恩寺内立塔供养。塔今存。

释觉科　清代慈恩寺僧人。咸丰九年（1859）入寂后在慈恩寺内立塔供养。塔今存。

纯公和尚　清代慈恩寺僧人。光绪二十五年（1899）入寂后在慈恩寺内立塔供养。塔今存。

3. 近现代高僧

清末民初之际，佛教受到很大的冲击。西安作为辛亥革命最重要的发生地，佛教所遭受的冲击则尤为剧烈。僧俗界人士针对西安佛教界的颓势，积极要求维护整顿，广大佛法。据学者研究，20世纪三四十年代，是慈恩宗发展的重要时期。在朱子桥、康寄遥等居士以及西安诸释道名流的鼎力推动下，相继展开了各项佛事活动，尤其是对正图复兴的大慈恩寺用心最力。康寄遥等主持制定了《陕西佛教会整理僧伽草案》，刊布社会。同时以大慈恩寺、大兴善寺和兴教寺等为阵地，邀请国内著名高僧宝生和尚、妙阔法师、太虚法师等来西安，或担任寺院住持，或讲经弘法，或整修、宣传、推介、研究、规划，并相继创立了慈恩学院、慈恩宗寺等佛教教学及研习机构，使一度消歇的慈恩宗重振雄风。在慈恩宗振兴和唯识法系传续中，寺院高僧住持更是功不可没。

释常真　民国间曾任慈恩寺住持，天性谦恭。民国 18 年（1929）冬，常真等积极协助康寄遥主办的陕西佛化社在慈恩寺创办难童收容所，以收容当年陕西大灾后无处容身的难童。民国 19 年（1930）9 月，为重修慈恩寺，朱子桥从山西五台山请来宝生和尚入住慈恩寺出任方丈并主持工役，常真从大局出发，让出寺任，全力配合，为慈恩寺的修复做出了重要贡献。寺僧将其灵位列于先觉堂内以香火供养。

释宝生（1881?—1942）　曾任慈恩寺住持。原在湖南办佛化教育多年，曾在山西五台山闭关，后又随朱子桥赴陕赈灾。民国 19 年（1930）9 月，在各方积极请求下，宝生法师从五台山来西安主持慈恩寺重修工役，并出任该寺方丈，后又担任慈恩宗寺副宗长。[①] 大慈恩寺是法相唯识宗的根本道场，宝生法师在任期间，订立寺规，整饬寺纲，力矫弊端；实行丛林制度，上堂过殿，树立丛林规模。同时还放种施粮，开单结众，添设僧寮；同时对慈恩寺、大雁塔及其周围环境进行重修和治理，为慈恩寺的复兴做出了很大贡献。功毕，曾刻《朱将军重修大慈恩寺功德碑》《重修大慈恩寺功德纪念碑》二碑以记其事，碑文详见附录"碑文"。

妙阔（1878—1960）　又名静宽，俗姓魏，名玉堂，出家后法名慧福，号妙阔，山西省五台县人。自幼父母双亡，寄养于舅父家中，受过私塾教育；二十岁时因病觉悟人生，于山西省阳城县广胜寺出家，后在宁武县小

[①] 据罗宏才先生《慈恩印象》所记，为实现慈恩宗中兴，在创设慈恩学院、佛学养成所之后，1931 年 10 月 16 日在西安东关康寄遥私家"寂园"宣布成立了慈恩宗寺，推举朱子桥为檀护长，太虚法师为宗长，妙阔法师、宝生和尚为副宗长；其宗旨为"研究慈恩整理，修行慈恩规行"，通过整理经典，修行规行等途径，进而达到"复兴慈恩宗"的目的。见《慈恩印象》，上海大学出版社，2009 年。

法华寺依清莲法师受具足戒。光绪二十四年至二十九年（1898—1903）间，相继在雁门关镇业寺和怀柔县红螺山资福寺参学。红螺山是莲宗十二祖彻悟大师所创的净土道场，妙阔在此一住数年，除修学念佛法门外，研究慈恩宗法相唯识经典，于六经十一论多所研读，而领悟颇深。光绪三十二年（1906）后，妙阔先后到北京、江苏的名山大寺云游参访，先在扬州高寺任班首两年，宣统年间入南京僧师范学堂受学。民国2年（1913）在上海考入哈同花园的华严大学，依月霞、应慈二法师学习贤首宗义。民国8年至9年（1919—1920）在湖北武昌佛学院任教。民国11年（1922）4月妙阔法师应邀来陕西弘法，慈恩寺寺僧以"（妙阔）师善因明学，亦僧中佼佼者"，遂力邀法师宣讲《大乘起信论》，历时四个月。听讲者甚众，被誉为数百年来慈恩宗历史上的一件幸事，也开了近代外省法师在西安弘法的先例。讲经圆满后，应陕西佛教界护法居士康寄遥等挽留，在西安弘传佛法，并担任西安大兴善寺住持。法师担当重任，重修殿宇，再整寺院，又在该寺宣讲《唯识三十颂》《九识规矩颂》《楞伽经》等经典。民国17年（1928），应太虚法师之请到浦东三林塘寺讲《唯识二十颂》和《唯识三十颂》。民国20年（1931）夏，应陕西佛教界促请回到西安，先后在陕西佛化社、第一师范学校等处讲经弘法。是年十二月，应慈恩寺之聘移住慈恩寺，担任慈恩宗副宗长及慈恩学院教学部主任，学生毕业后他又回到大兴善寺。民国26年（1937），日寇发动侵华战争，妙阔法师发表抗日声明，谴责日寇侵华罪行，呼吁人民和僧伽应积极参加抗战。民国30年（1941）年与太虚和尚等在兴善寺创办巴利三藏学院。太虚自任院长，由妙阔法师担任副院长，实际负责院务。同年，妙阔法师又当选陕西省佛教会理事长。抗战胜利后，妙阔法师到终南山圆光寺闭关三年。1949年中华人民共和国成立后，带头在大兴善寺实行农禅并举，曾被推选担任中国佛教协会理事及省人大代表、省政协委员等职。1960年冬，妙阔法师因病圆寂于长安县香积寺，世寿82岁，戒腊62夏。一生著述、诗作很多，有《因明疏钞》一书传世。法师人品高洁，师徒分布全国名山大寺者众多，为西北三大法师之一（另外二人是朗照和慈云）。

太虚法师（1890—1947）　复兴慈恩宗之弘法大师。法名唯心，法号太虚。俗姓张，浙江海宁人。16 岁在苏州小九华寺礼士达上人为师，同年，在宁波天童寺受具足戒。受华山、栖云二法师影响，思考佛教改革，投身新佛教文化事业，是中国近代著名的佛教理论家与实践家。民国二年（1913）提出"教理革命、教制革命、教产革命"的佛教"三大革命"口号，倡导佛教革命，以此配合三民主义。先后受聘任湖南宁乡大沩山寺住持，在武昌创办武昌佛学院，培养僧伽人才；民国 16 年（1927），继任南普陀寺首届方丈和闽南佛学院院长；在厦门期间，积极推行佛教僧制改革，宣扬《建设现代中国僧制大纲》；经常赴各著名大学、寺院演讲、弘法。民国 20 年（1931）受陕西省主席杨虎城、著名居士朱子桥、康寄遥等邀请来陕弘法。其间，瞻礼玄奘、窥基、圆测三师塔和华严寺杜顺和尚塔以及清凉国师塔，并在大慈恩寺宣讲弥勒上生经。正如释东初所言"在慈宗策源地，宣讲慈恩宗远承初祖慈氏之宝典，另辟上生兜率之快捷方式，可谓更具殊胜因缘也。"同年 7 月，康寄遥等在大慈恩寺成立了慈恩学院，延聘太虚、持师、妙阔等诸大法师主持学院教学工作，拟定章则及诸课程。同年 10 月受推担任慈恩宗寺宗长，释东初记述：太虚"大师复与康寄遥、妙阔法师、宝生、常真诸和尚，开慈恩宗寺创立会，以期复兴慈恩学说，并推定总长檀护等职，积极进行"。[①] 太虚法师多次在慈恩寺讲经弘法，对 20 世纪 30 年代慈恩宗的发展振兴功绩卓著。民国 36 年（1947）3 月 17 日，太虚法师圆寂于上海玉佛寺。著有《志行之自述》《即人成佛的真现实论》《我的佛教革命失败史》等。法师著述等身，成果已由其弟子印顺法师等汇编成《太虚大师全书》[②]，可参照研习。

[①] 释东初：《中国佛教近代史》，东初出版社，1984 年。
[②]《太虚大师全书》：释太虚著。1947 年太虚逝世后，在浙江奉化雪窦寺成立了"太虚大师全书编纂委员会"，由印顺法师负责，历时一年编纂完成。现行本由宗教文化出版社、全国图书馆文献缩微复制中心 2005 年出版，主要选自虚大师创办的刊物《海潮音》，同时参照 1947 年出版的《太虚大师全书》，在尽量保持原著内容的基础上适当修订整理；全书共分法、制、论、杂 4 藏共 20 编 1440 多篇目，35 册，700 多万字。

释宽宗（1918—1997） 1949年后任慈恩寺住持。俗名王龙义，长安县五台乡西甘村人。民国21年（1932）在陕西周至县清凉寺礼演成法师出家，第二年在西安市卧龙寺受具足戒。抗日战争中前期，先后驻锡陕西省华县宁山寺任僧值，应甘肃兰州大佛寺、陕西省安康双喜寺邀请，任两寺戒期引礼师。1941并至1954年常住卧龙寺，曾先后任僧值、知客。1955年，出任大慈恩寺方丈兼佛教农业生产合作社副社长。1956年8月入中国佛学院专修班深造二年。1958年学成后，重返大慈恩寺，仍担任方丈。同年年末，随农业合作社调整住大兴善寺，主要抓农业生产。1965年春，大兴善寺改为新丰公园，宽宗法师成为公园正式职工。1979年退休。1984年，参与接收大慈恩寺工作，并任管理委员会主任。同年当选为西安市佛教协会副会长。1992年任陕西第八届人大代表、西安市第九届政协委员。因宽宗法师早年从清凉寺出家步入佛门，为回报寺院，于1994年出资重建大雄宝殿，大殿于1996年竣工。1997年11月20日，因病去世，舍报西归。宽宗法师出家以来，对佛教事业做出了极大的贡献，如积极学习和认真贯彻宗教信仰自由政策；一贯爱国爱教，遵守政府的政策法令，维护社会和佛教的安定团结；为帮助南方水灾、蓝田灾区受灾群众、支持希望工程、扶贫帮困和资助残疾人事业，做了很多工作。

释增勤（1962— ） 大慈恩寺现任方丈。甘肃华亭人，受笃信佛教的家人影响，从小就有志学佛。1988年，26岁的增勤法师以佛教为信仰与精神支柱，拜入西安大兴善寺慧雨方丈座下。他从当小沙弥做起，一边干活，一边研习佛学经卷。1991年在河南洛阳白马寺海法法师座下求受具足戒。先后担任大兴善寺知客、副监院、监院、西安市佛教协会秘书长等职，走上了佛寺管理之路。1995年9月，增勤法师由密宗祖庭大兴善寺转至唯识法相宗祖庭大慈恩寺任监院。2000年11月21日，增勤法师升座为大慈恩寺新任方丈，成为当时中国最年轻的一代方丈。增勤法师任方丈以来，一边弘法度人，一边对大慈恩寺有计划地大规模整修。在增勤法师及全寺僧众的努力下，一座仿唐风格的宏伟建筑——玄奘三藏院屹立于"七层靡苍穹"的大雁塔北侧。雄伟的雁塔、肃穆的大雄宝殿、庄严的兜率（法堂以及别具特色的东西配殿等建筑也相继得到修缮或重建；同时，增勤法师还主持成立了"西安佛教文化研究中心"，使得昔日玄奘大师译经讲法的大慈恩寺法相唯识学说再次放射出耀眼的光芒。增勤法师现任中国佛教协会副会长、陕西省佛教协会会长，陕西省政协常委、民族和宗教委员会副主任，他以特有的优势继续为玄奘法师的宏图大业能结出更丰硕的果实而不断加持护法。

三、域外交流

慈恩寺文化以及玄奘的精神、人脉、部派、法系以及由他和诸弟子翻译出来的佛教经典，通过大慈恩寺、兴教寺等重要寺院，飞扬传播，直至广大。唐玄宗开元年间，大慈恩寺呈现出了一种百花齐放的景象，禅宗、密宗、净土、律宗高僧相继在这里登坛说法，很多外国僧侣也曾在这里住寺。朝鲜和日本都是中国的重要邻邦，在历史上与中国关系极其紧密，经济文化交流频繁。隋唐时期就有很多日本、朝鲜的留学僧赴唐学习佛法。有学者统计，受玄奘精神的感召，仅有唐一代从朝鲜半岛的新罗、百济、高句丽以及东瀛日本与天竺（印度）等国来大唐学习的僧人就有上千人之多。[1] 其中的新罗高僧神昉、圆测、胜庄、道证、智仁、义寂、神廓、玄范、道论以及日本智通、道昭、智达、道严与天竺（古印度）僧人那提、牟尼室利、金刚智等尤为著名。他们学成后或留在中国，或回到本国，倡扬佛法，发展部派，形成了庞大的以唯识法相为主体血脉的玄奘文化衍传区域，对日本和朝鲜的佛学产生了极其重要的影响。

1. 朝鲜之传

中国的唯识宗诞生不久就开始在新罗流传。其在新罗的传播大约经历

---

[1] 罗宏才：《慈恩印象》，上海大学出版社，2009年，第37页。

了两个时期：其一，新罗时期：这个时期在朝鲜半岛占主流的是唯识宗西明法系。① 其二，高丽时期：这一时期所弘扬的则多为唯识宗慈恩法系的思想主张。②

（1）唐初求法的新罗僧

从唐朝初期开始就有朝鲜留学僧拜在玄奘门下学习法相唯识之学，很多人后来成为影响力很大的高僧，他们的成功也极大地影响了唯识宗在朝鲜半岛的传播。

释神昉③　新罗人，玄奘高足，世称"大乘昉"④，或昉法师。神昉最初为长安法海寺的僧人。唐太宗贞观十九年（645），玄奘法师自天竺归国，被安置在长安弘福寺，并着手设译经场翻译经书。当时征召了12位"谙解大小乘经、论为时辈所推者"⑤ 的译经大德，神昉就是其中之一。此后直至麟德元年（664）神昉追随玄奘译经近20年，被视为奘门"四上足"之一。

玄奘法师的很多译作神昉都有参与：唐高宗永徽元年（650）九月十日，于大慈恩寺翻经院开译《本事经》7卷，由神昉担任笔受，是年十一月八日译毕；唐高宗显庆元年（656）七月二十七日，于大慈恩寺翻经院开译《大毗婆沙论》共200卷，至四年七月三日译毕，仍由神昉担任笔受。显庆四年（659）冬十月，玄奘率诸翻经大德及门徒前往玉华宫，计划开译法相唯识方面的经典，并提名四上足神昉、窥基、嘉尚、普光四人同受润色、

---

① 西明法系也叫"新罗法系"，由玄奘弟子圆测所创，其学不同于同学窥基的"护法—玄奘系"唯识学，他融合真谛、护法两系，独树一帜。因为圆测住西明寺，并在此传播自己的唯识宗思想，故称"西明唯识学"。因为圆测为新罗人，因此又称作"新罗唯识学"。圆测的"西明唯识学"是唯识宗的别派，丰富了唯识学的思想，对唯识宗的传播，也起到了非常重要的作用。
② 慈恩法系，由玄奘弟子窥基所创，坚持"护法—玄奘系"唯识学的观点，是唯识宗的正宗。
③ 韩国学者作"神痏"，参见［韩］金得榥：《韩国宗教史》，北京：社会科学文献出版社，1992年。
④ 玄奘弟子多以"大乘"为号。如窥基称"大乘基"，简称"基法师"。
⑤［唐］释慧立本、释彦悰笺，孙毓棠、谢方点校：《大慈恩寺三藏法师传》卷6，中华书局，2018年，第131页。

执笔、捡文、暴义，后因故改由窥基一人糅译。显庆五年（660）正月一日，玄奘在玉华宫开译《大般若经》，至龙朔三年（663）完成，共600卷；龙朔元年（661）七月九日，玄奘法师又在玉华宫八柱亭开译《缘起经》1卷；此两次译经，神昉先后担任缀文、笔受之职。参译之外，神昉还撰有经疏多种，有《大乘大集地藏十轮经序》《成唯识论要集》10卷、《顺正理论述文记序》24卷、《显识论记》1卷、《种性差别集》3卷、《阿弥陀经疏》等。

玄奘法师圆寂后，神昉自玉华寺返回大慈恩寺，不久圆寂。神昉圆寂后，僧众为他建灵塔纪念，武三思撰塔铭。

释智仁 新罗人，唐代高僧，南山律师道宣弟子。据《开元释教录》记载，智仁于贞观二十二年至二十三年（648—649）曾在翻译《般若波罗蜜多心经》及《因明正理门论本》中担任笔受。

释圆测 据传为新罗王孙，初从法常、僧辨习法，法常学习真谛摄论之学。唐高宗显庆三年（658），于西明寺又入玄奘门下，后又追随玄奘到玉华寺，直至玄奘去世。① 圆测博通毗昙、成实、俱舍、婆沙诸论，并通梵语，他致力于调和唯识古今两派，开创了唯识宗西明寺一系。前文已有介绍，兹不赘述。

释顺璟 新罗浪郡人，生平不详，究竟是玄奘门下弟子，还是私淑弟子尚不得而知。据《宋高僧传》记载顺璟"得奘师真唯识量""海外时称独步"，他的作品传入中国后，窥基很是钦佩。

释玄范 韩国佛教著述以其为新罗人，玄奘门人。据《大唐内典录》卷5载，玄范精于唯识学，住长安普光寺。其生活年代与玄奘大体相同。玄范专通唯识学，精深因明，著述颇丰，还曾在实叉难陀译场助译。

释义寂 新罗人，或谓为玄奘门人，或谓直接师承于窥基，但观其文则似宗西明系学说。义寂著述颇富，在新罗比较有影响。

---

① 公元658年至664年，圆测虽名籍西明寺，但一直随玄奘住在玉华寺，直至玄奘去世才返回西明寺。

（2）新罗唯识宗的建立

大约在唐高宗—武则天时期，新罗统一朝鲜半岛。一批新罗唯识宗僧人返回新罗，正式在新罗弘扬唯识宗教义。据朝鲜史籍《三国遗事》① 记载，圆测在西明寺时期也曾回国弘法，但在我国的史料中没有相应记录。新罗唯识宗的正式创立者是憬兴。此后，圆测的弟子道证，道证的弟子太贤在新罗传播西明一系唯识学。西明系唯识学也成了这个时期新罗唯识宗的主流思想。主要人物有：

释憬兴　新罗人。据《三国遗事》记载，在新罗文武王六年（唐高宗乾封元年，666）入唐学习佛法。回新罗后，以法相宗为圭臬，弘传唯识论，并留有关于唯识宗旨的著作78卷。新罗神文王时，被推尊为"国老"。憬兴在新罗确立了唯识宗旨，发展了宗门，因此他被认为是"（朝鲜）法相宗的开山鼻祖"。

释胜庄　又作胜壮，新罗人，师从圆测学习唯识之学；另说其为玄奘门人。武周后期，胜庄已经成为京师大德，先后参加义净、菩提流支译场，并担任证义之职，是新罗僧中参与译经最多的人。关于胜庄是否曾经返回过新罗记载不详。

释道伦　又作遁伦，新罗人，所属法系不明。著有《瑜伽论记》一书，为《瑜伽师地论》唯一的全本注释，其释义主要以窥基的《瑜伽论略纂》为本，旁及其他诸师学说。其所学以唯识为宗兼及般若、律法等。

释道证　新罗人，圆测弟子，曾入西明寺学习唯识论。新罗孝昭王元年（武周元年，692），曾回新罗，弘传唯识宗教义，为新罗法相宗的建立奠定了基础。慈恩窥基的弟子慧沼所著的《成唯识论了义灯》在驳斥圆测

---

①《三国遗事》：高丽王朝著名高僧一然（1206—1289）编撰的一部野史。全书以高句丽、百济、新罗三国为对象，但以新罗国和新罗王朝为主干，以佛教历史与传说为重点，记述了自坛君开国至新罗王朝灭亡三千多年的历史。该书由五卷、九篇、一百四十四个条目所构成，九篇的篇目分别为王历、纪异、兴法、塔像、义解、神咒、感通、避隐、孝善，包含了大量的政治、经济、宗教、民俗、文学资料。参见 [高丽] 释一然著，[韩] 权锡焕、[中] 陈蒲清注释：《三国遗事》，岳麓书社，2009年。

时，也常常论及道证。

释太贤 新罗人，亦作"大贤"，号"青丘法门"，生卒年不详。据朝鲜《三国遗事》记载，太贤大约曾于新罗景德王时朝（742—764）。依西明寺道证学习唯识宗。回新罗后，大力弘扬西明系唯识之学。在新罗的年轻学僧中影响很大，很多青年僧侣都投在他的门下学习，号称"海东唯识之祖"。

释元晓 姓薛氏，东海湘州人。朝鲜华严宗祖师义湘的同学。据《宋高僧传》卷4记载，新罗文武王元年（661），"尝与湘法师入唐，慕奘三藏慈恩之门"。① 行至本国海门唐州界，遭遇大雨。元晓突然有所感悟"三界唯心，万法唯识，心外无法，胡用别求？"② 于是只身返回。元晓学识过人，学宗唯识，兼通律学、三论、成实、法相、摄论、华严、净土八宗之法，被朝鲜人称为"八宗之祖"。直到1101年，高丽肃宗还追赠他"大圣和静国师"的谥号。

憬兴在新罗开创法相一脉，是"（朝鲜）法相宗的开山鼻祖"。随着道证返回新罗，将西明系唯识学传归故国，为"新罗唯识学"的传播开创了局面。在道证、太贤的影响下，新罗国的唯识宗迅速壮大，影响了整个朝鲜半岛，甚至日本。

（3）高丽时期唯识宗的中兴

高丽时期，西明系唯识宗逐渐衰落。慈恩法系唯识宗传入朝鲜，产生了像韶显这样杰出的僧人，使朝鲜的唯识宗重新有了生气。

释韶显 俗家姓朴，17岁在海安寺出家，曾习《金光明经》《唯识论》等，以唯识之学为宗。韶显在王轮寺大选场上技高一筹，被选成为大德。高丽文宗二十三年（1069），韶显晋升为"重大师"。文宗召其入宫，使六王子窥拜他为师。三十三年（1079），又让韶显主持内殿法席。高丽宣宗即位，又封韶显为僧统。韶显在玄化寺创立广教院把显宗元年（1010）雕版

---

① [宋] 赞宁等：《宋高僧传》卷4《唐新罗国黄龙寺元晓传》，第33页。
② [宋] 赞宁等：《宋高僧传》卷4《唐新罗国义湘传》，第32页。

的大藏经集中安放于此，并造金堂一所供奉卢舍那佛和玄奘、窥基二师等像。从高丽文宗末年到肃宗元年，韶显共收集、校正、雕印了慈恩宗窥基所撰写的《法华玄赞》《唯识述记》等章疏共计32部353卷。韶显圆寂后谥号"慧德王师"。他的弟子有1000多人，最著名的是法住寺道生僧统（文宗六王子窥）。

另外，高丽高僧义天（高丽文宗四王子）对于唯识宗的发展贡献也很大。

义天虽然信奉天台，是朝鲜天台宗开祖，但是在圆教①思想的影响下，对其他各宗的学说也持积极的态度。北宋神宗元丰八年（高丽宣宗二年，1085），义天入宋求法，遍求诸宗教旨，购买经书1000余卷。回国后，主持兴王寺寺务，并奏请朝廷设置教藏都监，从国内收集佛籍，并由宋、辽、日本等地搜集购进诸国章疏，刊行佛教典籍1010部4740卷，这就是著名的《高丽续藏经》。义天编写了所收集的佛典的总目录，名为《新编诸宗教藏总录》。《高丽续藏经》包含法相唯识学的经疏700余卷，对唯识学说在朝鲜的弘扬具有非常重要的意义。

韶显学宗慈恩宗一系，自不讳言；义天也认为慈恩一系是唯识正宗，在法相唯识章疏的排列上总是慈恩一系在前，西明一系在后，这种情况也反映了当时朝鲜僧人对唯识宗两派的普遍看法。

金得榥在《韩国宗教史》中说："宣宗时期，义天和韶显是教宗双臂，一人振兴天台宗，一人振兴法相宗。他们使没有势力的两个教门扬名于世。"②韶显也被称为朝鲜唯识宗的中兴之祖，在他的努力下，唯识学在朝鲜重新崛起，使朝鲜半岛法相唯识宗重新有了生气，主导思想也由西明法系转到了慈恩法系。

---

① 圆教：中国佛教宗派将经典教法批判分类，而以本派所宗的经典教法为最圆满究竟的教法，谓之圆教。但各派思想不同，所认为的圆教也各异，如天台宗以法华经和大般涅槃经为圆教，华严宗以华严经为圆教，道宣以唯识思想为圆教。所谓圆即自谓所宗经典贯通诸经，调和各宗，不偏不倚，圆满无缺之意。

② [韩] 金得榥：《韩国宗教史》，社会科学文献出版社，1992年。

元朝初期，高丽元宗、忠烈王在位，朝鲜半岛的唯识学研究掀起了一股新的浪潮，有数百僧人宗奉唯识宗。元朝皇帝还邀请高丽唯识宗僧人到大都传法弘教，使得已经衰微的唯识宗学得到了中国僧侣的重视，对中国唯识学产生了反补作用。

2. 日本之传

日本是中国一衣带水的邻邦。在隋唐时期日本非常羡慕中国文化，派遣了大量的遣唐使来华学习，同时也将中国的佛教带到了日本。日本的唯识宗称作"法相宗"，主要继承的是"玄奘—窥基"的慈恩系唯识学。法相宗传入日本的过程大约可分为飞鸟和奈良两个时期，至今仍然是日本比较有影响的佛教教派。

（1）飞鸟时期法相宗的传播

法相宗第一传

唐高宗永徽四年（653），日本留学僧道昭（629—700）、道严入唐，师从玄奘法师学习佛法。二人回到日本后在奈良元兴寺传授唯识学，法相唯识宗从此开始了在日本的流传，称南寺传。道昭也成为日本法相宗的开山鼻祖。

释道昭　飞鸟时期日本僧人，日本河内（大坂府）人，出家后住飞鸟元兴寺，未入唐前就以持戒坚固闻名日本。唐高宗永徽四年（日本孝德天皇白雉四年，654），他与同学道严一同随第二次遣唐使入唐。当时长安以大慈恩寺玄奘法师德望最是隆重，其所传法相唯识学说也是当时最新的佛学思想。于是道昭在大慈恩寺受教于玄奘门下，跟随玄奘学习法相唯识学、俱舍学以及因明学。道昭求学期间，与窥基同学，二人相交甚笃。另外，道昭还随慧珊禅师学习过禅学。则天后圣历元年（文武天皇二年，698），补任大僧都。四年端坐示寂，世寿72。

释道严　飞鸟时期日本僧人，道昭的同学，生卒行事不详。其入唐求法事迹与道昭同，亦随玄奘学习法相唯识学。

高宗龙朔元年（齐明女皇七年，661），道昭、道严二人相约携新译经论回国。回到日本后，仍住飞鸟元兴寺。他们还四处巡回宣讲，弘扬玄奘所传的唯识宗佛法，史称"日本法相宗第一传"。

后来道昭又在元兴寺东南建立禅院，安置他们带回的舍利和佛经。日本文武天皇四年（700），道昭圆寂，享年72岁。道昭遗言按照佛教规矩对自己的遗体实行火化，他也是日本最早按照佛家仪轨实行火葬的僧侣。

法相宗第二传

唐高宗显庆三年（日本齐明女皇四年，658），又有日本留学僧智通、智达拜在玄奘门下。二人回日本后也在元兴寺传法。

释智通 俗姓汤氏，一说为汤坐氏，飞鸟时期日本僧人。寂年、世寿均不详。据《佛光大辞典》所记，唐高宗显庆三年，智通与同学智达奉敕随遣唐使入唐。抵达长安后先后住大慈恩寺、西明寺、玉华宫玉华寺。先求学于玄奘门下，后又于窥基座下学习法相唯识宗的学说。返回日本后曾任僧正之职，开创观音寺，弘扬法相宗，被称为日本法相宗第二传。

释智达 飞鸟时期日本僧人，智通的同学。入唐求法经历与智通相同，只是智通创立观音寺时，智达则留在元兴寺讲经。

日本人将道昭的"初传"和智通、智达的"二传"合称"元兴寺传"，也叫"飞鸟传"。[①]

（2）奈良时期法相宗的辉煌

日本的奈良时代（710—794）是法相宗传播的黄金时期。当时的法相宗是日本佛教六宗即三论宗、成实宗、法相宗、俱舍宗[②]、华严宗、律宗中

[①] 因为元兴寺在飞鸟（今日本奈良的耳成山南），故有此称。
[②] 俱舍宗：汉传佛教十三宗之一，属小乘说一切有部，以《阿毗达磨俱舍论》（简称《俱舍论》）为主要经典。玄奘早年也曾在长安从道岳学真谛所译《俱舍论》；后在印度又向戒贤论师请教学习《俱舍论》中的疑惑；回国后，以为旧译多有"舛错"，故于永徽二年（651）五月在大慈恩寺翻经院重译此论。书成后题名《阿毗达磨俱舍论》（世称"新论"），全书共30卷，对俱舍学说所牵涉的有部各种毗昙的相关问题追根溯源地加以解决。

最有实力的宗派，也是"奈良六宗"佛学教育的核心。

法相宗的第三传

武则天长安三年（703），日本的新罗僧智凤、智鸾、智雄入唐求法，三人师从智周学习法相宗唯识学。

智周 是慈恩系嫡传的"唯识第四祖"，玄奘法师的三传弟子，俗姓徐，濮阳人，19岁受戒，23岁入慈恩大师窥基的弟子——"淄州大师"慧沼门下。因在濮阳报城寺弘扬唯识之学，被后人尊称为"濮阳大师"。据唐昙旷《大乘入道次第开决》记载，在玄奘门下的慈恩、西明两系的论争中，慧沼著《成唯识论了义灯》等书，驳破圆测等异说，而阐发了窥基所传的微言奥义。智周即继承慧沼的事业，继续著述，专门弘传窥基一系之说。开元十一年（723）智周去世，世寿56。

智周之后，慈恩宗骤衰，著述亦渐次零落。而智凤、智鸾、智雄三人学成回日本后，在奈良兴福寺弘扬法相唯识之学，奘门诸师重要著述亦赖以流传不绝。[①] 之后，又有智凤的弟子义渊以精通唯识学而著名。

义渊 俗姓市往，大和（奈良县）人，德智兼备，深受圣武天皇尊重。义渊主持创立了龙盖、龙门、龙福、龙泉和龙象等五寺，为奈良佛教的隆

[①] 据《东域传灯目录》记载，智周的著作有13种，现存10种：（1）《法华玄赞摄释》4卷，是对窥基《法华玄赞》"细绎疏意，问答释难"；（2）《大乘法苑义林章抉择记》4卷，是对窥基《大乘法苑义林章》的抉择释难；（3）《大乘入道次第》1卷，一作《入道章》，扼要地说明自宗修行次第的境行果；（4）《梵网经菩萨戒本疏》5卷，现存二、四两卷，《东域传灯目录》云："智周师依天台撰之"；（5）《因明入正理论疏记》3卷，亦名《前记》《因明纪衡》，是对窥基所著《因明入正理论疏》文义的释难；（6）《因明入正理论疏后记》3卷，补《前记》之缺；（7）《因明入正理论疏钞》1卷，亦名《略记》（或云伪作），是对窥基《疏》的简略补充解释。（8）《成唯识论枢要记》2卷，现存上卷，亦名《成唯识论方志》，或《枢要方志》；（9）《成唯识论了义灯记》2卷，现存下卷（起《了义灯》卷三末至卷六末），是对慧沼所著《成唯识论了义灯》的释难。（10）《成唯识论演秘（钞）》7卷，是对窥基所著《成唯识论述记》的随文释难。本书与窥基的《成唯识论枢要》和慧沼的《成唯识论了义灯》，并称唯识三疏。

盛奠定了基础。义渊门下的玄昉、行基、行达、良敏、良辨等皆闻名于当时。

法相宗的第四传

法相宗是日本奈良、平安时代最有影响的宗派之一，至今流传不绝。

释玄昉 俗姓阿刀，大和（奈良县）人，奈良时期日本高僧。最初在日本随义渊在兴福寺出家，学习唯识宗佛法。唐玄宗开元五年（元正天皇养老元年，717），玄昉奉敕同阿倍仲麻吕、吉备真备等一起入唐。先从智周学习法相宗义，后又入长安游历。相传唐玄宗非常欣赏玄昉的才能，赐他穿紫衣，从三品位。18年后，玄昉回国，在兴福寺传法。玄昉这次回国，收获非常丰富，带回的经论章疏多达5000余卷。玄昉德高望重，学识渊博，智慧超人，受到圣武天皇的敬重，被任命为大僧正，曾参与朝政。后又受朝廷敕令，负责主持建立东大寺和各地"国分寺"。

日本佛教史将智凤、智鸾、智雄三人的传法称作"第三传"，将玄昉的传法称作"第四传"。二者都受法于玄奘的三传弟子智周，都以兴福寺为中心传播唯识学，也称作"兴福寺传"，因为兴福寺在元兴寺北，也被叫作"北寺传"。

奈良时代法相宗高僧

奈良时代的日本法相宗人才济济，玄昉门下出有慈训、善珠、行贺、常藤等人；行基门下出有法海、行信、胜虞等人；胜虞之下又有慈宝、源仁、护命等人；义渊门下其他弟子的门下亦出有神睿、玄宾、贤憬、修圆和德一等学僧。其中善珠、护命的著述最多，影响也相对较大。

释善珠（723—797），日本奈良时期高僧，师从玄昉学习智周之学，成绩突出。于成唯识论方面，著有《成唯识论述记序释》《成唯识论了义灯增明记》《唯识论疏肝心记》等；善珠还精通因明学，著有《因明论疏证灯抄》。

护命 平安时代的法相宗名僧、元兴寺僧正护命，是当时日本佛教的著名导师。弘法大师空海来大唐之前就曾经常向他请教，他对空海也关照有加。空海创立真言宗后，仍对护命非常崇敬，曾多次致信、赠诗给护命。护命著有《大乘法相研神章》。

除以上两位之外，法相宗还有神睿、德一这样的大德，皆是可以与三论宗道慈、天台宗最澄相媲美的论师。

（3）平安时期法相宗的中兴

直到平安时代（794—1192）法相宗在日本还有着较大的社会影响，涌现出如仲算、藏俊等数位唯识学大家，平安时代末期还出现了被称为"法相中兴之祖"的贞庆。

释仲算（935—976）日本平安时期法相宗高僧，著有《法相宗贤圣义略问答》《四分义极略私记》佛学著作。其他事迹不详。

藏俊（1104—1180）日本平安时代著名的唯识学家，著有《大乘法相宗名目》《唯量抄》等佛学著作。其他事迹不详。

释贞庆（1154—1213）平安时代末期日本法相宗著名高僧，因反对宗教的腐化，批评僧众的堕落，最后归隐山林。著有《唯识同学钞》《愚迷发心集》和《心要钞》等佛学著作。

镰仓时代以后，日本法相宗再也难现往日辉煌，甚至一度从属、受庇护于真言宗。后来日本法相宗将宗教教派发展与学术研究联合起来，以教促研，以研兴教，从而带动了整个文化事业的发展，走出了一条新路。

如今，日本法相宗有兴福寺、药师寺两大本山，寺院和传教场所共169所，奉释迦牟尼佛、药师佛为本尊，以《解深密经》《成唯识论》等经论为所依经典，现有僧尼近300人，信徒约60万人左右。

3. 中印交流

佛教传入中国是中印两国文化交流史上重要的一件大事，也是中国文化发展史上的大事。唐代初年对印度影响较为深远的唐朝高僧玄奘的事迹，至今在印度仍被大部分人知晓，并出现在印度中学的教材之中。唐高宗永徽三年（652）五月，中印度国摩诃菩提寺沙门法长至大慈恩寺礼谒、参访玄奘法师，并转递同寺大德智光、慧天致玄奘法师书、赞颂以及所赠布两端。同年，有印度僧人阿地瞿多来到长安，高宗敕令将其安置在大慈恩寺。这时玄奘正在慈恩寺翻译《俱舍论》和《集论》。后来沙门大乘琮等16人、英国公李勣（即徐懋功）、鄂国公尉迟敬德等12人，又请阿地瞿多到慧日寺的浮图院建立陀罗尼普集会坛。沙门玄楷等遂力请阿地瞿多翻译他的法本。于是他就在慧日寺中从《金刚大道场经》中撮要抄译，集成《陀罗尼集经》12卷，由沙门玄楷笔受。阿地瞿多这次关于秘密经典的传译，也影响了同时的玄奘译经品类。就在《陀罗尼集经》译出的同一年（654）九月，玄奘在译完《俱舍论》和《顺正理论》之后，也连续地翻译了很多种陀罗尼；从经文的内容看，似乎都属于《金刚大道场经》之同一系统。

永徽六年（655），印度僧人那提（梵名"布如乌伐邪"，梵文 Punyopaya 唐曰"福生"）携大小乘经律论五百余夹，合一千五百余部，抵达长安。唐高宗敕令将其安置于大慈恩寺，并令有司供给其日常。显庆元年（656），高宗就派那提前往南海昆仑诸国"采取异药"，龙朔三年（663）返回长安。但就在这之前（659），玄奘为翻译《大般若经》离开长安，移住玉华宫，并将那提三藏的梵本也带走了。使得那提仅翻译了《八曼荼罗经》《离垢慧菩萨所问礼佛法经》及《阿咤那智经》三部。《续高僧传》卷4译经篇《京大慈恩寺梵僧那提传》对此有载："那提三藏，唐曰福生。具依梵言，则云布如乌伐邪，以言烦多故，此但讹略而云那提也。本中印度人，少出家，名师开悟，志气雄远，弘道为怀，历游诸国，务在开物，而善达声明通诸诂训。……承脂那东国盛转大乘，佛法崇盛赡洲称量。乃搜集大小乘经律论五百余夹合一千五百余部，以永徽六年创达京师，有敕令于慈恩安置，所司供给。时玄奘法师，当途翻译，声华腾蔚。……显庆元年敕往昆仑诸国采取异药，……龙朔三年还返旧寺，所赍诸经并为奘将北出。意欲翻度，莫有依凭。惟译《八曼荼罗》《礼佛法》《阿咤那智》等三经……那提三藏，乃龙树之门人也。"[①] 隋唐时期译出的印度医书，常有托名龙树所著者。

---

① [唐] 道宣：《续高僧传》卷4，见《中华大藏经》（汉文部分）第61册，中华书局，1993年，第550页。

那提既然是龙树之门人，自然也应该通晓长生术。加之那提携带大批经卷来唐时，正好被安置在大慈恩寺玄奘组织的译场，如此看来，《大辩邪证经》尾题与玄奘并列的这位"长生师"应该就是那提。

《续高僧传》以及《开元释教录》等书，亦记载玄奘曾利用权势排斥当时来华翻译佛经的中印度僧人那提，使其"宏愿未遂"不得志而离开中土。

其实玄奘去印度取经的想法，也是受印度僧人的影响而萌发的。武德九年（626），有一位来自印度的僧人波颇到达长安，组织译场，许多中国僧人都参加他的译场，玄奘就是从他那里听说在印度的那烂陀寺有一位戒贤法师讲授《瑜伽论》总摄三乘之说后，才产生了去印度求法的念头。

开元七年（719），印度密宗高僧金刚智来到长安，玄宗敕令迎请至大慈恩寺安置，后又移住大兴善寺。金刚智是中国佛教密宗金刚界部法主，与善无畏、不空合称"开元三大士"。

唐德宗贞元十六年（800），印度僧人牟尼室利（？—806）自那烂陀寺出发，拥锡东来，抵达长安，至长安兴善寺。据《宋高僧传》卷三记载：牟尼室利，梵名 Munisŕî 之音译，又称寂默。贞元十九年（803），徙崇福醴泉寺。后住在大慈恩寺翻译《守护国界主陀罗尼经》（10卷）等佛教典籍。元和元年（806），圆寂于大慈恩寺，世寿不详。

「一城一刹 一宝藏」

大慈恩寺建成后，历经五代、宋、元、明、清及民国时期的多次毁坏和修复，所留下的记载，大多为"殿堂僧舍被焚，唯一塔俨然"。也就是说，大慈恩寺的每一次修复，都是以大雁塔为中心，如此，也形成了如今的大慈恩寺。大慈恩寺所有的建筑比例，都是以大雁塔为基准，无论是钟、鼓楼，还是大雄宝殿和法堂（兜率），都相对要略小一些，大殿与法堂都只有五间、单层，钟、鼓楼虽然有两层，内部空间却只够放得下大钟与大鼓。又由于占地面积小的原因，大慈恩寺相对于一般大寺庙，没有牌坊、天王殿、放生池等，但无论是远观大雁塔与山门，还是近看大雁塔与大雄宝殿，大慈恩寺的所有建筑都极为协调美观。山门与大殿之间的东西两侧，只设置了钟、鼓楼与客堂、云水堂，其他所有偏殿都设置于大殿和法堂之间。在不影响宗教功能的前提下，前庭宽阔而不空旷，中院紧凑而不拥挤，布局极为合理，相对于现代紧缺的都市用地，大慈恩寺的建筑布局，可以说是现代都市寺院的典范。

时至今日，大慈恩寺仍是西安最重要的佛教寺院之一，以大慈恩寺为核心的西安曲江旅游风景区更是驰名中外。2014年6月22日，第38届世界遗产大会通过了由中国、吉尔吉斯斯坦和哈萨克斯坦三国联合提交的"丝绸之路：长安—天山廊道路网"文化遗产申请项目，其中在中国段有申遗点22处，慈恩寺塔（大雁塔）位列其中。大慈恩寺无愧于佛门之宝刹，中国传统文化的宝藏之地。

一、历代沿革

在李唐王朝的推崇下，佛教极为兴盛，寺院经济发展迅速，作为皇家寺院的大慈恩寺更是富丽辉煌。唐朝著名诗人岑参曾作《与高适薛据登慈恩寺浮图》云：

塔势如涌出，孤高耸天宫。
登临出世界，磴道盘虚空。
突兀压神州，峥嵘如鬼工。
四角碍白日，七层摩苍穹。
下窥指高鸟，俯听闻惊风。
连山若波涛，奔凑似朝东。
青槐夹驰道，宫馆何玲珑。
秋色从西来，苍然满关中。
五陵北原上，万古青濛濛。
净理了可悟，胜因夙所宗。
誓将挂冠去，觉道资无穷。①

今天，人们可以从盛唐诗歌中领略当时大慈恩寺的雄伟壮丽，但关于大慈恩寺布局规划等详细文献资料却没有发现，只能从零星的记载中来了解大慈恩寺的变迁。

1. 唐五代的三存三毁

在大唐一代，大慈恩寺在保持辉煌状态的同时，也曾遭遇过三次严重的打击。

---

①[清] 彭定求等编：《全唐诗》卷198，中华书局，1999年，第2043页。

第一次为"武宗灭佛"。唐代自立国起，历代统治者都推行崇佛政策，大力倡导信佛，造成了寺院经济的空前膨胀。佛教寺院占有大量的田土，僧尼脱离劳动，而且不向官府交纳赋税。很多人为了逃避赋役，便出家为僧，给国家经济造成了严重的损失。为了抑制这一局面，至唐武宗会昌五年（845），实行了"灭佛政策"，亦称"会昌法难"。

唐武宗会昌五年，大量佛寺被毁，银两充公，僧侣被勒令还俗，佛像损坏，经书四散。从本质上来说，武宗灭佛是寺院经济的扩张式经营与国家财政收入和税收之间的矛盾造成的，而唐朝政府对待佛教意识形态的态度并无大的改变。但在"会昌法难"中，寺院、僧侣却成了灭佛运动的直接目标。由于大慈恩寺属于敕建寺庙，虽然在这场劫难中避免了被毁的命运，但附属的寺院经济却未能幸免。会昌六年（846）三月唐宣宗即位后，虽然归还了部分庙产，但慈恩寺的辉煌已然不再。

第二次为"黄巢起义"。唐朝末年，爆发了农民起义。黄巢率领的起义军与唐朝政府军，曾在长安城进行了拉锯式争夺战，长安城如同人间地狱，满目疮痍，慈恩寺有很多建筑也都毁于此次战火中。

第三次为"昭宗东迁"。唐昭宗天祐元年（904），藩镇军阀朱全忠逼迫昭宗迁都洛阳，并下令拆毁长安城、强迫居民东迁，致使慈恩寺的殿宇大多不复存在，仅剩孤塔伫立。此后，留守长安的匡国军节度使韩建出于驻防的需要，对长安进行了缩小改建——新建长安城的范围只比原来的皇城略大了一些，坐落于原外郭城东南部的大慈恩寺已然成为远郊。

时间流逝，大唐佛教鼎盛时期的代表——慈恩寺历经沧桑，逐渐破败了。

樊察在《雁塔题名碑序》中说："五季寺废，惟雁塔巍然独存，有僧莲芳始葺新之，塔之内外皆以涂墍，唐人题字不可复见。"可见至五代时，大慈恩寺已经成为废墟，除了一座孤塔，寺内其他殿宇建筑已荡然无存，就连大雁塔本身也是布满泥污，唐代名士的题字已无法辨认。后唐明宗李嗣源长兴年间（930—933），西京留守安重霸和一位法号莲芳的僧人等进行艰辛的募款，对大慈恩寺进行了部分重修，使得这座寺院多少恢复了一缕生机。不过，此次重修之后，寺院范围已非昔日的半坊之地，只有慈恩寺塔所在的西塔院。从此之后，历朝历代对大慈恩寺的维修都没有超过这一范围。如今我们所见的大慈恩寺的格局，大约在此时已基本确定了。

经过长兴年间对慈恩寺的重修，尤其是慈恩寺塔的修缮，此地再次成为长安庶士的游乐之所，"每岁春时，游者道路相属"。但是好景不长，重修之后的大雁塔在宋元时期又屡遭劫难。

2. 宋金元时期的存废

唐末五代，战争频繁，经兵火破坏，至宋时慈恩寺院已沦荒废。据《大慈恩寺志》及搜集到的零星资料可知，宋金时期大慈恩寺曾遭有两次大的灾难。

第一次是宋神宗熙宁年间（1068—1077）的火灾。据史料记载，这次火灾是因为一位骄横的长安富民康生燃放"遗火"所致。大火连烧数日，寺内庙堂倾塌，大雁塔也受到殃及，塔内楼梯被毁，无法攀登。如张礼《游城南记》所载："游人"望而却步，大慈恩寺"自此衰矣"。不过，因为这场大火，塔壁上的泥污剥落，唐时的题记得以重现。据李裕民先生研究，"元丰年间再修大雁塔，一位'素工书法'的王正叔透过开裂的墙壁，看到了唐人题字，划刮一番，抄得了几十条，不禁喜出望外，并把这一收获告诉了好友。宋徽宗重和元年（1118），樊察又将这消息告诉酷爱书法的同年柳瑊（1081—1136），次年，柳瑊出任陕府西路转运判官，把五代时涂的墙泥去掉，请来书法家王正叔、名刻工李知常、李知本按照原样摹揭，'分十卷，刻于塔之西南隅'。樊察作序，柳瑊作跋。"① 也就是说，经过王正叔、李知常、李知本、樊察、柳瑊等人通力合作，剥壁摹写、刻石、拓片，将雁塔题名碑的摹本或拓本编成10卷刊行于世。宋人张礼游历慈恩寺时，塔壁之上唐代风流名士的题名清晰可见。其云："东南至慈恩寺，少迟，登

---

① 李裕民：《雁塔题名研究》，《长安大学学报》（社会科学版），2010年第2期，第1-7页。

塔，观唐人留题。"其下注曰："唐人墨迹，于是毕见，今孟郊、舒元舆之类尚存。……塔之东西两龛，唐褚遂良所书《圣教序》及唐人《题名记》碑刻存焉。"①

第二次是金元之际的战争破坏。金哀宗正大年间（1224—1232），完颜大金与蒙古铁骑在关中一线割据对垒，关中成为战场，大慈恩寺又一次遭受了极其严重的兵火破坏。除一塔外，重要的题名碑记，只有塔东西两侧龛内的褚遂良所书《圣教序》《述圣记》等数座碑刻幸免于难，其余寺宇荡然无存。对此，《游城南记》中"塔既经焚，涂污皆剥，而砖始露焉"之下的续注文有载，其曰："正大迁徙，寺宇废毁殆尽，惟一塔俨然"。②

元代，史志未见记载，慈恩寺内仅存有元定宗时期贵由所立经幢一方。

3. 明清时期的修缮

宋元之后，大慈恩寺荒废了二三百年，直到明朝才迎来了再一次大修。

明朝建立后，明太祖朱元璋大行分封皇族，其次子朱樉被封为秦王，坐镇西安，负责西北地区防务。明洪武十一年（1378），朱樉来到西安就藩。自洪武以后至宪宗成化年间（1465—1487），秦藩兴平郡王一系热衷于佛事。

秦藩被封为兴平郡王者，依次有恭靖王朱尚烮、庄惠王朱志墭、安僖王朱公铄等。明英宗正统十四年（1449），兴平庄惠王朱志墭见到这座唐代名刹残破不堪，甚为感怀，于是准备出资将其重修。然而，重修工程还未开始，庄惠王却先一步离世。

（1）明天顺二年至成化二年重修

兴平安僖王朱公铄继位后，为了完成其父的遗愿，立即着手对寺院重修。这次重修工程开始于英宗天顺二年（1458），终于宪宗成化二年

---

① [宋] 张礼撰，史念海、曹尔琴校注：《游城南记校注》，三秦出版社，2006年，第23—24页。
② [宋] 张礼撰，史念海、曹尔琴校注：《游城南记校注》，三秦出版社，2006年，第23页。

(1466)，历时九年。事毕，赐进士第陕西参知政事张用瀚奉命为之撰《重修大慈恩禅寺记》碑文，以记述其功德。现寺内还保存有当时的重修碑记。据碑文载：当时"寺已倾颓，塔已荒落。……乃卜吉日，拆旧废残，起前殿二，各五楹；山门、廊庑、方丈、僧堂，以数峙立"。①

有趣的是，主导此次重修的大明王朝皇室成员，无论是庄惠王还是安僖王，都以"孝经慈善"而为人所称道，与唐高宗李治营建此寺的缘由颇为相似。此次大修，原则是拆了旧的，废了残的，全部加以改建。重建了前、后二殿，各为五楹；又建山门、廊庑、方丈、僧堂等。雕梁画栋，绚丽夺目。寺院殿宇的修建工程结束之后，又塑以诸佛、天王等像，各饰金妆。与此同时，大雁塔也得到了修葺维护，"由是整然一新，美哉轮奂，视昔有加"。

同时，又恭请有戒行之大德住持，领导僧众弘法修行，祝延圣寿，阴翊皇图。从此以后，大慈恩寺恢复了"朝钟暮鼓，早香夜经"，一片法事兴隆的景象。② 大慈恩寺又重新成为长安士庶游乐宴息的胜地和乡试举子仿唐故事"雁塔题名"的文化名区。

（2）万历三十二年加固维修

经过一百多年的风吹雨淋日晒，加之嘉靖年间的地震，大雁塔遭到不同程度的损坏，塔内楼梯塌圮，塔外檐角风铎掉落，残败不堪。

明神宗万历三十二年（1604），地方官府再次对慈恩寺塔进行修葺与维护。主要是在维持了唐代塔体基本造型的基础上，进行了加固并重建塔内楼梯，可登临各层。在唐塔体外包砌36厘米至60厘米厚的水磨砖，并对逢包层。此外，还补足了塔檐角所缺风铎，风铎上有"万历三十二年重修"字样，使大慈恩寺塔换了新颜。塔高64.5米，塔基底边长25米，占地2061平方米，这便是今天看到的大雁塔。

据载，大慈恩寺现存的寺院建筑布局和规模，包括山门、钟鼓楼、大

---

①畅耀：《大慈恩寺》，三秦出版社，1988年，第21页。
②此次重修情况详见文后附录《重修大慈恩禅寺记》碑文。

殿、藏经楼（法堂）、配房以及塔的加固、水磨砖等，都是明代两次重修所奠定的基础。以后虽有多次维修，但基本上保持了这一布局和规制。

(3) 康乾年间修葺

清朝康熙、乾隆年间，大慈恩寺都有重修，现寺内还保存有当时的重修碑记。(碑文见附录一)

清康熙十年（1671）五月吉旦①，原署四川崇庆州知州王毓贤等人从慈恩寺前经过，见寺前石桥倾塌，决定重修。此桥跨于黄渠之上，名为"遇仙桥"，其名称由来、修建时间皆无从考证。从寺院出来，经过遇仙桥，可直接通至杏园、曲江池和芙蓉园。王毓贤认为大雁塔周边是名贤游赏之地，而断桥残景实在有失雅兴，于是和随同友人集资重修，不足一月便修葺完成。当时，有五名僧人镇□（碑文字体模糊不清）、惟忠、方真、觉义、镇贤为此善行署名立碑。(见文后附录·碑文4《重修大塔寺遇仙桥记》)

康熙十七年（1678）农历四月二日，陕西总督哈公（占）、陕西巡抚杭公（爱）率僚属1000人等游览近郊。②一行人行至大雁塔憩息，游览慈恩寺时，看到寺内前轩稍显破败，遂对其进行了简单地修葺，并未进行较大的土木劳作。此次重修及功德在明陕西西延凤汉兴等处提刑按察使司按察使加二级麻尔图撰并书的《重修大雁塔寺前轩记》中有详细记述。文后附录中录有碑文，此不赘述。

雍正十三年（1735），和硕果亲王到大慈恩寺，机锋颇合，额题"慈云法雨"四字赠予寺院。

清乾隆十一年（1746）前后，憨公和尚、印可上人相继对慈恩寺进行

---

①吉旦：阴历每月初一称吉旦。宋无名氏《儒林公议》卷上："（苏惟甫）旬澣吉旦诣公，语余遂及身计。"明张居正《请册立东宫疏》："以今首春吉旦，敕下礼官，早正储宫之位，以定国本，以慰群情。"

②原文为康熙五十七年（1718），误。哈占（？—1686）伊尔根觉罗氏，满洲正蓝旗人，清朝将领，官至礼部尚书，时任陕西总督。杭爱（？—1683），章佳氏，清满洲镶白旗人。康熙十七年（1678）前后由布政使擢陕西巡抚。康熙十九年（1680），调任四川巡抚。卒，谥"勤襄"。二人中一人死于康熙二十二年（1683），一人死于康熙二十五年（1686），康熙五十七年（1718）肯定是错的，应为康熙十七年之误。

了维修。根据乾隆十一年（1746）所刻《慈恩寺功行碑记》碑上部"雁塔胜迹图"中的描绘，当时，慈恩寺内殿宇、殿堂名称及其布局与今天极为相近。如在寺院的南北中轴线上，主要建筑自南而北有歇山式山门五间（中三间和左右各一间）、歇山式天王殿三间（今已毁）、歇山式大雄宝殿五间、推山式便殿五间、七级大雁塔；天王殿两侧为钟、鼓楼（方形歇山式二层），钟鼓楼以北各有平房四幢，面宽各约五间，再北又各有便殿三间。寺周围设有围墙，山门南面有一座建筑，高有两层，底层为东西向长方形台基，中间设有南北相通的两个券门洞，其上为一券脊歇山式三间堂殿。此建筑之南即东西流向的曲江支流。

据此可知，在康、雍、乾盛世之时，大慈恩寺的基本建筑是完备的，院落是完整的，全部建筑约有70间。此时，寺内有高僧住持，"丈室邸返，斋厨严整，四方冠簪，远近至者无虚日"。① 其宗教法事活动情况，由此亦可见一斑。

（4）道光年间大整修

道光十二年（1832），大慈恩寺中此前重建的殿宇再次倾塌，方丈清元法师发动寺僧，进行了一次大规模的重修。这次重建工程没有依靠朝廷和地方官府的力量，而是由寺僧靠化缘筹措来的经费自主修缮。主要工程量为：重造山门三间、钟鼓楼二座、天王殿三间、客堂对面六间、厢房一十四间、游廊六间；同时，对塔内的楼梯也进行了补修。

同治元年（1862），陕西爆发了回民起义，史称"同治回乱"。清朝廷派重兵对起义队伍进行镇压，历时两年才得以平息。这场兵火造成大慈恩寺"殿宇灰烬，一塔岿然犹存"。② 这是大慈恩寺千年历史沧桑中，第三次遭到毁坏。

---

① 见乾隆十一年（1672）由两魁乡国长青门刘鉴撰文、咸邑李允宽书丹、长安卜兆梦镌刻的《慈恩寺功行碑记》，现存大慈恩寺内。
② 一品顶戴兵部侍郎抚陕使者怀宁叶伯英等人领衔镌刻的《重修慈恩寺记》，现存大慈恩寺内，碑文全文见文后附录。

（5）光绪年间重修

同治、光绪之际，由于清王朝政教合一弊端的影响，导致佛法频受摧残。尽管如此，大慈恩寺寺僧以及佛家弟子与居士、良吏等有识之士仍鼎力维持。光绪四年（1878），印光法师之舍家离俗入大慈恩寺听经悟道的信念，仍可算作慈恩法雨的点滴润泽。

1907年大雁塔景况——爱德华·沙畹摄

光绪十三年（1887）秋，尚一品顶戴兵部侍郎抚陕使者叶伯英与友人至大雁塔下郊游，见慈恩寺"故址荒凉，佛堂湫隘，题名碑碣委弃于瓦砾榛莽中"，于是产生了重修大慈恩寺之意。他与同行的李菊圃、方伯用、清怀、清观、察曾和等数人共同商议重修寺宇之事，大家一致推举张宏运负责统筹督工。

这次的重修工程量较为宏大，共建寺门五楹，佛殿二座及钟鼓二楼。但整个工程用时仅四个月，所用金、木、陶、漆等工料总计用钱3000余缗（1000文钱为一缗），全部出自叶伯英及观察使方伯用的俸禄。

重修后的大慈恩寺一度香火再兴，同时革命的火种也在此点燃。依据罗宏才先生《慈恩印象》中所搜集的资料及访谈所知，光绪末年至宣统初年，慈恩寺先后有同盟会及会党人士为推翻清政府而组织的三次秘密集会。这三次秘密集会中，尤以光绪三十三年（1907）九月革命党人井勿幕、柏惠民（筱余）、李仲特、焦子静、郭希仁、高又明等巧妙利用重阳佳节赏菊、登大雁塔之传统节日而秘密举行的反清集会，以及1910年春季井勿幕、张钫、钱定三、张云山、张聚庭、万炳南、胡景翼、李仲三、邹子良等36兄弟的"歃血为盟"集会最为精彩。[1]

---

[1] 罗宏才：《慈恩印象》，上海大学出版社，2009年，第62页。

从法国学者沙畹所拍的大慈恩寺照片的时间（1907年9月4日）看，大约与井勿幕等在慈恩寺举行秘密集会同时，此时的慈恩寺已是树木萧瑟，道路淹没于荆棘野草之中，一片凄凉景象。

4. 民国以来的保护

（1）民国初期的现状

民国初期，因疏于修缮，加之陕西连遭兵祸、灾害，劫难不已。从民国5年（1916）以至民国10年（1921）前后，大慈恩寺曾频繁入驻军队，佛像毁坏之事，屡有发生。搜检这一时期几幅慈恩寺以及大雁塔旧照，只见垣墙破缺，殿堂残败，寺院荒芜，孤耸的雁塔上杂草丛生。民国著名陕籍学者党晴梵有一首《秋日登慈恩寺浮屠》，正是当时大慈恩寺历史沧桑的真实写照。诗曰：

> 西风昨夜来，秋色满郊甸。
> 清晨意不适，驱车游僧院。
> 信步登浮屠，俯仰恣顾盼。
> 终南几堆烟，浐灞清如练。
> 长空何寂寥，大地何葱蒨。
> 在昔晋水清，中原骇龙战。
> 裼裘佳公子，武功一寓县。
> 其时有异人，实为象教彦。
> 西征十七年，不辞手足胼。
> 遂游百八国，迻译经千卷。
> 自觉觉人意，震旦喜流遍。
> 长安曲江隈，乃起大雄殿。
> 英英将门种，薪衣继研练。
> 创兹慈恩宗，法界龙象现。
> 大乘唯识论，独能开生面。
> 千载若飘尘，倏忽沧桑变。

可怜庄严地，空梁巢秋燕。

门圮野草多，庵欹蛛丝胃。

凌夷胡若兹，谁果事修缮。

归来寐不成，中宵情缱绻。①

(2) 朱子桥修复之功

谈及民国时期的大慈恩寺，不得不提朱子桥先生。朱子桥（1874—1941）名庆澜，字子桥、子樵、紫桥，是浙江绍兴人。他行伍出身，曾任中东铁路护路总司令兼地方长官。"九一八事变"后，朱子桥曾率部坚决抵抗日本侵略者。据说他50岁之前不信佛，甚至还拆毁过寺庙。后来遇到因缘，转而信佛。民国15年（1926）后，他离开军政界，主要从事社会福利事业。民国19年（1930）和民国26年（1937），他两次赴陕赈灾，对陕西的赈灾救济和文物古迹保护做出了重大贡献。民国18年（1929），关中地区发生了极其严重的自然灾害，旱灾、蝗灾、冰雹和瘟疫肆虐。在此大饥大疫之季，朱子桥来陕开展赈灾活动。在赈灾期间，十分重视佛教事业，走访了陕西许多名胜古迹，考察其现状，目睹了千年古都长安的残破和众多古刹的破败不堪，实为痛心，发愿尽

长安区竹园村朱子桥先生墓

①李克明、邓剑主编：《党晴梵诗文集》第1卷下，陕西人民教育出版社，2007年，第176页。

力恢复。其活动主要可以概括为两个方面，即修复古刹丛林、祖塔和弘法。

修复古刹丛林与祖塔　在两次赈灾期间，他与佛教界人士多方筹措资金，先后整修了大慈恩寺、大兴善寺、青龙寺、铁塔寺（千福寺）、泾阳大壶寺（惠果寺）、终南山净业寺、草堂寺以及增设南五台之茅蓬等。此外，还加固了扶风法门寺佛祖真身宝塔、长安华严寺的杜顺和尚塔及清凉国师塔、兴教寺玄奘师徒三塔。其中，整修慈恩寺、玄奘舍利塔和加固法门寺塔用力最多。

重修大慈恩寺　朱子桥先生从山西五台山请来宝生和尚到慈恩寺主持工役。大慈恩寺原住持常真和尚天性谦和，让出寺任，全力配合。宝生和尚一面整饬寺纲，使之清规井井；一面又放种施粮，开单结众，添置寺产等。与此同时，重修寺院事宜也开始启动，共"添筑献殿五楹、观堂一座，寮房、香积、方丈十余间，修补钟鼓二楼以及墙垣数十堵。"此外，还对七级佛塔进行了"基正"。整个工程的材料、工资的开支高达两万余元，全数由朱子桥将军、铁道部总长叶虎查、厅长勉仲、五台山佛教会会长杨子繁、李福田诸大德慷慨相助，未动用民生分毫之资。经过重修后的大慈恩寺，"金碧辉煌，栋梁灿灼，莲台、佛像焕然一新"。

重修三藏塔　唐玄奘三藏之舍利塔，及窥基、圆测二师之塔，均在西安东南 40 里的兴教寺内，朱子桥先生前往参谒，见三塔均凋残剥落，行将倾圮，便捐资修复。

弘传佛法　工程完成后，贡生刘宗汉撰《朱子桥重修大慈恩寺功德碑》和《重修大慈恩寺纪念碑》（见文后附录·碑文 10）以记其事。后来，朱子桥将军又与李福田、唐慕汾、康寄遥、慈善会诸善长及陕西缁素[①]于慈恩寺共同发起创设慈恩学院，成立董事会，筹集藏经，延请名师，以期恢张慈恩学说。

---

① 缁素：指僧俗。僧徒衣缁，俗众服素，故称。如宋苏轼《海月辩公真赞》："予通守钱塘时，海月大师惠辩者，实在此位，神宇澄穆，不见愠喜，而缁素悦服，予固喜从之游。"

(3) 大慈恩寺的初步保护

据何正璜先生的《西北考察日记》等资料记载，至 20 世纪 40 年代初期，大慈恩寺曾为国民党第三十四集团军一部进驻。该部自从接获上峰命令之后，遂将寺院作为重要军事禁区，致使寺塔封闭，寺门森严，佛像毁坏。为保护管理与此相关文物古迹，教育部艺术文物考察团、西京筹备委员会以及陕西省政府等单位通力合作，使大慈恩寺的文物保护工作取得了很大成效，[①] 尤其是考察团中的王子云、何正璜、姚继勋等人功不可没。

关于民国时期大慈恩寺及其周边的保护情况，罗宏才先生在《慈恩印象》一书中记述较为翔实，在此借用一部分资料，以便我们了解 20 世纪 40 年代官方对大慈恩寺保护治理的举措与决心。

首先，强行迁出慈恩寺中的驻军。如 1941 年 11 月至 1942 年 5 月《西京筹备委员会工作报告》有记述：

西京南门外慈恩寺，为唐代古刹，近有军（队）在该寺驻扎，将名贵佛像损毁，经本会派员交涉，责令赔补，并令军队迁出，以后不得再有擅驻像堂、毁坏佛像情事。

其次，对大慈恩寺及其周边干道进行整理与开拓。西京筹备委员会在行文、派员交涉限制之同时，为开发西北旅游、弘扬陕西佛教文化，又对包括慈恩寺在内的诸多名胜古迹的主干道路进行了初步的整理与开拓。如西京筹备委员会陈云路《西京规划》第十节"现有道路交通"宣称：

（西安）南关之风景路，大、小雁塔，均系古路，且全城商业住户大都集合在南部，确有发展之可能，除风景路已筑碎石路外，其余尚拟修筑干路、东西约计数十公里，均在车丈中。[②]

第三，对包括大慈恩寺在内的名胜古迹进行规划整理，优化环境。西京筹备委员会一方面配合慈恩寺主干道路的修整、开拓，同时还相继对包括慈恩寺在内的众多西安名胜古迹周围环境进行了规划整理。荒僻之地，

[①] 罗宏才：《慈恩印象》，上海大学出版社，2009 年，第 66 页。
[②] 以上两段引用，出自西安市档案局、西安市档案馆：《筹建西京陪都档案史料选辑》，西北大学出版社，1994 年，第 226 页、第 130 页。

尽栽树木，借以提高游人兴趣。这些事情，在1941年下半年（具体时间不详）西京筹备委员会所正式对外公布的《西京市分区计划说明》中曾有明确说明。其文宣称：

> 城之东南八里有大雁塔、唐曲江池等，均系历史文化所在，是当妥为保存，以留古迹，并栽种树木，加以整理，以增厚游览兴趣。

同时，对包括长安城、太液池、阿房宫、镐池、昆明池、含元殿等"文化古迹区"加以保护治理。

西京筹备委员会在20世纪三四十年代对慈恩寺等名胜古迹的强力保护，的确使古老沧桑的大慈恩寺一段时间内旧貌改变，气象更新。

据载，抗日战争结束后，大慈恩寺又为军人驻守，且寺内还设有监狱，并在四周挖掘战壕，寺院及周边的环境惨败又荒凉。

（4）解放之后大慈恩寺重生

西安解放后，为了保护这座名寺，人民政府曾多次拨款进行维修。除了对大雁塔进行保护性维修外，还对原有殿堂进行了修缮，基本上维持了清代中后期寺院的原貌。

20世纪50年代到70年代，西安市政府拨款先后整修山门、门房（并在两旁增开大门）、塔内楼梯、塔内壁、塔顶、栏杆、塔檐、藏经楼；用大砖加固了塔基；开辟寺内竹园、花圃、砖砌台阶、地坪、道路，增建了办公室，还在塔上安装了避雷设备。

1982年至1985年，添建了茶园服务部，并整修了藏经楼和大殿。

1990年至1992年，经国务院文物局同意，对大雁塔进行保养性维修，清除杂草、小树，整修一层塔壁。

1996年寺院出资，翻修寺内全部地面，中轴线通道全部改为青石铺地。

1997年，寺院自筹资金4500万元人民币，对大慈恩寺全面整修及扩建，玄奘三藏院工程上马。

2005年春，在西安市宗教局的组织下，西安市政府与文物管理部门两次邀请文物、考古、地质、建筑等方面的专家，共同商讨大雄宝殿重建设计方案，最终由陕西省文化中心，按照专家论证的建议，制定出共修方案，并在 2006 年底开始实施重修。2009 年春季，该工程全部竣工。重修后的大雄宝殿总建筑面积为 293.15 平方米，共投资人民币 1800 万元。2012 年置换了避雷针，并对塔顶进行了全面养护。

如今，大慈恩寺彻底焕发了新时代的青春活力，2014 年，被列入世界文化遗产名录，受到全世界的重视和保护。

二、古刹重光

自唐朝灭亡之后，长安不再为国都，长安城逐渐衰败。其形制降低，范围收缩。如今，人们所见的西安城墙为明城墙，是在唐长安内城城墙的基础上修建的。唐长安外城城墙已经倾倒，大慈恩寺也因此成了远郊。至 1949 年前夕，实际面积仅有 47 亩，也就是大雁塔所在的西塔院部分。虽然其周围仍有村落人烟，但香火却大不如前。

中华人民共和国成立以后，政府对这座千年古寺的保护工作非常关心。尤其是改革开放以后，随着西安城的扩张，大慈恩寺重新成为西安城一抹亮丽的风景。

1. 梵刹新宇

经过近几十年的重建与维修，如今的大慈恩寺东西宽 160 米左右，南北长 318 米左右，占地面积约 93 亩，平面呈长方形。这只是唐代大慈恩寺的西塔院，其东、北塔院于清代同治年间，因清军镇压陕甘回民起义，殿宇全部被毁。寺内的主体建筑主要是明、清以来修建的，多为砖木结构的歇山式建筑，沿中轴线分布，两侧附属建筑硬山式、歇山式皆有。原来山门与大雄宝殿之间还有韦驮殿（天王殿）三间，"文化大革命"中塌毁。现存寺院坐北面南，其格局分布为前寺、中塔与后院，主要建筑有山门、钟鼓楼、大雄宝殿、东西配殿、兜率（法堂）、大雁塔；2000 年又建了一组新的仿唐建筑——玄奘三藏院，即后院。院中大遍觉堂内有玄奘法师的青铜坐像，供人们瞻仰和凭吊。

（1）山门

大慈恩寺山门位于寺院正南，一层四楹三间，[①]为歇山式砖木结构建筑。中间门上悬挂有一幅蓝底金字的大匾，上题"大慈恩寺"四个大字。该匾由江泽民同志2005年来陕西考察工作在大慈恩寺视察时所题写。

大慈恩寺山门

大慈恩寺的山门为三间，开有一大两小三个门，中间较大的为中门，两侧较小的为侧门，这也是寺院门户的一般规制。"山门"也称作"三门"，象征佛教"三解脱门"，也就是"空门""无相门"和"无作门"。

"山门"也常称作"山门殿"，过去的寺院，为了避开城市的喧闹，大多建在山林之中，所以，一些有名的寺院都有山号，而寺院的第一重门，也常称作山门，通常寺院山门内都会塑有两座金刚像，算是寺院内较为重要的殿堂，所以又称"山门殿"。

大慈恩寺的山门，因为要保证与大雁塔的比例相协调，建的较为矮小，

[①] 所谓"三间"，是古时计量房屋大小的说法，这里的"间"字，是个量词，指的是两根立柱之间的空间，也称"楹"，不论立柱之间距离多少，都为一间。

所以并无供奉两大金刚塑像。两个侧门，一个是出口，一个是入口，中间的中门，只有诸山大德来访时才打开，平时轻易不开。另外，寺院的山门与中国人"行人靠右"的习俗不一样，大都是入口在左侧，出口在右侧，这是因为凡是绕佛、绕塔、参观寺院等，依佛教习俗都是左入右出，顺时针行走。

在大慈恩寺山门两侧，各建有一间侧门，是1949年后增建的，最外侧是"庄严国土，利乐有情"砖壁，这八个字体现了佛教的处世宗旨。

（2）钟鼓楼

钟、鼓楼是进入大慈恩寺山门后的第一重建筑，位于中轴线东西两侧，建于清光绪十三年（1887），据说是大慈恩寺中除大雁塔外最为古老的两座建筑。

钟、鼓楼，为两层两间歇山式砖木结构，有四个倾斜的屋面，一条正脊，四条垂脊，四条戗脊，两侧是垂直的三角形墙面。东侧钟楼内供奉的是地藏王菩萨圣像，内安放一口铸于明代嘉靖二十七年（1548）的铁钟，此钟重达15吨，通高3.4米，上书"雁塔晨钟"四字。由于历时久远，钟口已有破损。

西侧鼓楼悬挂一面大鼓，寺院称为暮鼓，此鼓为横置座鼓形式，鼓帮（外围）直径约2.12米，鼓面直径为1.77米，两鼓面间距为2米，鼓架高1.65米，通高为3.77米。

钟鼓均为寺院大型法器。一般寺庙，常备三套钟鼓，一个是置于大雄宝殿后侧的地钟鼓，为日常功课使用的法器；一个是置于大雄宝殿前侧的大钟鼓，为初一、十五佛菩萨圣诞等重要日子做功课或上供时配合唱赞使用的；一个就是钟鼓楼的大钟大鼓，这是寺庙中最大的一套钟鼓，用于寺庙中早晚作息，一般较大一些的寺院都有钟鼓楼。在寺院中，早晨先敲钟后打鼓，晚上先击鼓后鸣钟，所以，有"晨钟暮鼓"的说法，寺里僧众每天早晨五点听到钟声起床，每天晚上八点听到钟声洗漱休息，听到晨钟敲响，都要默念"闻钟声，烦恼轻，智慧长，菩提增，愿成佛，度众生"来

大慈恩寺钟楼

大慈恩寺鼓楼

警醒自己，然后起床洗漱，准备早课。早晨和晚上共撞两次钟，每次都为108下，为断除心中108种烦恼之意。

另外，钟鼓楼的钟鼓，在非晨昏时同时敲响，为寺庙的最高礼仪，名为"钟鼓齐鸣"，例如，有高僧大德前来寺院朝山，需要开中门迎接的时候；或住持上堂说法的时候；再或者传戒出仪仗的时候，都会钟鼓齐鸣。

（3）大雄宝殿

走过钟鼓楼，便是寺院的正殿——大雄宝殿，也称大殿。"大雄"是佛的德号，大者，是包含万有的意思；雄者，能降服一切烦恼和魔众。因为释迦牟尼佛具足圆满福德和智慧，能接引化导众生，因此，佛弟子尊称他为大雄。宝殿的宝，是指佛教中的三宝，分别是佛宝、法宝、僧宝。

大慈恩寺的大雄宝殿，雄踞于由两层二十四级汉白玉石阶构成的须弥座上。门楣题匾"大雄宝殿"四个大字，是由已故中国佛教协会会长赵朴初

大慈恩寺大雄宝殿

居士所书；门旁匾联上写有：

法海仰奘公西土亦称大遍觉

宗学宏唯识此地堪比那烂陀

其"大遍觉"是唐中宗赐给玄奘的谥号；那烂陀，是玄奘求法学习的印度古寺。大殿前面有汉白玉石狮一对，左右两边分别是两座经幢，左边经幢是唯识三十论经幢，右边经幢是佛顶尊胜大陀罗尼咒、心经经幢，后面是雄伟的大雁塔，显得极为庄严肃穆。台阶上边有两棵植于光绪十三年（1887）的龙爪槐，距今已有100多年历史。

大慈恩寺的大雄宝殿在唐代初修时的景况不得而知，现在的这座殿堂，是2006年对其进行落架重修的。宝殿面阔五间，进深四间，为硬山式砖木结构建筑。据说大殿内所有木料均采用印度尼西亚的红木菠萝格木，26根原木立柱圆润厚重，尤其是殿内横梁，舍圆取方，在保证受力的前提下，又减轻了顶部重量，建筑设计极为科学，栋梁不用彩绘，而是采用浮雕贴金，简洁辉煌大气。柱础则大部分使用旧物，青砖灰瓦，使整个大殿辉煌而不庸俗，精致又不失大气。

殿堂正中的佛龛上，供奉着本师释迦牟尼佛的法身像，毗卢遮那佛脱胎佛像，[①] 佛像慈悲而庄严；佛陀在世时有名的两位大弟子迦叶尊者和阿难尊者，分别站立在佛陀左右两侧。释迦牟尼佛像坐北朝南，高约1.3米，端坐于莲花台之上，手持比卢遮那印。年轻侍者阿难是释迦牟尼的堂弟，追随并侍从释迦25年，为其十大弟子之一；年长侍者迦叶是古印度摩揭陀国王舍城人，也是释迦牟尼的十大弟子之一，传说为佛教第一次集结的召集人。殿内梁柱上绘有蟠龙、飞天、鲜花、蔓草，梁上悬挂着各种灯饰和锦幡，上面写有《般若波罗蜜经戒》《大悲咒经》《十者文》《赞佛文》等经文。

[①] 脱胎：又称脱沙或夹纻。漆器的一种制法，由生漆和麻布层层包裹而成。其方法是在泥或木制的模型上糊上薄绸或夏布，再经涂生漆磨光等工序，最后把胎脱去，涂上颜料。

一城一刹一宝藏 231

大雄宝殿正中释迦牟尼法身像与迦叶、阿难两位尊者

大殿东西两壁供奉着十八罗汉。十八罗汉像通常是塑于大殿两侧的,由于现代寺院空间利用等因素,大多将其请至殿外两侧回廊供奉,并在大殿两侧墙壁开窗,增强采光和通风。大慈恩寺的十八罗汉,原为坐于砖台上的泥塑像,在重修时改为了浮雕。而十八罗汉的组成,则为印度原有的十六罗汉,加弥勒尊者和大遍觉尊者(玄奘法师),合为十八。这也是在全国佛教寺院中所少有的现象,并不多见。

殿后壁左右两侧有文殊、普贤二菩萨像。这些像大都塑于清末民初,唯文殊像为明代作品。

大雄宝殿是寺庙最重要的建筑,法师们的早晚功课、法会、诵经等重要的佛事活动都在这里进行。在举办佛事活动时一般情况下游人是不可以随意进入的。

大殿的释迦牟尼佛像背面正中为鎏金浮雕的释迦牟尼佛降生的太子像:刻像一手指天,一手指地,上有九条龙吐水为佛祖沐浴,下有七步莲花,周围有祥云和牡丹围绕;在两侧下方,则为慈恩寺代表性植物牡丹和龙爪槐的浮雕,可谓匠心独运。

大雄宝殿北门外悬挂由大慈恩寺方丈增勤法师撰、著名书法家雷珍民先生所书的楹联:上联为"一佛出生九

大雄宝殿背面"人天欢喜"金匾与释迦牟尼降生像

龙吐水",下联为"十方清净三界蒙恩",横批金匾上题写"人天欢喜"。东西两侧砖墙壁面分别镶嵌《清黑番投诚图》和《清红苗归化图》石刻。①

(4) 东、西配殿

大雄宝殿北面为法堂(兜率),大殿与法堂之间左右两侧分别为东、西配殿。东配殿为三间,由南向北分别是伽蓝殿、甘露堂和财神殿;西配殿也是三间,分别为先觉堂、示现堂与观音殿。

伽蓝殿 伽蓝殿内正面供奉的是拥护佛法的波斯匿王、须达多长者和祇陀太子,还有道教的福、禄、寿三星等神祇。伽蓝,是僧伽蓝摩的省称,当释迦牟尼佛在世的时候,舍卫国有位长者,名叫须达多,他将财物布施贫困,人们称他为给(jǐ)孤独长者。传说给孤独长要请佛到舍卫国来说法教化,就同佛的弟子舍利弗选择地方供佛和弟子们居住,经过再三考虑,选定了舍卫国太子祇多的花园,但是太子没有出售园林的意图,便对给孤独长者说:"你若能在我的园地上布满黄金,我便把花园卖给你。"给孤独长者当真这样做了,太子很受感动,便少要了一部分黄金,作为买回树木的价钱,并将所有树木供养佛陀。二人共同请佛来住,这便是印度有名的祇树给孤独园。后来舍卫国王波斯匿王也归信了佛教,为佛陀建立佛教事业做出过很多贡献。因此,后代寺院的伽蓝殿正中供的是波斯匿王,左方是祇陀太子,右方是给孤独长者,以纪念他们护持佛教的功德。大慈恩寺伽蓝殿所供奉的就是这三位护寺伽蓝。另外,殿内两侧供奉的是弥勒佛与

---

① 《清黑番投诚图》石刻:存于大慈恩寺大雄宝殿北门东侧墙上,长 0.85 米,宽 0.4 米,以浅浮雕刻书,上部有"黑番投诚图"五字。内容绘刻黑番投诚场面,受降者穿清军服饰。图中另有城楼、文武百官、乐队等风景人物。《清红苗归化图》石刻:存于大慈恩寺大雄宝殿北门西侧墙上,长 2.4 米,宽 0.86 米,以减地法和阴线刻相结合。内容绘刻有山间盘道和清钦差官员出行仪仗,红苗跪拜受降场面。图中人物有骑马、步行鼓乐迎接等形象,碑残为数块。另外,寺院西有《清红苗归化二十韵》碑,长 1.17 米,宽 0.61 米,横置,无首无座,素面无纹。楷书诗 10 首 55 行,记述红苗归化经过,可以与《清红苗归化图》石刻的内容互为补充。

护法韦驮菩萨。

甘露堂 "甘露"一词，在佛教中常与"法雨"连用，所指的都是佛法的润泽，所不同的是法雨滋润生者，甘露滋润鬼神，所以甘露堂就是以施放瑜伽焰口及做各种法事的地方。据经典记载，佛陀的弟子阿难在入定中见到一个饿鬼，名叫焰口，面容憔悴，口中有火焰，对阿难说，它饥饿难忍，将于三日后命尽生于饿鬼道，请求搭救。阿难出定后急忙向佛陀请教解救之法，佛陀为此说《无量威德自在光明殊胜妙力陀罗尼》，谓诵之即能免饿鬼苦，福寿增长。大慈恩寺在每年清明节、七月十五以及重要法会都会做放焰口的法事来超度过去父母师长、六亲眷属等。在甘露堂正面墙壁上有个圆盘，叫作坛城，体现佛教中的宇宙观。

财神殿 财神信仰在中国是非常广泛的，道教有四面、八方、一中的九大财神。佛教有北方多闻天王与善财童子，另外还有民间信仰的各路财神，其中文财神赵公明与武财神关公最为普及。大慈恩寺财神殿供奉的是赵公明像，是民间传统造像，信众可以单独在寺庙供奉，祈祷所有付出的辛劳都能够得到回报。寺院里每年正月初一迎接喜神，正月初二迎财神，信众特别多。

先觉堂 也称祖堂、祖师殿，是寺院供奉历代祖师的地方。大慈恩寺的祖堂，供奉有唐、宋、元、明、清、民国等不同时期对大慈恩寺中兴做出过杰出贡献的历代祖师牌位27个，其中包括日本和高丽僧人在内，他们有的是开山祖，有的是唯识宗传法者，有的是大慈恩寺的住持、方丈或高僧。所供奉莲位有四排，从高到低如下：

第一排（最高处）7人，中间供奉的牌位为开山祖师玄奘法师，以其为界，向左依次为：（唐）续兴本寺圆公测祖老和尚、（唐）续兴本寺道公昭祖老和尚、（唐）续兴本寺圆公周祖老和尚。向右依次为：（唐）续兴本寺慧公沼祖老和尚、（唐）续兴本寺窥公基祖老和尚、（唐）续兴本寺宣公敕祖老和尚。

先觉堂中的先师牌位

第二排 8 人，自右向左依次为：（唐）续兴本寺行公基祖老和尚、（唐）续兴本寺道公证祖老和尚、（唐）续兴本寺义公渊祖老和尚、（唐）续兴本寺隆公尊祖老和尚、（唐）续兴本寺智公达祖老和尚、（唐）续兴本寺景公贤祖老和尚、（唐）续兴本寺智公风祖老和尚、（唐）续兴本寺智公通祖老和尚。

第三排 8 人，自右向左依次为：（明）续兴本寺乳奴领占金刚灌顶上师、(明) 重兴本寺灌顶净修弘治国师、① (元) 续兴本寺僧公贵祖老和尚、(唐) 续兴本寺神公睿祖老和尚、(五代) 重兴本寺莲公芳祖老和尚、(唐) 续兴本寺良公敏祖老和尚、(清) 重兴本寺清公元祖老和尚、(清) 重兴本寺惟公忠祖老和尚。

第四排 (最低处) 4 人,自右向左依次为: (清) 重兴本寺憨月圆祖老和尚、(清) 重兴本寺印公可祖老和尚、(民国) 续兴本寺常公真祖老和尚、(民国) 续兴本寺宝公生祖老和尚。

---

① "灌顶净修弘治国师" 与上一位的 "乳奴领占金刚灌顶上师" 是明代两位藏族僧人,以弘传藏密法门著名,被成化皇帝、正德皇帝封授为国师和上师。笔者检索相关资料,确定他们是明代位于都城北京大慈恩寺的番僧。西安大慈恩寺先觉堂将 "灌顶净修弘治国师" "乳奴领占金刚灌顶上师" 列为本寺祖师,应该是受 "大慈恩寺" 所迷惑导致。另外,陈景富先生主编的《大慈恩寺志》卷 3《历史沿革》三、卷 10《住寺高僧》以及卷 25《大事记》中也都将其列入西安大慈恩寺祖师,应该也是同样原因所致。事实上,明代北京慈恩寺,其前身是元代古刹海印寺。1998 年 1 月什刹海研究会编辑有一本《诗文荟萃什刹海》,书中就有 "慈恩寺:原名海印寺,位于什刹海前海之西三座桥附近,明宣德四年重建,改称慈恩寺。" 清代乾隆年间英廉等奉敕编《日下旧闻考》也有记载:"大慈恩寺在府西海子上,旧名海印寺,宣德四年(1429)重建。""海子桥北有海印寺,宣德年间重建,改名慈恩,今废为厂。" 我们知道,明代皇帝从朱元璋开始都非常重视喇嘛教寺院,成化和正德年间大肆封授番僧。《明实录·武宗实录》记载:正德五年(1510)四月戊戌,"升大隆护国寺喇嘛绰即罗竹为佛子,大慈恩寺国师乳奴领占为西天佛子"。除此之外,《明实录》中有许多地方提到对 "大慈恩寺" 僧人的封授。据统计,仅明宪宗一朝,"传升大慈恩寺法王、佛子、国师等职四百三十七人,及喇嘛人等共七百八十九人,光禄寺日供应下程并月米,及随从、馆夫、军校动以千计",所费不赀。陈庆英先生《明代内地藏传佛教简介》中很多地方提到北京的大慈恩寺,"由于明朝对藏族僧人仍优予封赏,正统年间来京朝贡及留居的藏族僧人仍然很多,有的到京后不在会同馆住宿,而到大慈恩寺等寺院中分住,仅大慈恩寺分住国师、禅师、剌麻阿木葛等三百四十四人,占用会同馆馆夫二百一十三人。" 可见,种种资料显示,"灌顶净修弘治国师" 和 "乳奴领占金刚灌顶上师" 应该不属于西安大慈恩寺祖师。笔者认为,《大慈恩寺志》卷 3 所谓 "自此至正德八年以后的一段相当长的时间里,慈恩寺一直由 '番僧' 主持寺务,也就是说,一直是弘传藏传佛教的。这是大慈恩寺的一个特殊的历史时期" 的说法,以及《陕西省志·大事记》第 199 页、第 205 页所提及的 "著旦领占" 向朝廷贡物、"乳奴领占" 修复大慈恩寺等事实,有待考证。

每逢初一、十五、佛菩萨圣诞等重要日子，寺院的僧众都会到祖堂礼祖、上供，以示恭敬。一般寺院，祖师殿位于西侧，天王殿在前，韦陀菩萨面北，每日早课，僧值师父需要出殿礼四圣，大慈恩寺因布局所限，祖师殿与伽蓝殿都与大殿平齐，但是并不影响宗教功能和寺院运作。

示现堂　堂内供奉的是释迦牟尼佛八相成道玉石镶嵌群雕像，即"梦象受孕""七步莲花""夜度凡尘""苦行修道""降服众魔""彻悟成佛""大转法论""双林示寂"。所谓的示现，是指佛陀为度化众生所显现出来的平常而不平凡的人生经历，佛教称为八相成道，也就是佛陀一生所经历的降兜率、托胎、诞生、出家、降魔、成道、转法轮、入涅槃八个阶段。"成道"是"八相"中最重要的内容，也有称作"八相示现"。

据记载，佛陀的父亲是古印度迦毗罗卫国的净饭王，母亲为摩耶夫人，约为公元前6世纪人，摩耶夫人40岁之时因一日午休，花园做梦，梦里出现一头六牙圣象，之后便说自己怀有身孕，叫梦象受孕。按照当地风俗习惯，妇女怀孕后要回娘家待产，摩耶夫人和一群侍女赶往娘家途中，在一棵无忧树下产出太子乔达摩·悉达多。但不同的是乔达摩·悉达多却是从母亲的右腋下走出来的，刚一出生既会走路也会讲话，一手指天一手指地说："天上天下，唯我独尊"，而且走了七步，每步都留下一个大莲花。这就是七步莲花的由来，莲花也被定为是佛教的教花。之后乔达摩·悉达多便与普通常人一样，29岁时娶妻生有一子，并将继承王位。有一天他出游时从东、南、西、北四个城门分别看到了老人、病人、死人、修行人，看到不管是什么人都要经历生老病死的折磨。为了寻求解脱，他告别妻儿后离开皇宫，在一片树林当中削去头发，开始苦修，在大雪山苦修了6年，每天只吃很少的食物，喝一点水，以致自己骨瘦如柴，但还是没有修成正果。他才明白一味苦行只能让身体备受折磨，并不能够真正获得解脱。于是开始接受牧羊女给他供奉的奶糜，在一棵菩提树下静心修行。佛陀修行不是一帆风顺的，魔王波旬为了阻止佛陀结成佛果就派了三位魔女来诱惑他，她们分别叫爱欲、乐欲和贪欲。我们人类的心中都有一些欲望杂念会产生幻觉，但佛陀不为所动，幻像便自然消失，佛陀以其禅定抵挡一切。在菩提树下静坐七日之后，于第七日的凌晨，佛陀看到流星划过，终于在阴历腊月初八这天大彻大悟，悟道成佛。现今中国传统节日腊八节就与佛教有很大的渊源。佛陀成佛后用49年的时间讲经说法，度化接引众生，80岁时在印度的北方拘尸那罗城涅槃。① 弟子将他法体火化后，得到舍利84000颗，后被印度的八位国王分为八份送到8个国家建塔供养。在陕西宝鸡法门寺就供有佛祖释迦牟尼的指骨舍利，世界闻名。

观音殿 慈恩寺观音殿供奉的是千手千眼观世音菩萨。观世音的意思是，观世间众生疾苦，救拔众生脱离苦海，离苦得乐，简称观音菩萨。观世音菩萨是西方极乐世界的上首菩萨，表现一切佛的大悲心。千手代表护持众生，千眼代表关照世间，都是大悲的表现，主要有四十八臂，后有千手，每一手有一眼，是观世音菩萨慈悲救世的无穷悲愿的具体化。也有常见的自在观世音，就是一只脚盘膝，一只脚下垂，很自在的形象；像旁或有一净瓶，盛满甘露，瓶中插了柳枝，象征观音以大悲甘露遍洒人间。观音信仰在中国流传深远而广泛，在民间就有所谓"家家弥陀佛，户户观世音"的说法。

（5）兜率（法堂）

一般寺院的法堂，大多与藏经楼一体，上面是藏经楼，下面是法堂，法堂内设甘露戒坛或法座，也有供奉阿弥陀佛圣像的，门楣挂"法堂"牌匾或"藏经楼"牌匾。而大慈恩寺的法堂，与其他寺庙有所不同，供奉的是铜铸天冠弥勒菩萨像，设法座，门楣悬"兜率"② 牌匾。这是因为大慈恩寺为法相唯识宗祖庭，而唯识宗所信奉的是往生兜率内院。所谓兜率内院，

---

① 涅槃：佛教用语。指幻想的超脱生死的最高精神境界。只有佛逝世称为涅槃，其余大德高僧去世称之为圆寂。涅槃是一种境界，是指不生不灭，不诟不净，不增不减的精神状态，姿势为吉祥卧。

② 兜率：佛教用语。指佛教三界之内欲界六天的第四天。释尊成佛以前，在兜率天降生人间成佛。未来成佛的弥勒，也住在兜率天，将来也从兜率天下降成佛。兜率天在印度佛经中没有明确的内外之别，内外之别源于法相唯识一系，初有玄奘的"内外众"，再到窥基提出兜率"内院"；兜率"内外"的观念是法相唯识系对印度兜率原型的继承和发展，最终成为中国弥勒信仰的核心观念，兜率内院成为弥勒信仰者归依的地方。

一城一刹一宝藏　239

大慈恩寺法堂（兜率）

也称兜率天宫或兜率陀天，是弥勒菩萨的净土，因此这里供奉天冠弥勒菩萨像，悬"兜率"匾，又称兜率殿。往生兜率"内院"是玄奘一生所系的愿望。

　　法堂，是寺院演说佛法，弘扬教化的地方。大慈恩寺法堂是2015年重建落成的，殿高一层，① 面阔五间，进深四间，所用木材为非洲大红檀。中

---

① 重建之前的法堂与藏经楼合为一处。其一层为法堂；二层为寺院藏经阁，寺院收藏的图书、经卷等，曾主要藏于该处，现已移至玄奘三藏院西院寺院图书馆内。当时在法堂门楣上，悬挂着黑漆描金木匾，上书"法堂"二字，周边有六条描金云龙装饰。匾额系赵朴初所题、泰国沈立雄献。门旁悬挂木制对联一副，上书：七级浮屠耀三界，五千经卷播四方。落款：长安茹桂撰并书。其佛龛内供奉着阿弥陀佛坐像——也称无量寿佛、无量光佛，是西方极乐世界的教主。坐像为铜铸，高1米，据传为明代遗物。佛龛两旁有一副对联：三涂脱苦度众生，慧光普照度玲珑。龛架浮雕龙凤、仙鹤、祥云、蔓草。佛龛前放置着香案，浮雕龙、狮、观音化度故事。

间供奉的是天冠弥勒菩萨贴金铜像，所不同的是，原捧于菩萨手掌心的佛陀舍利塔，改持于莲蓬之上，造像更为生动慈悲，更容易使人心生崇敬。

大殿两侧的内壁的浮雕，为玄奘法师请唐太宗李世民题《大唐三藏圣教序》的上表文和谢表文，出自现代书法家齐静波和也农两位老先生手书。法堂外悬挂一楹联：上联为"说法传经弘扬圣教"，下联为"联珠贯玉乱坠天花"。

法堂的建造，从设计到用材，从着色到用光，对于空间、光线、音效等，都有完备的考虑，内部空间宽敞整肃，虽为古建筑，却没有梁柱林立的隔离感，外观质朴大气，虽仅单层五间，却气势非凡，与门前的两株侧柏浑然一体，肃穆简洁，堪称优秀的现代古建筑。

法堂之后是方形楼阁式的大雁塔，雁塔之北是玄奘三藏院。雁塔下文设专题介绍，此不多叙。

(6) 玄奘三藏院

玄奘三藏院位于大雁塔北侧，是为纪念玄奘法师所建造的仿唐建筑群。

大雁塔鸟瞰玄奘三藏院全景

建筑整体设计工作由中国建筑西北设计研究院总建筑师、中国工程院院士张锦秋先生主持；装修陈列设计工作是由中国佛教文化研究所所长吴立民主持，陕西慧业装饰工程有限公司承建。主体为钢筋混凝土结构，于1996年动工，2000年对外开放。

三藏院由西院光明堂、中院大遍觉堂和东院般若堂三个院落组成，将玄奘大师的辉煌一生分成两个阶段、三个不同层面向世人展示。

三个院落并列呈对称式布局，殿堂南向，高大宽敞，共有19座单体建筑物，房屋计183间，建筑面积4205平方米。屋面均为宜兴造琉璃瓦，梁柱、斗拱全部为钢筋水泥构造，柱础为莲花座。建筑为唐代风格，与大慈恩寺的总体规划相契合。

照壁 玄奘三藏院由书有"法门领袖"和"民族脊梁"的一面照壁拉开序曲。照壁南面写有"法门领袖"四个大红字样。佛门又叫法门，太宗李世民认为玄奘法师是当朝佛门的领袖人物，这四个字源自唐朝书法家褚遂良书法，表彰玄奘法师的功绩。北面的"民族脊梁"，是鲁迅先生对玄奘

玄奘三藏院照壁（南）：上书"法门领袖"

法师的称赞，说我们先辈有很多勇猛奋进的人，也有不畏艰险，西行求法的人，他们都是民族的脊梁，这四个字由中国佛教协会前任会长赵朴初先生所题写。

光明堂　光明堂位于三藏院西侧，之所以命名为光明堂，是指玄奘法师为北传大乘佛教带来了光明。光明堂原称译经堂，为歇山式屋面，殿内东西两壁的紫铜线刻和正面墙壁的柚木浮雕，其内容真实展示了三藏法师从出生到四十岁取经回国的经历和动人事迹。

这一时期正是玄奘"参学求法"阶段，重点突出的是他在古代翻译佛经事业上的成就以及佛典对后世的影响。

西壁的刻铜壁画，讲述的是玄奘法师出生、出家、取经的过程，中间是玄奘大师取经往返路线图。玄奘法师从古长安出发，经过秦州、兰州到达瓜州（今甘肃瓜州县），又经过玉门关、吐鲁番、吉尔吉斯斯坦、阿富汗、巴基斯坦、尼泊尔，最后到达印度，在那烂陀寺取得经文。去的时候用了3年时间，又在印度云游了14年，其中在那烂陀寺求经5年，回国用了2年时间，一共用了19年时间。玄奘一生被喻为四大家：佛学家、旅行家、翻译家、建筑家。归国后在大慈恩寺为第一任方丈，玄奘法师27岁去取经，45岁回国，64岁因劳累过度圆寂于铜川玉华宫的玉华寺。玄奘圆寂后，唐高宗为之罢朝三日，举行国葬。

东壁描绘了译场盛况，介绍了玄奘法师回国后的二十年间，先后在弘福寺、大慈恩寺、西明寺、玉华寺等四处译场，以及曾经小住的京城北阙紫微殿西弘法院、长安凝云殿西顺贤阁、终南山翠微宫和洛阳翠积宫、飞华殿、丽日殿译经不辍的场景。

大殿顶部装饰有《般若波罗蜜多心经》咒轮曼荼罗庄严。《心经》是600卷大般若经之肝心，玄奘时常诵持，故以其为装饰题材。大殿内展出的实物有玄奘所译经卷75部1335卷，藏于大雁塔模型内，还有玄奘自印度带回的佛像复制品、唐太宗《大唐圣教序》拓帖及各种版本译文、传入日本的经文手抄本影印件、译经像拓片、《大唐西域记》及各种版本译文。另有玄奘法师译经表、译场组织表和襄译传法门弟子表。

大遍觉堂　大遍觉堂居于三藏院中院，庑殿式建筑，① 共两层。殿名来源于玄奘法师的谥号。"大遍觉"是玄奘法师圆寂之后唐中宗所赐谥号。

三藏院大遍觉堂

堂内供奉着玄奘法师铜坐像，壁面以铜刻、木雕和石雕等布满玄奘法师生平事迹巨幅壁画，以更深层次的内涵表现了"玄奘取经"这一历史事件的宗教背景，贯穿了过去、现在、未来三个时空观念的佛教文化核心思想。

唐太宗贞观二十二年（648），玄奘法师开始主持大慈恩寺，并使寺院成为唐长安城三大佛经翻译场之一。同时，玄奘还在这里宣讲唯识学法门，创立了法相唯识一宗。在大遍觉堂中厅，集中展示了玄奘法师的师承、授受和历史传承，突出弘扬其弘法护法精神，凸显了法相唯识宗的宗教内涵。

---

①庑殿式：中国古代最高级别的一种建筑屋面样式。有四个倾斜的屋面，一条正脊和四条斜脊，屋角和屋檐略向上翘起，屋面略呈弯曲，显得庄重、宏伟。在等级森严的封建社会，这种建筑形式常用于宫殿、坛庙一类皇家建筑。

现在这里已成为人们瞻仰玄奘法师遗像、信徒顶礼膜拜的重要场所。

玄奘在印度游学期间，虚心向各地大师学习，融会贯通，自成一家。他以自己所宗的护法一家之释论为本，对其余论师之说有所取舍，糅译为《成唯识论》。弟子窥基据此典发挥，创立了汉传佛教之中理论体系最为完整，内容最为丰富，内涵最为深厚的宗派。

大殿北面墙壁上，是"兜率内院弥勒菩萨说法"浮雕，展现的是兜率天弥勒内院场景，弥勒说法曼荼罗庄严肃穆。据佛教经典记载，"兜率天"又称"睹史多天"，为佛教教义中的六欲天之一，系天人所居之所，其一昼夜相当人间四百年。居此天者彻体光明，能照耀世界；此天分为内、外两院，外院为欲界天之一部分，内院为弥勒佛寄居于欲界的净土，故称弥勒内院。曼荼罗则是描绘佛和菩萨说法的坛场。西壁、东壁分别是"佛说弥勒菩萨上生经变"与"佛说弥勒下生经变"浮雕。中庭为玄奘法师立像，庄严若神。像前为黄金所做兴教寺塔模型，内奉玄奘顶骨。东侧塑中观宗

敦煌莫高窟第 257 窟九色鹿本生 北魏（439—534）

各祖像，西侧塑瑜伽行派各祖像，以示玄奘融会二宗而创唯识宗之传承。大殿顶部为敦煌壁画《弥勒本生变》，图象庄严，与弥勒说法曼荼罗相呼应。在大殿中还陈列了玄奘师侣表、法相唯识宗传承表、日本法相宗宗师曼荼罗，以及两次玄奘国际学术研讨会论文与国内关于玄奘研究的著作、法相宗的经典论著等。

灵骨舍利 在大遍觉堂地宫内珍藏着玄奘法师的灵骨舍利，其灵骨舍利历经千年辗转流离。据史书载，唐高宗麟德元年（664）二月，玄奘法师圆寂于玉华宫玉华寺。按照法师生前遗嘱，他的遗骨被安葬于白鹿原畔，后又移至兴教寺。唐末黄巢起义军进入长安，与官军反复争战，兴教寺被毁，玄奘法师的灵骨又被寺僧移至终南山紫阁寺安葬。宋太宗端拱元年（988），金陵长干寺（天禧寺）可政和尚前往终南山紫阁寺参拜，见寺院毁弃，于是就把玄奘法师灵骨从陕西长安终南山紫阁寺迎请回长干寺建塔供奉。[①] 南宋《景定建康志》对此有记载，其云："白塔（指玄奘灵骨塔）在寺东，即葬唐三藏大遍觉玄奘大法师顶骨之所，金陵僧可政端拱元年得于长安终南山紫阁寺。"[②] 元至正《金陵新志》承袭此说。明成祖永乐十一年（1413），在宋天禧寺原址上重建大报恩寺，[③] 寺中就有三藏塔和三藏殿供奉玄奘法师顶骨舍利。清咸丰年间（1851—1861），太平军占领南京，大报恩寺毁于战火，三藏墓塔和三藏殿也遭到了破坏，玄奘法师的顶骨舍利不知所踪。抗日战争期间，日军占领南京后，驻在中华门外大报恩寺遗址的高森隆介部队在修造神社时，发现了三藏塔基，并邀请日本学者谷田阅次对此进行了发掘，同时出土的还有一个石函。根据石函所记"大唐三藏大遍觉法师玄奘顶骨早因黄巢发掘今长干演化大师可政于长安传得于此葬之天

[①] 关于长干寺（天禧寺）的历史及玄奘灵骨塔详情，见夏维中、杨新华、胡正宁《南京天禧寺的沿革》，《江苏社会科学》，2010年第3期，第229-236页。

[②] ［宋］周应和：《景定建康志》卷46，见纪昀等编修《文渊阁四库全书》，第489册，上海古籍出版社影印本，1987年，第590页。

[③] ［明］葛寅亮：《金陵梵刹志》卷31《重修报恩寺敕》，见《续修四库全书》第718册，上海古籍出版社，2002年，第674页。

圣丁印①二月五日同缘弟子唐文遇弟子文德文庆弟子丁洪审弟子刘文进弟子张霭"等文字,可以清楚判断该石函盛放的正是从长安迁去的玄奘法师的顶骨舍利。② 虽然日军想要封锁消息,但还是走漏了风声。日军被迫将玄奘遗骨移交给了南京汪伪政府。后来,汪伪政府将玄奘法师顶骨舍利分作了3份,南京、北京、日本各得1份。而留在南京的玄奘灵骨,先是被一分为二,分别供奉在汪伪政府中央文物保管委员会和小九华山。汪伪政府中央文物保管委员会那一份,后来几经辗转被供奉在灵谷寺佛牙塔中。

2003年11月21日,是玄奘法师诞辰1400周年纪念日。西安大慈恩寺从南京灵谷寺迎回了一份玄奘法师顶骨舍利,安奉在三藏院大遍觉堂下地宫内。在进入地宫的廊道两侧,镌刻着玄奘法师所译的《瑜伽师地论》经文。地宫入口的券门上有"登智彼岸"竖题匾额。地宫大殿内北侧为佛龛,西侧为虬首青狮浮雕,东侧为六牙白象浮雕,南侧为九龙壁,三组浮雕均为柚木浮

三藏院大遍觉堂下地宫中玄奘 顶骨舍利塔

雕,磅礴大气。玄奘法师的顶骨舍利被供奉在殿中央的舍利塔内。

历经千年的周折,玄奘法师的灵骨又回到了他曾经译经的地方,这是一件功德圆满之事。

---

①天圣丁卯:天圣是北宋仁宗的年号,丁印是宋仁宗天圣五年,即公元1027年。
②[日] 谷田阅次:《三藏塔建筑遗迹之发掘》,见光中法师编著:《唐玄奘三藏传史汇编·附录》,东大图书股份有限公司,1989年。

般若堂　般若堂位于三藏院东院，又称求法堂，为歇山式屋面。大门匾额题"般若"二字，即通达最高智慧的意思；门旁为玄奘法师手制金刚宝座复制件，寓意为：众生皆有佛性，只要按佛陀教诲修持，大彻大悟达到般若境界，人人皆可成佛，此佛座虚位以待。

般若堂重点展示的是玄奘法师求法、载誉东归及弘法阶段的生平事迹。东院门前有题额"解脱门"，门旁陈列有铜川玉华宫出土的佛足印石碑复件，其寓意为：玄奘为决疑，远赴西域寻求佛法真谛，亦寓世人应按佛的教诲修持，追随佛的足迹济世，以求心灵之解脱。

三藏院般若堂

般若堂大殿正面的墙壁上，是一幅大型木浮雕壁画，描绘的是那烂陀寺戒贤大师率众僧欢迎玄奘抵达的盛大场面。那烂陀寺是古印度佛学的最高学府，规模宏大，学者云集。据考证，这座寺院营建历数百年之久。印度考古学者用数十年时间发掘，尚未彻底完成发掘工作。戒贤法师是当年住持那烂陀寺的高僧，他对玄奘十分器重，传说他是专为等候玄奘的到来才留寿人世的。

般若堂西壁上是以玄奘西行求法途中所历磨难为题材的一组浮雕，再现了玄奘法师矢志求法、不畏艰险、历经磨难，终达印度那烂陀寺的决心。玄奘在那烂陀寺跟随戒贤法师学习毗昙、因明、般若、戒律、中观、瑜珈等全部六科佛学。五年后，又游历印巴次大陆，求教名师，不仅掌握了印度佛教各部派的理论，继承了印度古典哲学思想，还创造性地发展和光大了印度古典哲学思想。

东壁上则描绘了玄奘在那烂陀寺折服师子光、曲女城大辩论、无遮大会等生动场面及取得的辉煌成就。大殿顶部绘制的是古印度大乘佛教瑜珈行派创始人无著请弥勒菩萨下降瑜遮那讲堂宣讲《瑜伽师地论》的场景，它象征法相宗依论传承之根本所在。玄奘针对当时印度佛教界中观、瑜珈两大学派的对立情况，从理论上融汇两派学说，使之互相沟通，并用梵文著《会宗论》，与中观学者师子光辩论，使之折服。他又智辩向佛教发难的顺世外道，折服南印度学者的异说。羯若鞠阇国①戒日王特于曲女城召集有18个国王、3000名佛徒和2000名外道参加的大会，由玄奘担任座主，宣示《真唯识量》论点，历18日无人敢与他辩论。戒日王又让玄奘法师乘象游街，万民焚香敬花。玄奘归国前，戒日王于钵罗耶迦国②两河间举行为期75天的无遮大施会，为他隆重钱行。与会僧俗孤独者达50余万人，戒日王将其五年积蓄散尽，国王与王妃身着布衣，礼十方佛，成为佛教史上的奇观。

堂中还展出了古今地名对照表、玄奘在印度师侣表、玄奘生平事略表、玄奘在印度的重要著述、西域各国的风土人情照片、历代玄奘画像、玄奘传记、《西游记》等历史文学著作。还有流传在海外的玄奘画像、玄奘法师从西域带回长安的冰糖、白砂糖制作法，以及向西域介绍唐朝太常歌舞

---

① 羯若鞠阇国：梵名 Kanyāknhja，又译葛那及、屦饶夷、曲女城。今印度北方邦法鲁哈巴德（Farrukhabad）一带，都城在恒河与卡里河合流的卡瑙季城（Kanuj）。《大唐西域记》卷五："周四千余里，国大都城西临殑伽河（即恒河），其长二十余里，广四五里。城隍坚峻，台阁相望，花林池沼，光鲜澄镜。异方奇货，多聚于此。……风教遐被，德泽远洽，殊方异域，慕化称臣。"

② 钵罗耶迦国：中印度古国名，位于恒河与阎牟那河的交会点，波罗奈国之西，今印度北方邦阿拉哈巴德，戒日王每五年一次的无遮大会在此举行。

《秦王破阵乐》、道教圣典《老子》一书等。

玄奘法师将其一生都献给了佛教事业，为佛教文化交流做出了卓越贡献，被列入世界教科文组织的世界名人录里。

2. 巍巍雁塔

大雁塔坐落于法堂与玄奘三藏院之间，是中国仿木结构楼阁式砖塔中的典范，更以玄奘法师曾经的藏经塔而驰名中外。

（1）塔体结构

目前其主体由塔座、塔身和塔刹三部分组成，通高为 64.517 米，塔基现高 4.2 米，南北长约 48.66 米，东西长约 45.7 米；塔体呈方锥形，底层

巍巍大雁塔

边长为25.5米；塔每层皆为叠涩出檐，间以两层菱角牙子，各檐角悬挂风铎；塔顶仍以青砖叠涩收顶，上置三重宝葫芦状宝刹。塔刹高4.87米，直径最大处为2.45米。

据说大雁塔也像法门寺塔一样，修有地宫，用来安置玄奘法师带回来的佛舍利、佛经等佛教法器。[1] 虽说唐塔建造之时均设地宫，这几乎是塔类建筑的固定形制，同为唐朝皇家寺院的法门寺地宫与小雁塔地宫的成功发掘更为这种观点的推断提供了旁证。但大雁塔是否有地宫，历代史书无详细记载，只能推测而已，故此处不过多涉及。

大雁塔的塔身有7层，每层均以青砖仿照木结构作成柱枋、斗拱、栏额等，磨砖对缝砌成。一层、二层以方柱隔为九开间，三、四层为七开间，五、六、七层为五开间，每层四面均辟砖券拱门洞。塔内设置有木质楼梯，可盘旋而上，登至顶层。凭栏远眺，古城景色尽收眼底；遥望四周，山川逶迤风光秀丽，令人心旷神怡。

（2）塔内遗珍

雁塔底层四面皆辟有石门，四座门楣分别以生动流畅的阴线雕刻着佛、菩萨、金刚力士像。构图中的佛像为四方佛[2]像，即东方妙喜世界阿閦佛、南方欢喜世界宝生佛、西方极乐世界阿弥陀佛和北方莲花世界微妙声佛。

最为珍贵的是西门楣上的阿弥陀佛殿堂说法图。仔细端详这些法力无边的佛、菩萨，正端坐在东土大唐风格的殿堂上讲经说法，所有人物的面

---

[1] 关于大雁塔是否有地宫，民间和网络上说法很多。据网上资料显示，陕西省社会科学院宗教研究所所长王亚荣先生曾于2008年5月表示过大雁塔可能有地宫，他认为古塔地下一般都有地宫，与法门寺宝塔下有地宫一样，西安大雁塔下可能也藏有千年地宫，只是尚未发掘而已。并推测玄奘自印度取经归来后，所带回的珍宝有可能藏于大雁塔下的地宫内。据说2007年有关部门曾对大雁塔的内部结构进行探测，探地雷达曾经探测出大雁塔地下有空洞，这些空洞应该就是大雁塔的地宫。

[2] 四方佛：四方佛指东、南、西、北的"四方四佛"，加上法身佛毗卢遮那佛，称为"五方佛"。五方佛又称"五智佛""五智如来"，源自密宗金刚界思想，东南西北中五方，各有一佛主持。分别是中央的毗卢遮那佛、东方阿閦佛、西方阿弥陀佛、南方宝生佛、北方微妙声佛。

目也并无佛国印度人的特征,而是典型的中国人模样。这种不拘泥于时间和地域跨度的构图,给人一种切合实际之感。高大的建筑,生动逼真、惟妙惟肖的人物,在半圆形门楣范围内构成了无比绝妙的图画,更是巧妙、和谐和自然。

东券门额东方香积世界阿閦佛造像—唐永徽三年(652)中央美术学院图书馆馆藏,下同。

南券门额——南方妙喜世界宝相佛造像—唐永徽三年(652)

西券门额——西方极乐世界阿弥陀佛造像—唐永徽三年(652)

北券门额——北方莲花世界微妙声佛造像—唐永徽三年(652)

图中央讲经说法的阿弥陀佛，神情端庄慈祥，表情动作得体；三十尊各路菩萨神态自若，佛、菩萨、金刚力士各有身份位置，各司其职。图上所绘的殿堂，刻画得细致入微，真实地再现了唐代建筑的特点——厚重的螭吻、大方的斗拱、檐角铁马、殿内楹柱、台座踏步、两侧廊庑，是今天研究唐代佛教建筑、文化和艺术的珍贵史料。

更重要的是这幅画也体现了佛教中国化的一个侧面，通过画师的彩笔反映出玄奘法师和广大僧俗为实现在中国这块土地上弘扬佛法的美好心愿。

另外，两侧门框上的金刚力士像，身着铠甲战袍，手握法器兵器，怒目圆睁，有的肌肉鼓起，似在展现无穷神力，有的呈现三头六臂，仿佛无所不能。建筑设计师将金刚力士像与门楣有机结合为一体，构思深邃。

塔基西边有唐太宗李世民《大唐三藏圣教序碑》，东边镶嵌太子李治《大唐三藏圣教序记碑》，还有1991年所立的《维修大雁塔记碑》和《游慈恩寺雁塔碑》石刻。

在一层入口廊镶嵌有14块明清时期的"题名"碑刻和1块《玄奘负笈图》碑刻。

在第一层至第二层旋梯的四根支柱上，悬挂着四副木刻长联，高度概括了玄奘法师一生取经、译经、建寺、弘法的功业。

第一副：法门之领袖乘危远迈杖策孤征穷历道邦询求正教；兹经流施将日月而无穷斯福遐敷与乾坤而永大。(摘自唐太宗《御制大唐三藏圣教序

碑》集句赞曰)

第二副：真如之冠冕给园味道雪岭餐风智灯再朗真筌重崇；孤标一代迈生远以照前迥秀千龄架澄什而光后。（摘自唐高宗《御制大慈恩寺碑》赞曰)

第三副：式建伽蓝奉敕翻译诚冀法流渐润克滋鼎祚；圣教绍宣光华史册睿情远鉴照弘法之福音。（摘自法师既奉旨令充上座进启让日)

第四副：敬崇此塔拟安三藏梵本巍峨永劫愿千佛同观；树立丰碑镌斯二圣天文氤氲圣迹与二仪齐固。（摘自初基塔之日三藏自述诚愿曰)

第二层安放着一尊明代铜铸鎏金佛像。佛像端坐莲台，体态丰满，线条流畅，铸造工艺高超，是明代佛像中的上品。

第三层陈列着两枚装在真空管中的贝叶经标本和一些玄奘法师翻译的经书样品。

第四层陈列着一尊舍利塔（复制品）。

塔内二层明代铜铸鎏金佛像

明万历三十二年与民国时期的风铎

第五层陈列着从雁塔四角上撤换下来的风铎两枚。其中一枚为明万历三十二年（1595）重修时装在塔上的风铎；另一枚为民国时期的风铎。另外，还有一些历代重修或现代保护时所撤下来的旧砖，其中唐砖三块。

塔体内维修时更换的唐砖

登上雁塔最高层，可俯瞰大慈恩寺殿宇巍峨、游人如织，近览大唐芙蓉园风光无限，远眺终南万山耸翠。临风独立，心中遐想。自古以来，曾有多少名人登临雁塔，留下了多少关于雁塔的生动传说，又留下了多少不朽的诗歌——仿佛自己也成了像李白、杜甫、白居易、宋之问、高适、岑参等名家，也想要口占一绝，抒发幽思和感慨。

3. 塔体保护

如前所述，大雁塔外面包层，属明万历三十二年（1604）维修时的工程措施，根据不同部位包砖层厚度36至60多厘米不等，磨砖对缝，偶施以木筋和铁条进行拉接加固，并在所有塔的檐角悬挂刻有"明万历三十二年"铭文的风铎。这些风铎成为明代万历年间维修雁塔最早的实物证据和最好的纪念。另外，民国 20 年（1931）的风铎，同样也是于此年进行维修的文物证据。由于长期风雨剥蚀，雁塔出现过数次险情，说明古塔的整体性较差。

新中国成立后，大雁塔这座千年浮屠结束了风雨飘摇的历史，对其文保工作进入了一个新时期。政府非常重视大雁塔，对其进行了全面维修和科学保护，以防止塔体外层结构性的剥落和坍塌。1954 年，更新了塔内盘梯扶手，整饰了塔内墙壁。1955 年，修葺了塔基、塔檐。在这次维修中，将 1949 年前曾破损不堪的塔座在原塔座四周扩建出大约 2 至 3 米。1956 年，人民政府为加强对大雁塔这座宝塔的保护，设置了西安市大雁塔文物保管所。文物保管所自成立至今，一直发挥着对古塔文物保护的重要作用。1961 年 3 月 4 日，大雁塔被国务院确立为第一批全国重点文物保护单位（总编号为 63 号）。1962 年，在塔上安装了避雷针。通过以上的有力举措，可以看出国家对古塔文物的重视程度，同时为古塔保护提供了重要的政策和组织保证。1983 年经西安科委批准，正式设立了"大雁塔倾斜问题及其加固的研究"科研课题，并列为西安市重点科学技术研究项目。1983 年底，大雁塔保管所工作人员为保护塔檐，在第五层和塔顶砍伐了一些小树、清除了杂草。在第五层揭去被树根挤松的檐砖后，豁然发现被包裹在里面的唐代塔体。后于 1990 年，在大雁塔二层塔檐又出现了深 1 米多、宽 10 厘米、长 10 多米的裂缝。在维修中，为弥合塔壁裂缝，清理了已裂开的表面包砖，并按原样复原。这次维修，更清楚地揭示了表面的明代包砌砖层与内部的唐代塔体的建筑结构关系。

其实，在雁塔的保护方面最关键的是雁塔倾斜的问题。据相关记载，大雁塔自清朝康熙五十八年（1719）就已发现有倾斜现象，当时测定塔身向西偏北方向倾斜 198 毫米；1941 年，再次测定已向西北倾斜了 413 毫米。从 1945 年起大雁塔的倾斜速度开始加快。新中国成立后，政府有关部门曾几次组织对大雁塔进行监测，1964 年测得塔身倾斜 873 毫米。1981 年秋，陕西扶风县法门寺塔因天雨而倒塌，促使国内文物、科研的专家们对大雁塔的倾斜给予了极大关注。直至 1983 年，倾斜度已达 998 毫米，同时发现塔身及其周围地面每年下沉 70 毫米至 80 毫米。从 1985 年到 1996 年，平均每年以 1 毫米的速度向西北方向倾斜。1996 年，经国家测绘单位实地测量，大雁塔的倾斜度已达到 1010.5 毫米。

政府部门意识到大雁塔倾斜的严重性。此后，陕西省、西安市政府从大环境治理方面入手，积极采取各种有效的整治措施，遏制西安城区因超采地下水而引起的地裂缝扩延和地面沉降。自 1989 年，大雁塔的倾斜问题被列入西安市软科学研究项目计划。此项目主要从大雁塔变形测定、塔基及周围地面沉降观测、大雁塔塔基结构及地基夯土层探测、大雁塔附近地下水的影响等八个子项目入手。大雁塔是国宝，也是世界人民的共同财富，在国家文物局、省市文物局和市民族宗教委员会领导下，在科委指导下，在整个科研进行过程中，邀请了当时国内一流科研单位，如先后有西安科技大学（原西安矿业学院）、机械部西安勘察设计研究院、第一测绘大队等科研、教学、勘探等单位合作，采用先进的科技手段进行协作，以确保古塔文物的安全。通过评审鉴定和专家研究，古塔倾斜、沉降情况原因初步查明。具体说，导致大雁塔倾斜的主要原因有四个方面：一是古塔自身因素，如材料、结构、整体性差、历史原因造成一定程度的损坏，以及在排水、防水方面存在问题；二是过量采掘地下水，引起承压水位大幅度下降和地面不均匀沉降，从而导致大雁塔的倾斜；三是塔基下土层受水浸湿时，土层的软化、湿陷和承载力的下降，以及地裂缝的发展都会导致塔体再次沉降的发生；四是古塔周围文物保护环境存在问题，目前大规模的旅游建设和小区开发可能带来周围水环境的巨大变化。[①] 也有专家认为，大雁塔塔体向西北倾斜与其所在的地质构造带也有关系，由于大雁塔正处在关中地质大断裂带的边缘，而且又同时处在其西北方向漏斗形的下沉结构的边缘，这就无法保证大雁塔塔身的稳定性。如果遇到地质运动或人为破坏塔身地基的活动，大雁塔向西北倾斜就成为一种必然的结果。这种观点也有一定

[①] 见刘滔、刘明振：《大雁塔倾斜原因分析》，《工程地质学报》，2007/15（Suppl.），第 391—396 页。

的道理。如2008年"5·12"汶川大地震后，经国家测绘局第一大地测量队测定，大雁塔塔顶的倾斜量较震前变化了0.62毫米，塔体各层出现了不均匀形变及沉降的现象，表明地震对塔体的结构造成了一定程度的损坏。

在查清原因的基础上形成了对大雁塔保护治理的原则性、方向性意见。一方面，在对环境的综合治理方面，建议对大雁塔附近的规划建设加强管理，对资源有序开发，呼吁社会和公民，共同营造一个良好的文物保护环境和生态环境。另一方面，在大雁塔自身治理方面，以科研为先导，坚持科研监测。对大雁塔的具体治理保护措施，须按程序积极而慎重地实施，为这座千年古塔延年益寿。

经过一系列的治理保护，积累了大量的测量数据，取得了较好成效。从1997年开始，已向西北方向倾斜了278年的大雁塔的倾斜问题已得到有效遏制，并已出现了缓慢回弹，开始缓慢地"回位"。至1999年10月大雁塔倾斜为1006.7毫米，比1996年反弹了3.8毫米。与此同时，也基本成功地完成、完善了大雁塔的防火、防盗监控系统、监测系统、避雷系统、塔座排水系统。之前因为解决城市建设发展及生产生活用水所打的数百口深水井，"造成了城市城区地面沉降和地裂缝等一系列地质问题，城市建设和文物古迹遭到破坏"。为了遏制西安城区地裂缝扩延和地面沉降，于1999年11月"一次性对南郊地下水位严重下降地区的47眼自备水源井进行关停"，从而有效地节约了地下水资源，使西安地下水位缓缓回升。大雁塔附近地面沉降和古塔倾斜问题也得以缓解。

2006年，根据国家测绘局出具的报告，大雁塔已经向倾斜的相反方向"回位"了9.4毫米，平均每年"回位"1毫米，并且"总体倾斜量相对稳定，且回弹趋势未变"。

据西安市水务局2009年监测结果显示，全市83%的监测点地下承压水位有了明显上升，最大上升高度达到6米，地面沉降和地裂缝发展得到遏制。与2008相比，西安市地下水位上升了0.02米，向西北方向倾斜1米多的大雁塔开始向相反的方向缓慢恢复、归正。

近年来大雁塔的保护，更是进入了一个以科研为先导，由政府出面牵头,由科研、教学、勘探等方面共同协作的长期、有序的科学保护的新时期。加之2014年以来引汉济渭输水工程的启动,西安缺水问题完全解决,地下水位会持续上升,大大缓解地面沉降,也利于大雁塔倾斜问题的进一步解决。

三、文物遗存

在大慈恩寺里,除了大雁塔、钟鼓楼、殿宇、三藏院、碑刻等重要组成外,院内还有许多丰富的文物遗存,为了避免游客不经意间与它们擦肩而过,特设专题介绍如下。其中"释迦如来足迹碑"和"石雕佛座"虽属复制文物,但因其与慈恩寺、玄奘有千丝万缕的联系,且宗教意义重大,故一并介绍之。

1. 佛舍利

舍利又称"设利罗",亦称"室利罗"(原意为尸体),佛之身骨也。相传是佛祖释迦牟尼灭度后,其遗体火化(佛教称"荼毗")时所生成的,并有八王分舍利等佛教传说故事。依佛教理论,舍利乃佛祖或得道高僧道行甚高的体现,是其戒定慧三者转化的结晶。戒,指持守戒律;定,指修习禅定;慧,指超俗智慧。佛祖或高僧在圆寂后火化时生成的晶莹坚硬的颗粒,称为舍利子,依照其颜色,显白色者称为"骨舍利",略呈肉红色者称为"肉舍利",略呈灰色者为"发舍利";火化后尚存的原身体某部位灵骨,诸如佛牙舍利、顶骨舍利、佛指舍利等称为"真身舍利"。大雁塔与佛舍利可谓密切相关。

唐高宗永徽三年(652),玄奘法师为了存放从天竺所取回的佛经、佛像和佛舍利而修建了大雁塔。玄奘法师究竟从天竺带回多少舍利,已不得而知。据《大慈恩寺三藏法师传》卷7记载,仅一函就藏有150枚肉舍利和骨舍利,具体有多少函并未说明;在记述大雁塔修建一节中说"层层中心皆有舍利,或一千、二千,凡一万余粒"。至于武则天长安年中(701—704)重新修建大雁塔时,塔中原有舍利如何处置,则无明确史料记载。

如今,在大雁塔上安放的佛舍利共有2粒,系1998年6月10日由印度加尔各答玄奘寺住持、印籍华人高僧释悟谦法师赠送。当日,释悟谦法师来大慈恩寺巡礼,并登临雁塔,感慨万千,发愿将印度玄奘寺所供奉的佛舍利分出一部分,交由大慈恩寺供奉。

1999年,释悟谦法师正式将两枚佛舍利安奉在了大雁塔内。

大雁塔上的佛舍利

2. 释迦如来足迹碑

在大慈恩寺内有一通释迦如来足迹碑(复制品),是依据玄奘法师晚年于宜君玉华宫,请石匠李天诏所刻制的佛足造像而成的。

玄奘法师西行求法,在佛国印度巡礼时,先后在屈支国、乌仗那国和摩揭陀国等处,观礼过西域、印度的几处佛足造像遗迹。据《大慈恩寺三藏法师传》卷3记载,其中一处曰:在摩揭陀国,有一"精

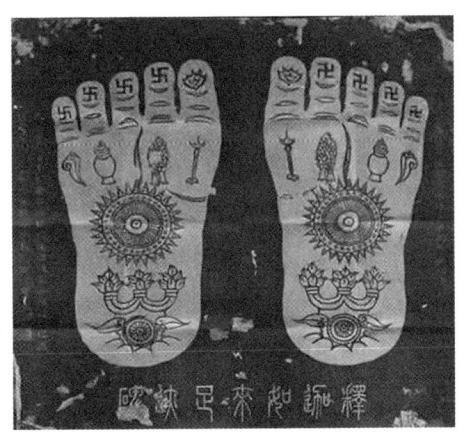

玉华宫出土两块佛足迹石刻拓片

舍中有如来所履石，石上有佛双迹，长一尺八寸，广六寸，两足下有千辐轮相，十指端有万字华纹（'卍'）及瓶鱼等，皎然明著。是如来将入涅槃，发吠舍釐①至此，于河南岸大方石上立，顾谓阿难：'此是吾最后望金刚座及王舍城所留之迹也。'"。②佛寂灭后，就留下了神奇的足迹。在佛国印度，佛教徒对佛祖释迦牟尼非常敬仰，对佛教十分虔诚，进而对佛足迹甚为敬重，见足如见佛，一样地顶礼膜拜。

  传说释迦牟尼寂灭留下的足迹石，佛教徒争先前往礼拜。其他邪教非常忌恨和仇视，为了消除释迦牟尼的影响，他们前去用斧子、凿子把足印石破坏掉。可是第二天，又完好无缺，恢复原样。邪教徒又想把佛足印石搬到河里，但总是搬不动，好不容易搬动，扔到河里，可第二天，足印石又神奇般地回到原处，自此以后佛教影响更大。还传说佛足印的大小是变化的，可以随各人的福量大小呈现其长短。据《观佛三昧海经》载，如果人们画佛脚印迹，会给人们带来喜悦和福气，可以消除劫难等等。另外，传说佛寂灭时，大弟子迦叶不在场，尔后迦叶在殓葬佛灵骨的金棺旁哀悼时，佛即显灵，从金棺露出一双脚。

  据有关资料，雕造佛足大约始于公元前2世纪。在佛教的早期艺术中，雕刻、绘制佛足印为独立的题材和表现形式。公元二三世纪，在印度就出现了对佛足印的崇拜（早于佛像崇拜）。在阿马拉瓦蒂（古印度佛教圣地）通过只雕刻佛足印而象征佛的存在，进而表现佛传故事。在一处浮雕中，

---

① 吠舍釐：又称吠舍离，古印度国家（今印度比哈尔邦穆查发浦尔）。《大唐西域记》卷7、《大慈恩寺三藏法师传》卷3对"吠舍釐国"皆有记载。
② [唐] 释慧立本，释彦悰笺，孙毓棠、谢方点校：《大慈恩寺三藏法师传》，中华书局，2018年，第64页。此说《大唐西域记》卷8"摩羯陀国·如来足迹石"条也有类似记载："窣堵波侧不远，精舍中有大石，如来所履，双迹犹存，其长尺有八寸，广余六寸矣。两迹俱有轮相，十指皆带花文，鱼形映起，光明时照。昔者如来将取寂灭，北趣拘尸那城，南顾摩羯陀国，蹈此石上，告阿难曰：'吾今最后留此足迹，将入寂灭，顾摩羯陀也。百岁之后，有无忧王命世君临，建都此地，匡护三宝，役使百神。'"见玄奘、辩机著，季羡林校注：《大唐西域记校注》，中华书局，2000年，第633-634页。

四个裸女匍匐在佛足印前顶礼膜拜；又如在《礼佛图》中，绘制了在一只莲花座上刻一双佛足印，周围再雕刻其他人物等等。

玄奘前往印度求法，巡礼圣迹时，专程去瞻仰几处佛足印石，虔诚备至，其情感完全可以想见。他不仅隆重瞻礼，并将圣迹拓制携带回国。在他晚年，就专门在玉华宫刻石造像，制佛足印迹石，虔诚供养。20世纪50年代，在玉华宫兰芝谷玉华寺遗址处发现了一块残缺的碑刻，上面有一双硕大的脚印。1999年，在玉华寺遗址处又出土了刻有硕大脚印碑刻的铭文。只可惜因历史远久，原刻佛足印石已残缺不全，应为玄奘手书，弥足珍贵。

佛足遗迹在古代印度有三处。考古人员发现，残石上有241个字："佛迹记……摩揭陀国波吒离城释迦如来蹈石留迹奘亲观礼图"，据行文和语气分析，即摩揭陀国、乌仗那国和屈支国。随着佛教东传，在中国、日本和韩国都有多处佛足造像碑石，如山西五台山、陕西铜川玉华宫、西安卧龙寺都有遗存。如今在三藏院内的佛足迹石（复制品），其史料依据完全来源于玄奘法师的传记著作，以及所刻制供奉的实物资料，其意义更非一般。

关于佛足的具体资料，佛经中有描写："如来手足，诸指广大圆满，并皆柔软，足下平满，不容一毛"等等。在如来足迹上，分布有体现奋不顾身宝佛相的图案：大趾刻有莲花纹，象征圣洁；其余四趾刻"卍"字纹，象征火与光明；每趾第二趾骨部位刻眼状纹；大趾下刻三钴①纹，象征胎藏界三部、三智；二趾下刻双鱼纹，象征解脱；四趾下刻宝瓶纹，象征聪慧；五趾下刻宝螺纹，象征布道；足掌心刻千辐轮纹，千辐轮上方刻月牙纹，下方刻象牙纹，轮下刻三株并蒂莲及小千辐轮组成的"梵王顶"相图案。佛足掌心的大千辐轮之辐数为50条，外围轮柄为30个，象征法轮常转。整个佛足丰腴圆满，构图丰富，含义深刻，其尺寸硕大，非常人所能及，佛足长1尺8寸，宽约7寸，折合为长50厘米，宽20厘米，与玄奘所记载的摩揭国佛足印长宽相似。

---

① 三钴：有人称为宝剑，估计有误。三钴原为古代印度的兵器，其股头分三叉，又称三股杵。据韩伟先生解释，三钴"是表胎藏界之三部，又总表三智、三观等三轨之法门。"

玄奘法师所刻制的佛足印石图案，较之国内其他几处的佛足印造型更原始、更生动、更珍贵，佛足五趾微张，方颐圆满，具有典型的异国风格。大慈恩寺曾经接待过泰国僧王、印度僧王，泰国僧王参观大雁塔时，正值下大雨，然而他身披袈裟，偏袒右臂，跣足而行，从慈恩寺山门直到大雁塔，给僧众留下了深刻印象。印度、泰国和缅甸等南国僧俗，因佛教教规和气候特点，佛寺长老僧众统统赤足，不穿鞋袜。从古印度到中国，无数的佛陀造像，无论立坐跏趺，全是赤足。所以佛陀弟子和广大僧众将佛足与佛本身一样敬重，虔诚供奉，真是见足如见佛，拜足如礼佛。自从佛足迹石安置在大慈恩寺上以来，受到无数僧众、香客礼拜和广大游客的礼敬与欢迎。

3. 唐代善业泥佛像

善业泥造像是将僧人的骨灰与上等泥土掺和一起，用模具压制成的佛教造像。

大慈恩寺及其附近出土过一些唐代善业泥佛像，基本是长方形，有尖首、有圆首，有的残缺，呈不规则形状，尺寸大致在15至20厘米不等，厚约2至3厘米左右。有的外缘有一边框，成佛龛状。其造像，一般中心塑有双跏趺坐于莲座之上的坐佛一尊，头上有宝盖流苏，身着袈裟，袒右臂，手施降魔印，神态端庄威严，表情生动慈祥，身后有头光、背光；两侧各有一尊胁侍菩萨，他们头戴宝冠，长发披肩，体态丰腴轻柔，身体扭曲，神态优美，手持宝珠、净瓶，亦对称跣足立于莲座之上。有的上有菩提树，下有博山炉和护法狮子一对。有的上部以并蒂莲座分布有七尊小坐佛，弧形排列。在善业泥造像背面有楷书题记"大唐善业泥压得真如妙色身"等十二个字。从字形书体看，颇具有褚遂良的书法特点，其中"大唐""真如""妙色"等字与褚遂良书法如出一辙，笔划瘦劲，字形秀美，长撇秀长、竖钩、弯钩凝重短起呈三角形状等。十二字以方格划框，整体效果相当别致协调，仅十二个字，却把这一文物的时代、材料、工艺、名称等内容标明得清清楚楚：时代为"大唐"，材料是"善业泥"，工艺是制模具填充"压得"而成，名称为"真如妙色身"即佛祖造像。

4. 石雕佛座

大慈恩寺法堂内陈列着一尊石雕佛座，虽为复制品，但意义非凡。原物是唐高宗龙朔二年（662），玄奘法师在玉华寺敬造石刻佛像时所造，仿印度金刚座形式，以青石雕刻而成。玄奘当年供养的佛像，因历史远久不知下落，唯留下佛座一尊，现收藏于北京中国国家博物馆内。这尊佛座1977年出生土铜川玉华宫遗址。

玄奘题名的金刚石佛座（玉华寺遗址出土，现藏中国国家博物馆）

此佛座上圆下方，颇具天圆地方之意，圆形上部由仰莲与覆莲相衔接而成，两层之间内束，恰似须弥座状，下部为方形台座。佛座通高35厘米，方座每边长51厘米，中有原安放佛像30×23×60厘米的榫槽。在方座一侧面，镌刻有二十个楷书铭文："大唐龙朔二年三藏法师玄奘敬造释迦佛像供养"。铭文竖排五行，每行四字，并以方格划分，字形秀美，笔法劲健，方笔斩截，结体扁方紧密，似有魏碑风格。臧振先生在《玉华宫遗址考察记》一文中，认为此二十字是玄奘法师的手笔，[①] 不无道理。

1964年7月，在西安大雁塔举行的纪念玄奘法师圆寂1300周年国际法会上，中国佛教协会会长赵朴初先生为此佛座题诗一首："片石勒银钩，象教赖不堕。虽失天人师，犹留金刚座。想见翻经手，磨勘往复过。千载如晤对，心光照天破。"

---

①见臧振：《玉华宫遗址考察记》，《玉华宫》，香港天马图书有限公司出版，1993年。

5. "大悲心陀罗尼经"经幢

在大雄宝殿前竖有一通残损的"大悲心陀罗尼经"经幢，上有"大慈恩寺僧贵戒师于丙午正月初八日圆寂铭记，大朝丙午岁次仲夏初旬前六日归塔"字样，标注为元代丙午岁（1306 或 1366）仲夏立。另在法堂前面，还竖立有一通刻有"佛说千手千眼广大圆满无碍大悲心陀罗尼神妙章句真言"的经幢，字迹清晰，字体秀美，此为唐咸通八年（867）所立。

所谓经幢，是唐代初期在寺院中出现的一种新的建筑类型。佛教寺院石刻，幢原指佛像前所立、用宝珠丝绵装饰的竿柱，为丝、棉、麻织制为伞盖状物，顶装摩尼宝珠，下缀莲花飘带，经典文字绣于或书写于幢上，其形式与塔相仿。现在大慈恩寺和一些寺院佛殿内也有悬挂，供于佛前。佛教相信经幢具有无限法力，可以镇魔驱邪，护佑太平，幢影映于人身，据说可以不为罪垢染污。而寺院以石头雕刻模仿丝帛经幢，是仿自传统的石碣形式，称之为陀罗尼经幢。因此，大雁塔院内经幢亦称为"陀罗尼神妙章句真言"经幢。

石经幢大多为多角形石柱，有圆柱形、四角形、六角形和八角形等多种形制，其中以八角形为最多；层数有二层、三层、四层、六层之分。一般由幢顶、幢身和幢座组成，主体是幢身，多刻经文，幢座和幢顶则雕饰花卉、云纹以及佛、天人、狮子、罗汉、菩萨像等。这尊经幢陈列于古刹大慈恩寺，与殿堂相得益彰，十分协调。

6. 雁塔塔林

塔林是寺院安葬历代高僧大德火化后灵骨的地方，也叫灵骨塔或灵塔。灵骨塔里供奉的就是高僧的灵骨或舍利。大慈恩寺在唐代后期，逐渐变成了禅宗寺院。禅宗寺院在其院内为圆寂高僧修建灵骨塔，比较普遍，如位于河南省登封市嵩山五乳峰下的少林寺就有著名的塔林。

在大慈恩寺里，大雄宝殿和法堂中庭广场之东、大雁塔东侧花园中有一片古塔建筑群，共有 9 座，是慈恩寺寺僧的灵骨塔林。现存的这些灵骨

大慈恩寺寺僧灵骨塔林

塔，基本都是清代曹洞宗①派的承传老和尚灵塔。其中年代最久远者距今已有 300 多年的历史；而最新者距今仅有 21 年。详情如下：

憨月圆禅师所建造的灵骨塔，高约 4.5 米，四层八面，石质，方座；清康熙四十四年（1705）建。

慈恩堂上粲然老和尚塔，高约 5 米，单层六面，砖质须弥座；清雍正九年（1731）所建。

慈恩堂上治宽和尚寿塔，建塔年代不详。

慈恩堂上圆寂慧彻清悟和尚灵骨塔，高 5 米，两层六面，砖质，须弥座；清道光二十五年（1845）建。

---

①曹洞宗：佛教禅宗南宗五家（五家七宗）之一，因良价禅师和其弟子本寂禅师先后在江西的洞山创宗和曹山寺传禅，故后世称为曹洞宗。

慈恩堂上瑞林觉科和尚寿塔，高 5 米，两层六面，砖质，须弥座；清咸丰九年（1859）建。

圆寂于慈恩寺的净成纯公和尚灵骨塔，高 5 米，两层六面，砖质，须弥座；清光绪二十五年（1899）建。

常真老和尚舍利塔，1989 年建。

朗照法师舍利塔，1989 年建。

普慈法师灵骨塔，1999 年建。

这些灵骨塔大多为砖石所砌成，上面刻有精美的纹饰，图案清晰精妙。它们耸立在雁塔之旁，虽不如大雁塔雄伟高大，但它们与大雁塔一样，仿佛向人们诉说着诸位高僧弘法的功绩。

7. 清代石狮

在大慈恩寺山门外东西两侧挺立着两对石狮子，均为清代文物。靠内侧一对为低姿蹲狮，系清道光十二年（1832）所造。东边为雄狮，前肢踏绣球，卷毛狮尾颇有动感，成瞋目张口怒吼状，胸前挂着大铃铛，十分威风；西侧为雌狮，与东侧雄狮对峙而立，前肢踩蹬一玩耍幼狮，背上还爬着一头更调皮的小狮子，三狮组成和谐生动的整体。这对狮子高 126 厘米，基座为后配的长方形座，尺寸为高 72 厘米，长 105 厘米，宽 60 厘米。

靠外侧有一对高姿式的蹲狮，狮身高 160 厘米，基座也是后加的长方形座，尺寸为高 61 厘米，长 100 厘米，宽 75 厘米。这对狮子怒目咧齿，更加威严，特别是那似乎活动的项圈、飘带和几只璎珞。两只狮子胸前悬缀于项圈上的"段带"，分别镌刻着"乾隆五十年（1785）岁次乙巳""义生班四月二十三日立"字样，属于清代中叶的遗物。

8. 花岗石石灯

在慈恩寺东侧置有一石灯，为花岗石刻制，灯身饰有仰莲和宝珠，灯呈六角亭子形，灯柱为饰有连珠的圆柱形、六边形莲花基座，通高 215 厘米，其中座高37厘米，灯柱高62厘米，造型浑厚，风格独特。

灯，又作灯明，是佛前六种供具（花、涂香、水、烧香、饭食和灯明）之一，表示佛智波罗蜜，也借指佛。在古代，石灯也称长明灯，用于放置油灯照明。而佛教寺院的石灯，则是僧众敬佛礼佛的重要设施，也是佛寺建筑中具有点缀烘托作用的建筑小品，使佛像前或佛寺中佛灯常明，既方便实用，又安全防火。

大慈恩寺内的这尊石灯为日本佛教界人士所赠之物。石灯随着佛教东传，也流传到日本，在佛寺、神社、庭院安置，十分普遍。而日

大慈恩寺中日本人所赠石灯

本佛教界向佛教法相唯识宗祖庭——大慈恩寺敬赠一尊石灯，成为象征中日两国人民和佛教界人士友好和平的友谊之灯。

除此之外，在大慈恩寺大雁塔出土的文物中，还有唐代的线刻佛像、唐代四大天王像青石佛座、唐汉白玉云纹佛座，唐代莲纹方砖、手印砖、莲纹瓦当等等。

特别值得一提的是唐代线刻佛像。这尊佛像已严重残损，但佛身着袈裟，偏袒右肩，面相丰满，磨光高肉髻，双目微睁，双耳垂肩，神态端庄、安详而又具无比威严，眉间智慧痣更具无穷魅力，头光饰以圆光点和火焰纹，佛像虽小（27厘米）且残损，但却足以反映出盛唐的文化特点和经济繁荣的社会气息。

四、西安名片

大雁塔是古都西安的象征。常听人说："没有到过大雁塔就等于没到过西安。"这话一点都不假！凡是来过西安的人没有不来大雁塔的，用一句时髦的词说，凡是到西安旅游的人必到此宝地"打卡签到"。哪怕不上雁塔也得来看看大雁塔！自20世纪90年代曲江新区建设启动以来，以大慈恩寺为核心，打造形成了大雁塔北广场、大雁塔南广场、雁塔东苑（陕西戏曲大观园）、雁塔西苑（陕西民俗大观园）和雁塔南苑（唐大慈恩寺遗址）几个具有大唐文化和佛教文化特色的大雁塔文化休闲景区。景区不但具有浓厚的文化氛围，而且周边科研院所和文化产业云集，是全国最有活力的著名文化产业园区之一。如今的大慈恩寺与大雁塔已成为西安的标志性景点，也是西安最为亮丽的名片和最具特色的"城市会客厅"。故特于此对大雁塔周边几处文化景区进行着重介绍。

1. 大雁塔北广场

顾名思义，大雁塔北广场位于大雁塔北端，是大多数游客来到大雁塔景区的第一站，也是雁塔景区最热闹、最吸引人的区域。整个广场占地252亩，由水景喷泉，文化广场、唐诗园林区、法相花坛区、禅修林树区等景观组成。广场上最为引人注目的是位于中轴线上的"音乐喷泉"，创世界最长的光带、世界规模最大音响组合等多项纪录。喷泉水景表演区占地达2万平方米，分为百米瀑布水池、八级叠水池及前端音乐水池三个区域，表演时水形丰富，样式多变，或玉树银花，或海鸥展翅，或蝶恋花开、或叠泉飞瀑，在夜晚灯光的映照下将广场装扮得五光十色。尤其是喷泉水景表演的压轴曲目《水幻大唐》，[1] 将表演推向了高潮；它由《雁塔鸣钟》《水流

---

[1]《水幻大唐》是由陕西著名作曲家崔炳元先生创作的西安城市标志性音乐。

大雁塔北广场局部

梵音》《霓裳艳影》《古道驼铃》《曲江芙蓉》《水幻大唐》六个乐章组成，整个曲子融合了现代交响乐、中国古曲以及丝绸之路民族音乐等多种音乐元素，宏大而又细腻，表现了大唐兼容并包的气象，也充分展现了西安的城市精神。

许多人来雁塔广场是为音乐喷泉和大雁塔而来，观完景之后匆匆离去，殊不知围绕喷泉有不少体现唐代文化元素的文化景观。如北广场入口处有大唐盛世书卷铜雕，其后有两个高9米的正方形雕花立柱——万佛灯塔，与大雁塔遥相呼应；灯塔两侧各有四个6米高的圆形的大唐文化柱；文化柱的东西各有一座石牌坊。

灯塔通体为紫红色砂岩材质，雕刻家采用敦煌石窟中的唐代雕塑手法在塔身上雕琢出了多组佛像，故称"万佛灯塔"。塔上佛像丰满圆润，神态各异，具有鲜明的唐代雕塑风格。文化柱亦为紫红色，呈圆柱体，下有方形基座，象征天圆地方；柱体上雕刻着代表吉祥如意的佛教纹饰，象征着平安吉祥。

东西两侧的石牌坊，既是广场文化的招牌，又是广场景观的标志。两座牌坊均为中间高两边低的传统山门样式，上面雕有麒麟、蝙蝠、祥云、灵芝等寓意美好的图案。西牌坊上正中题"慈恩祖庭"，两侧分别题"塔标高境""水流梵音"；牌坊背面题"法相宗脉"，两侧题"善归一揆""慧蕴三乘"；字体为颜体，雄劲圆润，赞美玄奘法师开创法相唯识宗和译经的无上功德。东牌坊正面中央书"曲江阆阓"，两侧书"终南在望""上林可

大雁塔北广场万佛灯塔与大唐文化柱

览";背面中间书"凤城新里",两侧书"四邻秦汉""八水帝都",赞颂大慈恩寺的形胜和西安悠久的历史文化。

在音乐喷泉的最南端,观景台上下有两组百米长大型浮雕:一为"大唐盛世",一为"丝路风情"。大唐盛世浮雕高3米,长106米,分为秦川放牧、万国朝宗、唐蕃和亲、丝路驼队以及玄奘法师生平。"大唐盛世"之中有表现唐朝强大的万国来朝;表现贵族生活的曲江游春、马球竞技;百姓日常的买花成俗、人面桃花;民族交往的唐蕃和亲;中西往来的丝路驼队;关于玄奘取经归来后活动包括雁塔修建、《大唐西域记》等。"丝路风情"浮雕高3.4米,长114.5米,主题为长安道别、敦煌盛会、波斯远望等部分,反映了丝路商旅的生活画面。

喷泉的两侧是园林和商业街区。在园林之中有许多主题雕塑和8组大型人物雕塑:主题雕塑有10余组,包括"大唐盛世铜书卷""疑是银河落九天""黄河水""飞虹""佛珠""印石""雁塔题名""诗乐""人和""日月同辉""雁塔晨钟";人物雕塑有诗仙李白、诗圣杜甫、诗佛王维、文学家韩愈、天文学家僧一行、书法家怀素、药王孙思邈、茶圣陆羽等,皆表现出了杰出雕塑艺术的水准。

整个广场充满了文化的元素,地面铺装的是具有诗书画印等具有中国美术特色的40块地景浮雕;灯箱、石栏等物件都题写着一些著名唐诗;行走在广场上,无时无刻不是在接受文学艺术的熏陶。

2. 雁塔东苑

雁塔东苑位于雁塔北广场东北侧,是以陕西地方戏曲文化为特色的地域文化主题公园,故又称陕西戏曲大观园。主要通过戏曲彩绘雕塑、地方戏曲铸铜浮雕、陕西大戏剧家人物群雕、陕西著名戏曲演员人物群雕等四大类雕塑群,体现出陕西地域文化的特点,展现"大秦腔"的独有魅力。秦腔,又叫"梆子腔",是中国最古老的戏曲之一,它源于西周时期的西府(核心地区是陕西宝鸡市的岐山及凤翔等地)民歌,因主要流传于陕西、甘肃、青海等秦国故地,故称"秦腔",又因常用枣木梆子敲击伴奏,故又叫"梆子腔"。在流传过程中,先是吸收了唐朝的梨园乐舞,后又吸收了南方戏曲的一些元素。大约在明代中期经由著名文学家、戏曲家康海①、王九思②等改良逐渐定型。秦腔对于中国戏曲的发展影响极大，不仅影响了北方各路梆子，而且其唱腔和剧本对昆曲和京剧的成熟也产生了重要影响。2006年5月20日，经国务院批准，秦腔被列入第一批国家级非物质文化遗产名录。

秦腔脸谱文化柱 秦腔脸谱文化柱主要是通过辨识脸谱容颜的方式，让大家了解秦腔戏曲中的生、旦、净、丑诸行当。秦腔的角色分为四生、六旦、二净、一丑，共计十三门，又称"十三头网子"。所谓"四生"，即胡子生（须生）、红生（武生）、小生、娃娃生（小孩）；"六旦"正旦，小旦、花旦、老旦、彩旦、武旦；净分文净、武净，还有文武兼做的毛净；

---

① 康海（1475—1540），字德涵，号对山、沜东渔父，陕西武功人，中国明代文学家、戏曲家、秦腔鼻祖，"前七子"之一。康海于弘治十五年（1502）高中状元，任翰林院修撰。武宗时权宦刘瑾谋逆事发，康海因与刘瑾同乡而遭到牵连，被免官。康海以诗文名列明朝"前七子"之一，与李梦阳、何景明、徐祯卿、边贡、王九思、王廷相号称"七才子"，亦即文学史上的明代"前七子"。康海归乡后以戏曲自娱，他以暖泉别墅为基地潜心地方戏曲、音乐的研究与实践。他不但会演戏，还会编戏、排戏、打鼓等。他与朋友、同乡王九思遭遇相似，志趣相投，故一道对戏曲音乐进行了大胆改革，形成了秦腔四大流派中影响较大的一派——"康王腔"。有人评价康海："主盟艺苑，垂四十年"，创"康王腔"，壮秦腔之基。他著有诗文集《对山集》、杂剧《中山狼》、散曲集《沜东乐府》等。此外，康海还编纂《武功县志》，此志是明代三秦八部名志之一，亦是我国旧志邑志中的典范之作。

② 王九思（1468—1551），字敬夫，号渼陂，陕西户县（今西安市鄠邑区）人，明代文学家、戏曲家，明代"前七子"之一，倡导文必秦汉、诗必盛唐。弘治九年（1496），中进士，选为庶吉士，后授翰林院检讨，迁吏部郎中；后因与试图谋逆的刘瑾同乡遭到牵连，贬为寿州同知；辞官回乡，以戏曲自娱。他不但创作戏曲，还与武功人康海一道对戏曲音乐进行了大胆改革，开创了风靡关中西到甘陇、东到晋南流行数百年的眉户曲子，被称为眉户曲子的宗师。他所著诗文集有《渼陂集》、杂剧《沽酒游春》《中山狼》（一折，与康海《中山狼》主题类似）及散曲集《碧山乐府》等。其中《中山狼》剧本成为历代传诵的名作，被后人列为中国十大古典喜剧之一。明代文学家李开先在其《六十子诗》中评价王九思："编戏今丽曲，善作古雄文。振鬣长鸣骥，能空万马群。"另外，王九思还编纂了户县第一部县志《户县志》，书成于嘉靖十二年（1533），康海为其作序；这部志是明代三秦八部名志之一，可惜于明末战乱中散失。

丑角比较简单，鼻子上画一块白色的豆腐块。秦腔的脸谱相比其他戏曲种类表现更加夸张、大胆，以象征手法直接反映人物的类型、性格、品质、身份、年龄以及生活特点；它的颜色也更加鲜艳，表现人物性格更加活泼，性格更加鲜明。绕脸谱文化柱一周，观者便会有一种"寓褒贬，别善恶，见气质于图案"之感。

秦腔戏曲彩绘柱雕塑 陕西戏曲大观园内有数个戏曲彩绘雕塑、地方戏曲铸铜浮雕等雕塑群，其故事主要取材于秦腔名剧《五典坡》《斩李广》《三滴血》《柜中缘》等。

秦腔剧目歌颂大义、大智、大勇，批判假、丑、恶，不以权力、地位、财富为价值标准，注重大是大非，注重民族大义，注重气节，其主人公英勇顽强，敢于斗争，有着强烈的是非观念。比如《斩李广》中的"李刚打朝"歌颂李刚敢于反抗，以武力迫使昏君周厉王纠正错误。《三击掌》中的王宝钏不嫌贫爱富，勇于追求爱情，敢于与父亲及世俗抗争。《三滴血》中则大胆嘲笑"尽信书不如无书"，讽刺死读书的官员和儒生。秦腔群雕将秦腔艺术与雕塑艺术相结合，用另一种艺术形式展示秦腔的魅力。

陕西人喜爱秦腔，人人都可以吼几句。漫步其中，识一识传统剧目的秦腔脸谱之画，赏一赏不绝于目的对弈与舞蹈之景，听一听不绝于耳的戏曲和音乐之声，品味品味戏里戏外的人生，会有一种异样的体悟与收获。

3. 雁塔西苑

雁塔西苑位于大雁塔西侧，是曲江新区管委会在原西安盆景园的基础上改建而成的，因突出园林特色，内置别具陕西地域风情的雕塑小品，集民俗、文化、生态、景观于一体，故又称陕西民俗大观园。

陕西是华夏文明的发祥地，在漫长的历史岁月里，一辈又一辈的陕西人在劳动生活中创造出丰富多彩的陕西的民俗文化，陕西民俗大观园则通过一座又一座的雕塑将陕西的民间传统活灵活现地展现给游客。

雁塔西苑的雕塑作品栩栩如生，惟妙惟肖，游客最感兴趣的莫过于

"陕西十大怪"。① 位于陕西省中部的关中地区，由于气候、经济、文化等多方面的原因，在衣、食、住、行等诸多方面形成了自己独特的生活方式，人们把它总结为"陕西十大怪"或"关中十大怪"，即面条像腰带、锅盔赛锅盖、油泼辣子一道菜、泡馍大碗卖、碗盆难分开、帕帕头上戴、房子半边盖、姑娘不对外、不坐蹲起来、唱戏吼起来。

景区在继"陕西十大怪"之后，也将皮影、剪纸、泥塑等颇具民俗特色的雕塑置入园内，更加吸引了喜爱陕西文化的中外游客。

陕西民俗大观园雕塑

陕西皮影在国内外都颇具盛名，有"国宝""戏剧活化石""中华一绝"的美誉。它有东路碗碗腔皮影、南路道情皮影、西路弦板腔皮影、北路阿宫腔皮影四大流派之分，尤以东路皮影最为优秀，而东路中又以华县皮影最为著名。其以雕刻精美，演技精湛，唱腔婉转在全国众多的皮影流派中都是一枝独秀。

剪纸是汉族一项固有民间艺术，流派很多，以陕北剪纸最负盛名，而陕北剪纸又以安塞、榆林为最。陕西的剪纸造型古拙，风格粗犷，寓意风趣，形式多样，技艺精湛，涌现了很多中国工艺美术大师。

凤翔泥塑，也叫凤翔彩塑，是一种陕西特有的民间工艺美术品。它以黏土和纸浆搅拌成的泥巴模制为胚胎，晾干后上白色底粉，然后涂彩、上光，即成。代表性作品有座虎、挂虎、五毒、卧牛及十二生肖等，形态逼真、粗犷夸张、简练概括，色彩对比强烈，不是大红大绿，就是素描，是

---

① "陕西十大怪"也作"陕西八大怪"，或"关中八大怪"

陕西很著名的旅游纪念品，深受人们喜爱。

除以上这些雕塑之外，雁塔西苑中还有反映民俗生活的农村嫁娶、吹糖人、踩高跷、老城趣事以及白鹿原系列等雕塑，颇具情趣。走进这里，不仅使游客在尺寸之间领略陕西民俗之美，而且还会勾起游客品尝西安美食、购买西安特产的强烈欲望。

4. 唐大慈恩寺遗址公园

唐大慈恩寺遗址公园，位于大雁塔的东侧，与大慈恩寺紧邻，是一座开放式佛教文化主题园林，前身为曲江春晓园。我们知道，大慈恩寺在辉煌时期建筑几千间，经历唐代之后历代变迁，在战乱中屡次被毁，又屡次重建，唯独大雁塔完整地保存了下来，现存寺院只是当时的西塔院。1988年日本船桥市与西安市结成友好城市，并出资在雁塔东侧唐大慈恩寺遗址上修建了"春晓园"。20世纪80年代末到90年代，春晓园是西安市民踏青春游的必去之地。后经曲江管委会重新进行艺术定位、改造，2007年更名为"唐大慈恩寺遗址公园"。

遗址公园与西苑、东苑等景区有些不同，其一，更加突显佛教文化氛围，如高宗建寺、玄奘建塔、鉴真东渡、释迦牟尼佛像等雕塑向人们展示大慈恩寺、大雁塔的来历以及源远流长的中日文化交流活动。在雕塑群中，最有意思的莫过于遗址下缓坡之上的两组小沙弥。这些小沙弥看上去颇具灵性，或严肃、或嬉闹，其中竟然还有一个戴墨着镜，生动活泼，给幽静的佛门圣地增添了一抹亮色。其二，园区将人文景观与自然景观非常巧妙地结合起来，处处传达出"禅悟"之感。如园区以释迦牟尼佛雕像为核心，将颇富禅意的石塔、飞瀑亭、白石滩、杏林茶社等景观节点穿插在自然形成的路网之中，形成众星拱月之势；由日本设计师主持设计的公园北侧景观墙更具禅意。景观墙临近马路，既将公园与马路隔开，又使得公园独成一个世界；墙体随着自然的地形走向高低不一，错落有致。景观墙下有板岩平台，平台间有许多的跌水，跌水由高到低一级一级跌落下来，最后从精心设计的跌水口流出，形成一幕幕水帘，非常的灵动。走在石板路之上就

唐大慈恩寺遗址公园

大慈恩寺遗址公园中心佛像

仿佛行进在山中,宛转行进间有一种曲径通幽的意趣。其三,树石和园路一起构成了公园内的空间转换和意境。树木或疏或密,造成了路径上的迂回和光线上的明暗变化,给人带来了一种视觉上的动感。园中的道牙、陡坎、挡墙、树池等都采用的是自然的石头,树池和道牙之间转换自然,野趣横生。随意散落在林间的石质莲花座,仿佛就是佛祖曾经坐过的那个莲座,超然、空灵,让人在都市中就可以找到隐逸的感觉。[1]

徘徊在园林中,不仅能够让游人体会到林泉之乐,也能够促使人去寻觅一种精神上的升华。

---

[1] 参见《景观禅——大慈恩寺遗址公园设计解析》,行者的博客(行者的博客 http://blog.sina.com.cn/wangjintaowj)2009-09-08

5. 南广场与不夜城

大慈恩寺坐北朝南，位于西安大唐文化主轴线节点。站在雄伟的大雁塔之上，正北望恰是唐代政治中心大明宫国家遗址公园，正南眺就是佛教圣山终南山，佛门正对着的便是大雁塔南广场和大唐不夜城步行街。

大雁塔南广场 2001 年初建成开放，也称为佛教文化广场或玄奘广场，占地 32.6 亩，场地宽阔，周围有园林绿坪、花岗岩铺地和水面过桥等设施。广场中心耸立着玄奘法师铜像。法师风尘仆仆，左手单手作揖，右手竖持禅杖，袈裟衣袂飘飘，仿佛是从大明宫出发，在大慈恩寺上过香，带着使命再远赴天竺一般。这座铜像也是大雁塔南广场的"打卡点"，凡是来大雁塔的中外游客和西安市民，都会争先与法师合影留念。

玄奘广场与大唐不夜城远景

广场之南就是闻名全国的大唐不夜城步行街。据相关资料介绍，早在 20 世纪 90 年代末，张锦秋院士为西安曲江旅游景区做最初规划时，就将曲江核心区规划设计为"七园一城一塔"的格局。其中"一塔"自然是大雁塔,"一城"则是著名的大唐不夜城。

大唐不夜城北起大雁塔南广场,南到唐长安南城墙遗址,南北长2100米。主要是以盛唐文化为背景,主打唐风元素,街心景观主要为大唐佛文化、大唐群英谱、贞观之治、武后行从、开元盛世等五大文化雕塑群,彰显出大唐帝国在宗教、文学、艺术、科技等领域的极高水准和万国来朝的大国气象。大唐不夜城步行街自北及南有玄奘广场、贞观广场、开元广场等三大广场;两侧有陕西大剧院、西安音乐厅、西安美术馆、曲江太平洋电影城等四大文化场馆,展示出炫丽的盛唐天街盛况。漫步在不夜城,遥想贞观之治、周武之兴和开元盛世的繁华盛景,与李白、白居易、褚遂良、孙思邈对对诗、说说话,是多么浪漫的体验。

大唐不夜城开元盛世广场

自 2008 年 12 月初开始布局招商起始，到 2018 年 12 月 25 日正式开街，大唐不夜城 10 年磨一剑，迅速登上了全国步行街的高地。2019 年 4 月 29 日，大唐不夜城步行街被商务部列为全国首批 11 条步行街改造提升试点之一。2020 年 7 月，大唐不夜城步行街又入选商务部首批全国示范步行街名单。

　　今天，作为西安"城市会客厅"的大雁塔文化休闲景区，其一寺一塔一僧一城与周围的一池（曲江池或南湖）一园（大唐芙蓉园）一窑（寒窑）一馆（唐城墙遗址博物馆）已经成为文化和旅游部确定的中国首批国家级文化产业示范区和国家 AAAAA 级景区——曲江风景区的中心机体。

　　大雁塔文化休闲景区不仅是西安人和中外游客魂牵梦绕、流连忘返之地，更是西安建设国际化大都市的名片。

余 论

大慈恩寺是丝绸之路上人类精神文明与和平交往的象征,是中国传统文化中具有神圣信仰意义的文化符号。

近年来,随着旅游业的持续发展,到大慈恩寺参观大雁塔、瞻仰玄奘法师的游人经年不息,平均每年足有百万之巨。其中不乏各国政要,如法国、意大利、印度等国总统或总理,泰国的僧王,日本的宗教领袖等。这些国际友人参观之后,对大慈恩寺的悠久历史、祖师先贤精神以及文化传承都给予了高度评价。而这些都是源于玄奘西行求法的壮举和译经弘法的伟业所结下的因缘。

玄奘法师是世界历史文化名人,被誉为"法门领袖""民族脊梁"。玄奘法师用他一生的经历凝结形成了"玄奘精神"。"玄奘精神"讲的是众生平等、一视同仁的慈悲心,讲的是求真务实、不为名利、坚守信念的恒心,讲的是以德立身,胸怀众生,以法度人的功德心。因为玄奘法师的文化感召力,从而形成了一种玄奘文化,这种文化对亚洲的文明交流贡献很大。大慈恩寺、兴教寺等玄奘道场就是这种文化信仰的载体,也成为我们今天对外文化交流的名片。

玄奘法师和"玄奘精神"深受东亚、南亚、东南亚人民的景仰,很多外国政要来中国访问,都要拜谒玄奘译经的道场——大慈恩寺,并瞻仰玄

玄奘三藏院照壁（北）：上书"民族脊梁"

奘法师的灵骨塔遗迹——兴教寺。

据《大慈恩寺志》记载，从20世纪80年代初到90年代末，来大慈恩寺参访的各国或地区的佛教代表团有100余次，其中有日本、韩国、泰国、加拿大、新加坡、美国以及中国香港、中国台湾地区的代表团。从1985年到2000年，大慈恩寺还接待了来自不同国家或地区的国家政要、各大国际组织领导人的参访，共计300余次。

玄奘法师灵骨塔所在地兴教寺，也曾多次接待相关国家领导人参访。1953年，周恩来陪同来访中国的印度总理尼赫鲁瞻仰了兴教寺玄奘灵塔；

1954年到1956年，先后有缅甸总理吴努、尼泊尔文化部长乾达等外国政要赴兴教寺瞻仰灵塔；1959年，越南国家主席胡志明访华期间也曾前往兴教寺瞻仰玄奘的灵塔。

自习近平主席提出"一带一路"倡议之后，以大慈恩寺和玄奘文化为纽带的对外交流越来越受到重视。

2015年5月14日，印度总理莫迪访华，国家主席习近平在大慈恩寺会见了莫迪一行，两国领导人先后参观了大雄宝殿、大雁塔、玄奘三藏院。各大报纸网络媒体进行了报道。莫迪认为，中国唐代高僧玄奘在印度古吉拉特邦研习佛经，回国后在大慈恩寺翻译佛经，玄奘道场大慈恩寺是中印友好交往的历史见证。在玄奘三藏院的般若堂，莫迪题词留念。经过西北大学玄奘研究院院长李利安等中印学者的接力翻译，莫迪总理的留言如下："印度的本质特性在于其精神文化。高僧玄奘通过佛陀的方式将和平、友爱和奉献精神传播给世界的大部分地区。每一个印度人都认为高僧玄奘是一位伟大的修行者。我非常荣幸，玄奘提到的阿难陀补罗，也就是今天的瓦德那嘎，是我出生的地方。根据玄奘的记载，那个地方在当时已经是佛教僧人的研修中心，今天我们已经在那里发现了一些佛教遗址。在玄奘的理解中，古吉拉特是狮子的土地，我认为这真正代表了印度的形象。我非常感谢尊敬的主席在百忙之中接待我参访大慈恩寺这个神圣的地方。印度和中国是两个精神遗产非常丰厚的国家，能够给世界传递和平与友爱的思想。衷心感谢尊敬的主席。"莫迪的留言，是对玄奘的高度评价。

2018年1月，法国总统马克龙来华访问。其访华的第一站即是西安，而大慈恩寺和大雁塔是他这次在西安参观访问的重点。在其出访的前一天，爱丽舍宫发布了总统的最新行程安排，马克龙总统大大缩短了原定在秦始皇兵马俑博物馆的参观访问，并大幅延长了在西安大雁塔的参观时间。马克龙说："西安是中国古代文明的摇篮,也是古丝绸之路的起点以及'一带一路'的重要节点。玄奘是古代丝绸之路文化交流的伟大使者。"

可见,玄奘以自己一生的实践,树立了一种新的文明交往模式,这就是平等、和平、友好,互相学习、彼此吸纳。这种模式使不同的文明在交往中获得共同的发展与进步。这就是玄奘对唐代丝绸之路发展最突出的贡献,也是给当代不同国家、不同民族、不同文明的交往所给予的最深刻的启示。

最后,以近代长安著名居士康寄遥《大慈恩寺记》[①] 中对玄奘及大慈恩寺的评价作为结语,与大家共享:

  环长安多梵刹,而城南尤胜。城南丛林棋布,而慈恩尤胜。盖隋唐时,龙象踵起,故长安一隅,成为佛教第二之祖国。而奘、基二公均驻锡慈恩,朝夕宗仰,风动寰宇,故三秦之大慈恩寺,恍同五印之那烂陀!

[①]《陕西佛寺纪略》:康寄遥于1956—1958年写成的手稿,上下两册。该书从位置、沿革、宗派、国际关系和现状五个方面对关中地区26所重要佛寺做了详细介绍,为人们提供了关中诸寺明晰的历史发展线索,填补了明清以后陕西佛寺历史的空白。其中"第二章 大慈恩寺——大雁塔",对慈恩寺塔进行专门介绍。见康寄遥编著、康正果修订《陕西佛寺纪略》,台湾秀威资讯科技股份有限公司,2019年刊印,第53-70页。

附录：碑文　塔铭　玄奘法师译经目录

一、碑文

1.《大唐三藏圣教序》碑文

太宗文皇帝制

盖闻二仪有像，显覆载以含生；四时无形，潜寒暑以化物。是以窥天鉴地，庸愚皆识其端；明阴洞阳，贤哲罕穷其数。然而天地苞乎阴阳而易识者，以其有像也；阴阳处乎天地而难穷者，以其无形也。故知象显可徵，虽愚不惑；形潜莫睹，在智犹迷。况乎佛道崇虚，乘幽控寂，弘济万品，典御十方，举威灵而无上，抑神力而无下。大之则弥于宇宙，细之则摄于毫厘。无灭无生，历千劫而不古；若隐若显，运百福而长今。妙道凝玄，遵之莫知其际；法流湛寂，挹之莫测其源。故知蠢蠢凡愚，区区庸鄙，投其旨趣，能无疑惑者哉！然则大教之兴，基乎西土，腾汉庭而皎梦，照东域而流慈。昔者分形分迹之时，言未驰而成化；当常现常之世，人仰德而知遵。及乎晦影归真，迁仪越世，金容掩色，不镜三千之光；丽象开图，空端四八之相。于是微言广被，拯含类于三途；遗训遐宣，导群生于十地。然而真教难仰，莫能一其旨归，曲学易遵，邪正于焉纷纠。所以空有之论，或习俗而是非；大小之乘，乍沿时而隆替。有玄奘法师者，法门之领袖也。幼怀贞敏，早悟三空之心；长契神情，先包四忍之行。松风水月，未足比其清华；仙露明珠，讵能方其朗润。故以智通无累，神测未形，超六尘而迥出，只千古而无对。凝心内境，悲正法之陵迟；栖虑玄门，慨深文之讹谬。思欲分条析理，广被前闻，截伪续真，开兹后学。是以翘心净土，往游西域。乘危远迈，杖策孤征。积雪晨飞，途间失地；惊砂夕起，空外迷天。万里山川，拨烟霞而进影；百重寒暑，蹑霜雨①（别本有作"雪"者）而前踪。诚重劳轻，求深愿达，周游西宇，十有七年。穷历道邦，询求正教，双林、八水，味道餐风，鹿苑、鹫峰，瞻奇仰异。承至言于先圣，受真教于上贤，探赜妙门，精穷奥业。一乘五律之道，驰骤于心田；八藏三箧之文，波涛于口海。爰自所历之国，总将三藏要文，凡六百五十七部，译布中夏，宣扬胜业。引慈云于西极，注法雨于东垂，圣教缺而复全，苍生罪而还福。湿火宅之干焰，共拔迷途；朗爱水之昏波，同臻彼岸。是知恶因业坠，善以缘升。升坠之端，惟人所托。譬夫桂生高岭，云露方得泫其华；莲出绿波，飞尘不能污其叶。非莲性自洁，而桂质本贞，良由所附者高，则微物不能累；所凭者净，则浊类不能沾。夫以卉木无知，犹资善而成善；况乎人伦有识，不缘庆而求庆？方冀兹经流施，将日月而无穷；斯福遐敷，与乾坤而永大。

永徽四年，岁次癸丑十月己卯朔十五日癸巳建。

中书令臣褚遂良书。

2.《大唐三藏圣教序记》碑文

大唐皇帝述三藏圣教序记

夫显扬正教，非智无以广其文；崇阐微言，非贤莫能定其旨。盖真如圣教者，诸法之玄宗，众经之轨躅也。综括宏远，奥旨遐深。极空有之精微，体生灭之机要。词茂道旷，寻之者不究其源；文显义幽，履之者莫测其际。故知圣慈所被，业无善而不臻；妙化所敷，缘无恶而不剪。开法网之纲纪，弘六度之正教；拯群有之涂炭，启三藏之秘扃。是以名无翼而长飞，道无根而永固。道名流庆，历遂古而镇常；赴感应身，经尘劫而不朽。晨钟夕梵，交二音于鹫峰；慧日法流，转双轮于鹿苑。排空宝盖，接翔云而共飞；庄野春林，与天华而合彩。

伏惟皇帝陛下，上玄资福，垂拱而治八荒；德被黔黎，敛衽而朝万国。

---

①原文作"露"，别本也有作"雪"的。

恩加朽骨，石室归贝叶之文；泽其昆虫，金匮流梵说之偈。遂使阿耨达水，通神甸之八川；耆阇崛山，接嵩华之翠岭。窃以法性凝寂，縻归心而不通；智地玄奥，感恳诚而遂显。岂谓重昏之夜，烛慧炬之光；火宅之朝，降法雨之泽。于是百川异流，同会于海；万区分义，总成乎实。岂与汤武校其优劣，尧舜比其圣德者哉！玄奘法师者，夙怀聪令，立志夷简。神清龆龀之年，体拔浮华之世。凝情定室，匿迹幽岩；栖息三禅，巡游十地。超六尘之境，独步迦维；会一乘之旨，随机化物。以中华之无质，寻印度之真文。远涉恒河，终期满字；频登雪岭，更获半珠。问道往还，十有七载。备通释典，利物为心。以贞观十九年九月六日奉敕于弘福寺，翻译圣教要文凡六百五十七部。引大海之法流，洗尘劳而不竭；传智灯之长焰，皎幽暗而恒明。自非久值胜缘，何以显扬斯旨！所谓法相常住，齐三光之明；我皇福臻，同二仪之固。伏见御制，众经论序，照古腾今。理含金石之声，文抱风云之润。治辄以轻尘足岳，坠露添流。略举大纲，以为斯记。

皇帝在春宫日制此文

永徽四年，岁次癸丑十二月戊寅朔十日丁亥建

尚书仆射上柱国河南郡开国公臣褚遂良书

万文韶刻字

3.《重修大慈恩禅寺记》碑文

赐进士第陕西参知政事受正三品诰命特进嘉议大夫吏部右侍郎南阳张用瀚撰文

赐进士第嘉议大夫巡抚陕西都察院右副都御史嘉兴项忠书丹

赐进士第中奉大夫陕西等处承宣布政使司左布政使淞江张鏊篆额

粤自金天氏之教入中国，而天下始知有佛。厥后崇信之，而天下靡不有寺。盖欲使人修善远恶，祈福报恩，起凡入圣，为其徒、由其教者，乌克而弗敬信哉！陕西旧为长安地，乃汉唐隋都会之所历，时王公贵人敬信赐教者尤众，故建寺多于天下。今郡城东南十里许平原之野，面终南，对

曲江，背泾渭，山水秀丽处有寺曰慈恩。乃唐高宗[①]报母文德顺圣皇后昊天罔极之恩，肆建是寺。寺之内又建十余院，殿堂廊庑房室千百余楹。后又用七宫亡者衣物，复于寺之北（注：西院）建一巨塔，名曰雁塔，高广莫详其数。盖取三藏经所载迎佛坠雁之意。当时胜概又甲于诸寺。矧唐所重者，惟进士科为第一，故每一举后必赐晏于曲江之杏园，事后复命所司题名于塔内，永垂不朽。其荣耀为何如故？自古及今天下之士有志于科目者，皆知以题名雁塔为愿。予自少时习举子业亦有此志，今而幸遂矣。故今之进士题名于太学者亦循此故事也。奈何历岁荐久，寺亦倾颓，塔亦荒落，弗称敬仰。正统十四年，秦藩兴平庄惠王殿下，天性孝敬，存心慈善，因谒王孝恭靖茔所，用展孝思，回抵是寺，慨古刹之废弛，悯佛堂之狭小，矧为唐时进士题名宴游名胜之所，今则寂寥如是，奚足为名公钜卿来游之观瞻，以称夫吊古兴怀之趣邪。乃恻然树诚心，同内官陈公宝、邓公铭，舍财募缘，将为修理。不幸赍志而薨。今兴平王殿下嗣爵以来，为宗室之贤王，尤能以孝敬慈善为心，叹先王之志未遂，慨可为之事未为，即有兴复之意。乃命陈、邓二公督理厥事，施财鸠工，瓦甓砖石木土颜来，凡合用之物靡不毕具，乃卜吉月撤旧废残，起前后殿二，各五楹，山门、廊庑、方丈、僧堂以数峙立，塑诸佛、天王等像，各饰以金色妆，栋梁檐牙诸处俱施以五彩。塔有脱落者亦补砌之。由是整然一新，美哉轮奂，视昔有加。复请戒行僧以领庶众，朝钟暮鼓，早香夜经，于以祝延圣寿，于以阴翊皇图，其游乐于斯者情亦畅然。□[②]日乃谓曰：寺之经始落成，不可无文以纪其实。乃命戚里运同李公真，教授张公恭持内帑走予官舍，烦为记，以用垂永久。惟夫中□谓孝者□继人之□，□人之事者也，盖以祖父有欲为之事而未为，子孙善继其志而成就之；祖父有已为之事而可法，子孙善因其事而遵述之。是知□□人之□□以人□□而□□前人之事，非后人述之而莫□，今殿下□□□□□□□□寺□□□□□□也，莫□不惟善心感发而

---

① 唐高宗：原碑文为唐太宗，依据上下文及其史实改正。
② 碑文模糊不清，故以□代替。以下类同，不再注明。

敬信佛教，抑亦继志述事之一端也，得不谓之孝乎！彼有父□堂子不肯构者，较之于此□□□□□□□□日□□为忠，殆见惟诚惟敬，藩屏□固。□□□□何谓东平王之贤，名垂青史，不亦伟欤。寺经始于天顺戊寅，落成于成化丙戌，[①] 始记之于右。至若董缮作之官与工匠、助缘人之姓名并记于碑阴云。

大明成化二年岁次丙戌四月上澣[②]吉日

钦差镇守陕西都知监左少监黄沁□

钦差镇守陕西总兵官保定侯梁□宁远伯任寿

秦府承奉刘守静　田保　门正戴源□　谭□

永兴府内官邓守真　阮道常

保安府内官张德□　凤鸣秦旺镌

本府书匠郑亮　刊字董清

4.《重修大雁塔寺遇仙桥记》碑文

青门扬烈书丹

长安古建都之地，终南耸翠，三川列秀。汉唐以来，名迹犁然，其艳拣人耳目者，则曲江称最。曲江近城东南十里许，旁即大雁塔寺，盖唐慈恩古刹也。唐时进士显名于此，宴乐曲江，飞阁流丹，画舫如蚁，流觞传饮，士女竞观，真不啻如蓬瀛阆苑焉。代远时移，虽风俗非故，然而春旭夜月之际，花明紫陌，柳涨烟村，农人披蓑以犁云，红女采桑以于迈，犹足令人流连不置云。寺前有桥名遇仙者，旧通溪流，便来往。迩乃倾圮，行者苦之。余辈经临其地，思此曲江名胜之区，名贤游赏之地，岂可令桥梁湮废，望□裏足乎！遂相约捐资修葺，不匝月而告成。讵敢曰慈航普渡，以邀无量功德，聊以利有攸□，永垂后祀，姑述其始末云尔。

---

① 天顺戊寅：指明英宗天顺二年，即公元1458年；成化丙戌：指明宪宗成化二年，即公元1466年。也就是说大慈恩寺重修工程持续了9年，才告完成。

② 上澣（wò）：澣意为取水。古代官员实行旬休，即在官九日，休息一日。休息日多行浣洗。上澣，即指农历每月上旬的休息日，或泛指上旬。

康熙岁次辛亥花月吉旦

原署四川崇庆州知州王毓贤

原任湖南分守衡郴两桂兴宁副总兵黄国□

原任湖南经略右标分守汀潭副总兵郭茂荣

原任江南援剿右翼副总兵张□铖

抚标随征将官李三英

抚标随征将官焦运通

原任陕西西宁副总兵俞道民

僧人：镇　□

　　　镇　贤

　　　惟　忠

　　　方　真

　　　觉　义

污者　王启甲　吕邦耀

长安　卜兴澳镌　吴河督工

5.《重修大雁塔寺前轩记》碑文

康熙十有七载，岁在戊午孟夏二日，弘惟我大总宪少司马哈公、大中丞开府杭公，念来垸□，贻惠恤来耜之方，殷以致和之暇，暨率寮寀，若屏藩则有方伯□侯，若监司则有转运副使级侯、驿盐金事陈侯，若武卫则有关帅祁侯，若守令则有西安守阿君、郡司赵君、别驾茹君、长安令刘君、咸宁令贾君，莫不咸知小民之依重，稼穑之艰难，若余则以陈时枭事，躬与良游，盖适当春省之期而勤分休之意。于是乎控览原隰，遍及东郊，捲彤襜而喜田畯，伫绣鞭而问逢师，憩乎大雁塔焉。寺即古慈恩寺也。按唐史高宗在□（应为"东"或"青"）宫时因隋无漏寺为文德皇后建，故以名之。永徽三年，沙门圆（玄）奘自西域归后，就寺西建塔。于其前也，则有终南、太乙、玉案，雾槛穹谷，修林隐天，崔嵬（巍）洶岑，嘉州所云"连山若波涛，奔走如朝宗"者也。于其左也，则有源泉陂池，绣塍错壤，决渠雨降，挥臿云兴，桑麻禾稼被其野，果园芳林缘其隈。郊野之富，殆甲秦陇云。其下，则曲江萦绕，黄渠、龙首回堤合注，芙蓉、杏园于焉彷拂。其右，则万雉高岈，千廛云集，起闾阎之岩峣，顺阴阳而启闭，七郡游侠披三条之广路，五都货殖充十二之通门，红尘四合，衡宇相连，非所云既庶且富，娱乐无疆者乎！夫古今俯仰之会，不可谓不久且远矣。巡行郊邑之举，人物登临之慨，不可谓不盛矣。而顾使耕敛之期，憩□之所，弗克与岿然雁塔共存不朽，则今之所欣，后为陈迹，得无有缺然未备者欤？于是循历香台，周览昔构，有室五楹，据势爽垲，可以留蔽芾之阴，可以命觞咏之乐，其旧可仍，其废可举也。既焉兴怀，葺其遗绪，事有贵乎因循，人不劳于改作。缭垣之茨棘则剪之，砌甃之沙砾则除之。棼橑苴其渗漏而已，不尚雕饰也；栏楯扶其颠危而已，不增丹雘也。题名片石以续故事，用是不烦手足于民，不费中人之产，而指顾之间，爰以志千古之雄胜，爰以省民事之维勤，即以昭大法小廉、抚辰凝绩之美，殆一举而三善，简焉。岂与夫崇饰塔庙，导民以侈者，可同日而语哉。是为记。

陕西西延凤汉兴等处提刑按察使司按察使加二级麻尔图撰并书

6.《慈恩寺功行碑记》碑文

慈恩寺之建，由来旧矣。盖贞观时高宗在青宫为文德皇后祝釐作也。沙门玄奘以无上功行仿西域雁王之说起七级浮屠，而雁塔遂成。唐制，进士曲江宴罢，率于此地题名焉。考之传记，五代末，寺经废毁殆尽，惟一塔俨然。则今寺亦唐旧，而塔自宋熙宁火后不可登，明万历甲辰始修葺之。寺前有渠，横以石桥。曲江水合黄渠水经鲍陂而西，即古流饮处也。游斯地者，每望古遥集，低徊留之不能去云。国朝人文蔚兴，碑石林立，而风雨剥落，苔藓浸蚀，姓字渐不复辨，安得大厦尽庇之。既而登高览眺，景物依然，面南山，带三川，乐游、鸿固诸原迤逦环抱；堂前老柏参天，状若虬龙，与塔影上下扶舆，清淑之气，必有名德者宿栖托其间。由古逮兹，砥功励行，不知凡几。而风可仰而人不可即，又乌之后之视今，不如今之视昔。于是诸释子合掌进曰：四时之序，成功者退；万善之总，修行为先。

无暇遐称博引。当吾世有憨公者，以正法眼藏，游情翰墨，功行圆满，偈谛流传。灿（粲）公继之，超悟其功，勤息其行，不斤斤语言文字而神明内彻，数十年来，文室阒俼，斋厨严整，四方冠簪，远近至者无虚日。曾几何时，而只履西归，讲坛竟寂寂尔乎。印可上人来自渭上，精心戒律，大畅宗风，瞻法座之重登，睹清规之再振，六尘不染，四大俱空，可谓得两公之真印者。不有君子载笔，恐胜迹之郁湮也。青门逸叟闻而叹曰：嗟乎，古今兴废之故，岂不在人哉？人与人日流转于山河大地之中，孰能久而不敝？而不敝者惟功与行，可耿日月而薄星辰。是故天龙雨花，潜山卓锡，慧远结莲社之盟，大鉴衍曹溪之派，功行之谓也。慈氏之教，遍于天下，而名蓝宿苑或不转盼而半没于荒烟蔓草，曷可胜数！而穹窿一区，犹唐故物，千百年历浩劫而岿然独存，宁惟造物所护惜，毋亦善知识递相维持之力欤！方今盛明之世，大道弘敷，缁庐梵刹，患被宸□。雍正十三年，和硕果亲王到寺，机锋颇合，额题"慈云法雨"四字以赠。夫慈以为体，法以为用，功行备矣。印公志之，存菩提智，宝清净珠，功与慈恩并永，而行同雁塔争高，虽玄奘复起，能易吾言乎哉！不然，彼立石题名者代不乏人也，而可信今而传后，何寥乎！未之概闻也。愿与诸释子共勉之。是为记。

　　　子戌两魁乡国长青门　刘鉴撰文
　　　　　　　咸邑李允宽书丹
　　　　　　　□山曹敬修题额
乾隆十一年夏四月吉旦隆□巴海　众释子助石
　　　　　　　长安卜兆梦镌

7.《重修慈恩寺碑记》碑文

　　天下事莫为之前，虽美弗章；莫为之后，虽盛弗传。如慈恩寺者，建自唐代，高宗为其母文德皇后祈福地也。至五代末，寺经废毁，惟一塔俨然。至宋熙宁火后，塔亦不可登。明成化兴平王始修葺之。寺前有渠，横一石桥，曲江水合黄渠水，经鲍陂而西，即古流饮处也。游斯地者，望古遥集，低回留之不能去云。国朝康熙戊辰，川陕总督鄂公捐俸重修，底今将近二百余年，画栋朝云，珠帘暮雨，凭式而过者，孰不有今昔之慨哉！寺有憨公和尚，绸缪未雨；又有印可上人，经营鸠工，接踵而修，聊以蔽风雨已耳。其后殿堂倾圮，僧舍摧残，人人蒿目。何幸而有清元长老席此方丈，精心戒律，大畅宗风，六尘不染，万应俱空，结莲社之盟，衍曹溪之派，上承圣天子劝人为善之雅意，下倡释门皈依僧法之精□，募化檀那，骤兴土木，补葺旧址，建造檐楹，重造山门三间，钟鼓楼二座，天王殿三间，客堂对面六间，厢房十四间，游廊六间，雁塔楼梯完备。即亲王临此，亦当称美矣。况乎皇朝好佛，御颁经典以赐古刹。我清元法师继憨公、印可两大禅师，苟非苦心苦力，何以庙貌重新，壮此观瞻？其功德之茂焕于盛世者，可与此塔并传不朽。是为序。

厚诚德	银拾贰两	三合魁	银拾贰两
永盛和	银拾贰两	永成老	银拾两
三盛德	银陆两	魁昇永	银伍两
长大裕	银伍两	永盛顺	银伍两
世隆恒	银肆两	粮食店	银伍两
长牲当	银贰两	永成德	银叁两
公顺当	银壹两二	魁成和	银壹两二
永发生	银壹两二	大盛生	银贰两
裴盛锁	银□两	雷运隆	银贰两
双盛兆	银陆钱	丰泰号	银陆钱
恒生顺	银陆钱	永顺德	银伍钱
王正忠	银伍钱	协合公	银伍钱
永顺裕	银伍钱	恒顺隆	银伍钱
万盛德	银伍钱	钟盛英	银陆钱
永盛魁	银伍钱		

青嘴头		杓沟	
徐成甲	钱拾千	屈官夫	钱拾千

康娱堂　银四两
　　南城大差市

朱云汉	钱四千	罗官夫	钱二千
张天才	钱二千	唐　温	钱一千四
青嘴头合村	钱拾两	尹镇穰庄	银六两
北门张朱氏	钱四千	通天观刘师	钱七千
大峪口双盛	钱五千	浦江树李六	钱七千
树德堂薛	钱二千	新安寺	钱一千三十千
龙渠王阿婆	钱七千	张一兴	钱五十

　　　　　　　　　　　道光十二年四月谷旦
　　　　　　　　　　　　永杰
　　　　　　　　　　　　一德
　　　　　　　　　　　住持通元　一照

8. 《重修慈恩寺记》碑文

秦中古帝王都，其地别馆、离宫、仙楼、梵刹多矣。然代远年湮，其名可考，其迹多不可寻。独近郊之南、曲江之北，佐觉世牖民之教，彰彰人耳同者，有慈恩寺焉。寺为唐高宗所建，有浮图七级曰雁塔，即进（题）名处。若尹琳、尉迟、王摩诘诸画图，泯灭已久，惟褚河南书《三藏圣教序》文石刻完好。近代乡举亦循题名故事，洵胜迹也。无何，逆回构乱，殿宇灰烬，一塔岿然犹存。去岁秋省之期，余偕二三僚友出郊经此，见夫故址荒凉，佛堂湫隘，题名碑碣委弃于瓦砾榛莽中，不足妥神灵而崇文教。因与李菊圃、方伯用、清怀、清观、察曾和商谋修复，均欣然许之。委直刺张宏运董其役。寺门五楹、院中增佛殿二，翼以钟鼓两楼，院西为游晏之室。四阅月落成，金工、木工、陶者、漆者都用钱三千余缗，乃方伯观察暨余之俸余，未费民财也。余维斯寺之传，虽由宋延清，岑嘉州二诗实缘于历代题名诸人，舍而不修，何克启人文之秀，壮秦地之观耶！宋、元、明无论已。我朝康熙中，鄂、哈二公总制川陕，先后增修，规模宏整，历二百余年乃废而后兴，坠而复举，谓非斯寺之幸欤，而独斯寺之幸也。此邦之科第蔚起，当与斯寺无终极者。是为记。

　　头品顶戴兵部侍郎抚陕使者皖怀叶伯英谨撰并书

　　大清光绪十有三年岁次丁亥季春日穀旦　　富平杨秉仁刻石

9.《朱将军重修大慈恩寺功德碑》碑文

（碑首为张继题"玄奘复兴"四字行草）

　　夫人立身天地，不能独创未有之奇，非丈夫也；不能超凡出众，绝后空前，非丈夫中之大丈夫也。盖世道统阴阳之玄妙，人力操旋转之微权，故假手于造物者，得以推荡险阻，崇开宗教。虽求之于沙门玄门、流俗豪贵，古今不多睹矣。省南晋昌里，向有汉宣帝乐游庙，隋改无漏寺。唐贞观高宗在青宫，为文德皇后报恩改建，故名。永徽三年，僧玄奘起塔五层，旋崩。天后增加十层，仿达赖国迦叶佛伽蓝，穿石山作五层如雁形，俗传至今，历劫存七层。明万历、清初重修有记。奈沧桑变易，风雨摧残，不禁有今昔之感也。民国庚午，关辅大饥，适朱子桥将军由五台敦请宝生和尚赈灾来陕，暇日游访汉唐名刹，发愿恢复，如青龙、华严、千福、兴教、卧龙、铁塔等寺。倾者扶之，缺者补之，剥落凋残者涂之新之。而慈恩常真和尚恭请宝生法师住持慈恩寺务，清规井井，放种施粮，开单结众，寺内置产，种种善举难述。因念佛寺陵夷，一塔巍然，题名碑碣，半委荒榛，于是经营筹划，规模毕具，添筑献殿五楹，观堂一座，寮房、香积、方丈十余间，修补钟楼鼓楼，墙垣数十堵，基正浮图七级，金碧辉煌，栋梁灿灼，莲台佛像焕然一新。材料、工资，悉由朱子桥老将军、铁道部总长叶公誉虎查、厅长勉仲、五台普济佛会会长杨公子繁、李公福田诸大德慨助，其功德无量矣。兹值宏工告竣，同仁等景仰诸公之善举，并勉接踵之有人。然而不极鸿梁紫柱之奇，难擅螭角丹楹之胜，鸟革翚飞，美哉轮，美哉奂，龙翔凤翥，式如玉而式如金，唤醒众生沉梦，诚为三辅奇观。化宇宙为贤士达人，回头是岸。书姓氏于昙华贝叶，着手成春。宗风重振，寿域同登，俾斯寺之常存，仰善人之是富。况朱长老慈善忘尊，赈饥拯溺，跋涉山川，名闻中外。宝公兴工，经年放戒，祈雨跪坛忘食，诚格天庭。常公住持慈恩与终南茅蓬几三十年，购地斋众，戒律精严。三公道高德重，经明行修，代远年湮，恐久弗彰，檀越吕君厚庵持状祈文，汉不敏，搜肠谨述。颠末俚言，贻笑方家。为之歌曰：寺之东，鹿原鲸峪霭苍龙，佛法无边超苦海，留芳百代仰三公；寺之南，五台佳气拥晴岚，神禾玉案缠襟带，八景千秋护佛龛；寺之西，浮屠七级亘天齐，玄都杏园空回首，参孟诗成杜宇啼；寺之北，含元遥对曲江侧，法门不二即西天，净洗红尘礼弥勒。愿我乡人敬读此碑，方知伟烈丰功挽回浩劫，诸公慈善没齿不忘，庶与此寺此碑同传不朽。

七五衰叟前贡生乡人刘宗汉敬撰
前　清　拔　贡　乡人禄世纯敬书
南　关　乡　乡　长吕允丰募勒

中华民国二十一年阳历八月偲旦蓝田郭希安刻字

10.《重修大慈恩寺纪念碑》碑文

（碑首为何遂书"轻尘足岳"四字）

佛法显丈六金身，花雨缤纷，洒遍大千世界，不过唤醒迷途，挽回浩劫，使人人革面洗心，皆大欢喜而已。胜造八万四千宝塔，大放光明，不生不灭，同登寿域矣。然而沫吹大海，平地楼台，沙数恒河。凡尘劫运，人心不古，莫甚于斯；世道乖张，亦甚于斯。纵使佛持金钵宝幡，不能引登道岸，良可慨矣。彼苍岂能听其沉沦哉！降生朱子桥老将军，慈善为怀，挽狂澜于既倒；虔心救世，超苦海兮无边。信佛教，轻功名，游中外，历艰险，募款项，拯灾黎。俯念湖湘各省，半成泽国；江浙饥民，尽赴泉台。日夜焦劳，不遑枕席。筹划设法，散赈捐衣。舍棺施药，买地掩尸。生者得所，亡者衔恩。善果重重，笔秃难述。旋经三辅，冰雹荒旱，瘟疫各劫，男女逃亡，尸骸道路，野寺风寒，问谁青眼。监门图妙，睹此酸心。生人游地狱，活鬼哭阎阁。虽人力不能成功，即佛法亦难补救矣。岂知事由天定，道在人为。朱老将军星夜赴陕，设厂赈济，拯活甚众。心碎血枯，顶感莫铭。函邀宝生出山，自念道浅才疏，坚辞弗许。袈裟草履，跋涉入秦。愧蒙各界慈善，本寺常真和尚让持寺务，协助朱老将军补塔修寺，添盖殿宇、僧寮、香积，金身焕彩，梁栋辉煌。兼补修汉唐各名刹并葺顺度、清凉、玄奘、窥基、圆测诸祖等塔院。其工料巨资悉由朱老将军劳苦经营，一人担负。寺属凤栖区南关乡，荷蒙乡绅士庶科长等联名勒石，宣布赞扬。宝生叨承骥尾，自愧汗颜。太上云：立德立功立言谓三不朽。经云：司命朝天，祁君富贵，祇园布地，结此因缘。嗟乎，世事茫茫，几成灰烬，收拾人心消杀运，若谓善欲人见，不是真善。谬矣。恐拂乡人盛情，爰述巅末，留为纪念。

乡长吕允丰沐手校字

乡人刘宗汉沐手再撰

乡人禄世纯沐手再书

本寺住持宝生沐手谨述

文牍	吕伟卿	会计	兴海臣
第一排士绅	麻志笃	第二排士绅	武巨卿
第三排士绅	李志恒	第四排士绅	王守信
第五排士绅	张四安	一排排长	杨蔚新
东三爻村长	杨同轩　杨维清　陆满庄		
庙坡头村长	李详训　张大金		
长延堡村长	孙子泉	夏家庄村长	贾天福
永宁村村长	常继成	仁义村村长	倪　惠
二排排长	薛东尧	太平堡村长	韩致礼
大雁塔村长	鲁　忍	鲁家村村长	郭如海
后村村长	耿兴源　梁文轩		
铁炉庙村长	权炳成	王家村村长	王廷锡
刘家庄村长	齐大中	乐居厂村长	张文学
三排排长	秦克义	南窑村村长	单天玉
瓦苓疼村长	白益生	杨家村村长	樊伯钧

瑞禾村村长	张学仁	草厂坡村长	卢廷钖
小寨村长	李　学	冉家村村长	杨　平
何家村村长	苟天财	刁家村村长	温　润
李家村村长	康学中	四排排长	杨　佶
新开门村长	吕培谟	春临村闾长	杨通盛
岳家寨村长	王天佑　王　斌		
陆家寨村长	陆积永	荣家寨村长	王　廉
五排排长	陈钖五	八里村村长	朱　钧　王振江
北池头村长	王品三	孟村村长	庞绥如　梁富山
观音庙闾长	陈诚斋	祭台村村长	梁生杰

蓝田郭希安刻字

中华民国二十一年八月吉日立

二、塔　铭

1. 大唐三藏大遍觉法师塔铭并序

朝议郎检校尚书屯田郎中使持节洛州诸军事守洛州刺史兼侍御史上柱国赐绯鱼袋刘轲撰

安国寺内供奉讲论沙门建初书

岁丁巳，开成纪元之明年，有具寿沙门曰令检自上京抵洛。师以缥囊盛三藏遗文传记访余柴门于行修里，且曰：闻夫子斧藻群言旧矣，讵直专声于班、马，能不为释氏董狐耶？抑岂不闻贞观初慈恩三藏之事乎，敢矢厥来旨云：三藏事迹载国史及《慈恩传》，今塔在长安城南三十里。初，高宗塔于白鹿原，后徙于此。中宗制影赞谥"大遍觉"，肃宗赐塔额曰"兴教"，因为兴教寺。寺在少陵原之阳，年岁寝远，塔无主，寺无僧，荒凉残委，游者伤目。长庆初，有衲衣僧昙景始葺之。大和二年，安国寺三教谈论大德，内供奉赐紫义林修三藏忌斋于寺。斋众方食，见塔上有光，圆如覆镜，道俗异之。林乃上闻，乃与两街三学人共修身塔，兼砻一石于塔，至三年修毕。林乃化，遗言于门人令检曰：尔必求文士铭之。检泣奉遗教直以铭为请。非法胤之冢嫡，谁何至此乎！轲三让不可，乃略而铭之。

三藏讳玄奘，俗陈姓，河南缑氏人。曾父钦，后魏上党太守；祖康，北齐国子博士；父惠英，长八尺，美须眉，魁岸沉厚，号通儒，时人方汉郭林宗。有子四人，奘其季也。年十三，依兄捷出家于洛。属隋季失御，乃从高祖神尧于晋阳，俄又入蜀，学《摄论》《毗昙》于基、暹二法师。武德五年，受具于成都，精究篇聚。又学《成实》于赵州深，学《俱舍》于长安岳。于是西经前来者，无不贯综矣。初，中国学者多以实相性空通贯群说，俾夯象蹄，敝往往失鱼兔于得意之路。至于星罗棋布，五法三性，析秋毫以矢名相，界地生汇，各有攸处，曾未暇也。大遍觉乃兴言曰：佛理圆极，片言支说，未足师决，固是经来未尽，吾当求所未闻，俾跛眇儿视履，必使解行加函盖，始可为具人矣。且法显、智严何人也，犹能孤游天竺，而我安能坐致耶？初，三藏之生母氏梦法师白衣西去，母曰：何去？曰：求法。贞观三年，忽梦海中苏迷庐山，遽凌波而入，乃见石莲波外承足山，险不可上，试踊身腾踔，飒然飚举，升中四望，廓澈无际。觉而自占曰：我西行决矣。至凉州，都督李大亮防禁特切，逼法师还京。法师乃宵遁渡瓠芦河，出玉门，经莫贺延碛，艰难险阻，仆而复起者何止百十耶！自尔涉流沙，次伊吾，高昌王麴文泰遣贵臣以驼马迓法师于白力城。王与太妃及统师大臣等尊以师礼，王亲跪于座侧，俾法师蹑履而上，资赠甚厚，送至叶护可汗衙。又以二十四封书通屈支等二十四国。献花缯五百匹于可汗，称法师是奴弟，欲求大法于婆罗门国，愿可汗怜师如怜奴。其所历诸国，为其王礼重，多此类也。自尔支提梵刹、神奇灵迹往在而有，法师皆沥诚尽敬，耳目所得，孕成多闻，与夫世称博物者，何相万耶。详载如传，惟至中印度那烂陀寺，寺遣下座二十人明详仪注者，引参正法藏，即戒贤法师也。既入谒，肘膝著地，舐足已，然后起。法藏讯所从来，曰：自支那，欲依师学《瑜伽论》。法藏闻则涕泗曰：解我三年前梦金人之说，伫尔久矣。遂馆于幼日王院觉贤房第四重阁，日供担步罗果一百二十枚，大人米等称是，其尊敬如此。法师既名流五印，三学之士，仰之如天。故大乘师号法师为摩诃天，小乘师号解脱天，乃白大法藏请留之。法师曰：师等岂不欲支那之人开佛慧眼耶。不数日，东印度王构摩迎法师，戒日王闻法师在构摩处，遣使谓构摩曰：急送支那僧来。构摩曰：我头可得，僧不可得。戒日神武雄勇，名震诸国，乃怒曰：尔言头可得，可将头来。构摩惧，乃严象军二万，船三万，与法师同溯殑伽河，筑行宫于河北，构摩自迎戒日于河南。戒日曰：支那（僧）何不来？构摩曰：大王可屈就。王既见法师，接足尽敬，且曰：弟子闻支那国有《秦王破阵乐》。乃问秦王是何人？法师盛谈太宗应天顺人事，王曰：不如此，何以为支那主！因令法师出《制恶见论》。然小乘外道，未即推伏，请于曲女城集五印沙门、婆罗门等兼十八国王，观支那法师之论，凡十八日，无敢当其锋者。戒日知法师无留意，厚以象马橐装钱法师，又以素叠印书使达官送法师所经诸国，令兵卫达汉境。法师却次于阗，因高昌商胡入朝，附表奏自西域还。太宗特降天使迎劳，仍制于阗等道送法师，令敦煌迎于流沙，鄯善迎于沮沫。时帝在洛阳，敕西京留守梁国公元龄备有司迎接。是日，宿于漕上。十九年春三月景子①，留守自漕奉迎于都亭，有司颁诸寺帐舆、花幡，送经于弘福。翌日，大会于朱雀街之南，陈列法师于西域所得经像舍利等。其梵文凡五百二十夹，六百五十七部，以二十马负而至。自朱雀至弘福十余里，倾都士女，夹道鳞次，若人非人，曾不知几俱胝矣。壬辰，法师谒文武圣皇帝于洛阳宫。二月乙亥，对于仪鸾殿，因广问雪岭已西诸国风俗，法师皆备陈所历，若指诸掌。太宗大悦，谓赵公无忌曰：昔苻坚称道安为神器，今法师出之更远。时帝将征辽，法师请于嵩之少林翻译。太宗曰：师西去后，朕为穆太后于西京造弘福寺，寺有禅院，可就翻译。三月己巳，徙弘福。夏五月丁卯，法师方开贝叶。二十年秋七月，法师进新译经论，仍请制经

---

①景子：《传》《录》均作"二十四日"。

序,并进奉敕撰《西域记》十二卷。太宗美法师风仪,又有公辅才,俾法师褐缁褐袭金紫。法师因以五义褒扬圣德,乞不夺其志。遂问《瑜伽十七地》义。太宗谓侍臣曰:朕观佛经,犹瞻天望海。法师能于异域得是深法,非惟法师愿力,亦朕与公等宿殖所会。及《三藏圣教序》成,神笔自写。太宗居庆福殿,百寮陪位坐法师,命弘文馆学士上官仪对群寮读之。廿二年夏六月,天皇大帝居春宫,又制《述圣记》及《菩萨藏经后序》。太宗因问功德何最,法师对以度人。自隋季天下祠宇残毁,缁伍殆绝,太宗自此敕天下诸州寺宜各度五人,弘福寺度五十人。戊申,皇太子宣令请法师为慈恩上座,仍造翻经院,备仪礼自弘福迎法师,太宗与皇太子、后宫等于安福门执香炉目而送之。至寺门,敕赵公英、中书令褚引入于殿内,奏九部乐、《破阵舞》及百戏于庭而还。廿三年夏四月,法师随驾于翠微宫,谈赏终日。太宗前席攘袂曰:恨相逢已晚。翌日,太宗崩于含风殿。高宗即位,法师还慈恩,专务翻译。永徽三年春三月,法师于寺端门之阳造石浮图。高宗恐功大难成,令改用砖塔,有七级(编者注:实为五级),凡一百八十尺,层层中心皆有舍利。冬十月,中宫方妊,请法师加祐。既诞,神光满院,则中宗孝和皇帝也。请号为佛光王,受三归,服袈裟,度七人,请法师为王剃发。及满月,法师进金字《般若心经》及道具等。显庆二年春二月,驾幸洛阳,法师与佛光王发于驾前。既到,馆于积翠宫,终译《发智》《婆沙》。法师早丧所天,因扈从还访故里,得张氏姊,问茔垄已平矣。乃捧遗柩改葬于西原。高宗敕所司公给备丧礼,尽饰终之道。洛下道俗赴者万余人,释氏荣之。三年正月,驾还西京,敕法师徙居西明寺。高宗以法师先朝所重,礼敬弥厚,中使旁午,朝臣慰问及锡赉无虚日,法师随得随散。中国重于《般若》,前代虽翻,译犹未备,众请翻焉。法师以功大恐难就,乃请于玉华宫翻译。四年十月,法师如玉华,馆于肃成院。五年春正月一日始翻梵本,总廿万偈。法师汲汲然,常恐不得卒业,每嘱译徒必当人百其心。至龙朔三年,方绝笔。法师翻《般若》后,精力刓耗,谓门人曰:吾所事毕矣!吾瞑目后可以蘧蒢为亲身物。门人雨泣,且曰:和上何遽发此言?法师曰,吾知之矣。麟德元年春正月八日,门人玄觉梦一大浮图倒。法师曰：此吾灭度之兆。遂命嘉尚法师具录所翻经论合七十四部，总一千三百三十八卷，又造俱胝画像、弥勒像各一千帧，又造素像十俱胝供养，悲敬上油各万人，烧百千灯，赎数万生，乃与寺众辞，三称慈尊，愿生内眷。至二月五日夜，弟子光等问云：和上决定得生弥勒内众否？颔云：得生。俄尔去。春秋六十九矣。初，高宗闻法师疾作，御医相望于道。及坊州奏至，帝哀恸，为之罢朝三日。敕坊州刺史窦师伦令官给葬事，又敕宜听京城僧尼送至塔所。门人奉枢于慈恩翻经堂，道俗奔赴者日盈千万。以四月十四日葬于浐东，京畿五百里内，送者百余万人。至总章二年四月八日，有敕徙于樊川北原，伤圣情也。法师长七尺，眉目若画，直视不顾，端严若神。自大教东流，翻译之盛，未有如法师者。虽滕、兰、澄、什、康会、竺护之流，无等级以寄言。其彬彬郁郁，已布唐梵新经矣。自示疾至于升神，奇应不可殚纪。盖莫详位次，非上地其孰能如此乎！文曰：

三藏之生，本乘愿来。入自圣胎，出于凤堆。大业之季，龙潜于并。孺子谒帝，与兄偕行。神尧奇之，善果度之。不为人臣，必为人师。师法未足，自洛徂蜀。学无常师，鸟必择木。迹穷夷夏，更讨身毒。寺入烂陀，师遇尸罗。王逢戒日，论得瑜伽。瑜伽师地，藏教泉府。带垮名数，玺抽圣绪。我握其枢，赤幡仍坚。名高曲女，归我真主。主当文皇，臣当蔡梁。天下真观，佛氏以光。光光三藏，是护是付。付得其人，经论彬彬。梵语华言，胡汉相宣。台臣笔受，御睐前席。积翠飞英，恩光奕奕。太宗序教，天皇述圣。扬于王庭，百辟流咏。三藏慰喜，灵祇介祉。箴彼滕什，曾无此事。我功成矣，我名遂矣。脱屣玉华，升神睹史。发棺开殓，天香馥馥。地位孰分，神人是卜。中南地高，樊川气清。修塔者谁，林公是营。门人令检，实尸其事。铭勒塔旁，检真法子。

开成四年五月十六日冯翊沙门令检修建

广平宋宏度刻字

2. 大周西明寺故大德圆测法师佛舍利塔铭并序

贡士宋复撰并书

法师讳文雅，字圆测，新罗国王之孙也。三岁出家，十五请业。初于常、辩二法师听论，天聪警越，虽数千万言，一历其耳，不忘于心。正（贞）观中，太宗文皇帝度为僧，住京（师）元法寺，乃览《毗昙》《成实》《俱舍》《婆沙》等论，暨古今章疏无不闲晓，名声蔼著。三藏法师奘公自天竺将还，法师预梦婆罗门□果满怀。其所证应，胜因夙会。及奘公一见，契合莫逆。即命付《瑜伽》《成唯识》等论兼所翻大小乘经论，皎若生知。后被名为西明寺大德，撰《成唯识论疏》十卷、《解深密经疏》十卷、《仁王经疏》三卷、《金刚般若观所缘论》《般若心经》《无量义经》等疏，羽翼秘典耳目。时人所以赞佐奘公，使佛法东流，大兴无穷之教者也。法师性乐山水，往依终南山云际寺。又去寺三十余里闲居一所，静志八年。西明寺僧徒邀屈还寺，讲《成唯识论》。时有中天竺三藏地婆诃罗至京，奉敕简召大德五人，令与译《密严》等经。法师即居其首。后又召入东都，讲译新《华严经》，卷轴未终，迁化于佛授记寺，实万岁通天元年七月二十二日也。春秋八十有四。以其月二十五日燔于龙门香山寺北谷，便立白塔。在京学徒西明寺主慈善法师、大荐福寺大德胜庄法师等，当时已患礼奉无依，遂于香山葬所分骸（骨）一节，盛以宝函石椁，别葬于终南山丰德寺东岭上法师尝昔往游之地。墓上起塔，塔基内安舍利四十九粒。今其路几不通矣。峭壁崭绝，茂林郁闭，险僻藏疾，人迹罕到，埋光蔽德，徒有岁年，孰知归仰。由是同州龙兴寺仁王院广越法师勒成至愿，以大宋政和五年四月八日，乃就丰德分供养并诸佛舍利，又葬于兴教寺奘公塔之左，创起新塔，规范基公之塔，一体无异。并基公之塔，即旧而新之。金轮宝铎，层构双耸，矗如幻成。其下各环以广庑神像，崇邃左右，以祔奘公焉。俾至者景慕起信，不知何时而已也。及于塔之前，创修献殿六楹，落成庆赞之日，不暇求能成文者，丐余直序其事，系之以铭。铭曰：

　　　　贝叶西来兮其功大，教流中区兮斯永赖。法匠有恁兮诚际会，香山迢遥兮闷幽宫。丰德峻阻兮藏灵踪，后人依归兮何适从。有越作缘兮神助力，双塔屹立兮基是式。以祔奘公兮岂穷极，终南相高兮峻倚天。盛德巍然兮铭石镌，来者瞻仰兮千万年。

3. 大慈恩寺大法师基公塔铭并序

朝散大夫检校太子左庶子使持节金州诸军事守金州刺史兼御史中丞轻车都尉赐紫金鱼袋李宏庆撰

　　安国寺内供奉讲论大德建初书

　　按吏部李侍郎碣文，法师以皇唐永淳元年仲冬壬寅日卒于慈恩寺翻译院，有生五十一岁也。后十日，陪葬于樊川玄奘法师塔，亦起塔焉，塔有院。大和二年二月五日，异时门人安国寺三教大德赐紫法师义林，见先师旧塔摧圮，遂唱其首，率东西街僧之右者，奏发旧塔起新塔。功未半而疾作，会其徒千人，尽出常所服玩，洎向来箕敛金帛，命高足僧令检俾卒其事。明年七月十三日，令检奉行师言，启其故塔，得全躯，依西国法焚而瘗之，其上起塔焉。又明年十月，赍行状，请宏庆撰其铭。予熟闻师之本末，不能牢记。师姓尉迟，讳基，字洪道。其先朔州人，累世以功名致爵禄。先考宗，松州都督。伯父鄂国公，国初有大勋力。洪道身长六尺五寸，性敏悟，能属文，尤善于句读，凡经史皆一览无遗。三藏法师玄奘者，多闻第一，见洪道颇加竦敬，曰：若得斯人传授释教，则流行不竭矣。因请于鄂公。鄂公感其言，奏报天子，许之，时年一十七。既脱儒服披缁衣，伏膺奘公，未几而冰寒于水矣。以师先有儒学词藻，诏讲译佛经论卅余部，草疏义一百本，大行于时，谓之慈恩疏。其余崇饰佛像，日持经戒，瑞光感应者，不可胜数。嗟乎，洪道其家世在朔漠，宜以茹毛饮血、斗争煞戮、背义妄信为事。今慕浮图教，苦节希圣，深入其奥。与夫鄂公佐圣立国，功成身退，出于其类，为一代贤人。实禀闲气，习俗不能染也，明矣。退为铭曰：

> 佳城之南兮面南山，玄奘法师兮葬其间。基公既殁兮陪其后，甲子一百兮四十九。碣文移入兮本寺中，昙景取信兮田舍翁。义林高足兮曰令检，亲承师言兮精诚感。试具畚锸兮发洪堂，全身不朽兮满异香。铭志分明兮是洪道，齿白骨鲜兮无销耗。瑞云甘雨兮昼濛濛，神祇悉窣兮罗寿宫。依教荼毗兮得舍利，金瓶盛之兮埋厚地。建塔其上兮高巍巍，铭勒贞石兮无愧辞。深谷为岸兮田为瀛，此道寂然兮感则灵。

左街僧录胜业寺沙门体虚、前安国上座沙门智峰、右街僧录法海寺赐紫云端

安国寺上座内供奉内外临坛大德方璘

寺主内供奉灌顶、都维那内供奉怀津、院主昙景

同勾当僧怀真、德循、惠皋、惠章

兴教寺上座惠温、寺主超愿、都维那全契

僧道荣、僧道恩、僧琼播、义方，巡官宋元义

开成四年五月十六日讲论沙门检修建

三、玄奘法师译经目录

1. 《大菩萨藏经》20卷（贞观十九年五月二日于西京弘福寺翻经院译，至九月二日毕）

2. 《瑜伽师地论》100卷（贞观十九年五月十五日于弘福寺翻经院译，至二十年五月十五日毕）

3. 《佛地经》1卷（贞观十九年七月五日于弘福寺翻经院译）

4.《六门陀罗尼经》1卷（贞观十九年七月十四日于弘福寺翻经院译）

5.《显扬圣教论颂》1卷（贞观十九年十月十一日于弘福寺翻经院译）

6.《显扬圣教论》20卷（贞观十九年十月十一日于弘福寺翻经院译，至二十年正月五日毕）

7.《大乘阿毗达磨杂集论》16卷（贞观二十年正月十七日于弘福寺翻经院译，至闰三月二十九日毕）

8.《如来示教胜军王经》1卷（贞观二十年二月六日于大慈恩寺翻经院译）

9.《能断金刚般若波罗蜜多经》1卷（贞观二十年十月一日于坊州宜君县玉华宫弘法台译）

10.《大乘五蕴论》1卷（贞观二十一年二月二十四日于弘福寺翻经院译）

11.《摄大乘论无性释》10卷（贞观二十一年三月一日于弘福寺翻经院译，至二十二年六月十七日于大慈恩寺翻经院毕）

12.《解深密经》5卷（贞观二十一年五月十八日于弘福寺译，至七月十三日毕）

13.《因明入正理论》1卷（贞观二十一年八月六日于弘福寺翻经院译）

14.《天请问经》1卷（贞观二十二年三月二十日于弘福寺翻经院译）

15.《胜宗十句义论》1卷（贞观二十二年五月十五日于弘福寺翻经院译）

16.《甚希有经》1卷（贞观二十二年五月十八日于终南翠微宫译）

17.《般若波罗蜜多心经》1卷（贞观二十二年五月二十四日于终南山翠微宫译）

18.《大乘百法明门论》1卷（贞观二十二年十一月十七日于北阙紫微殿西弘法院译）

19.《摄大乘论世亲释》10卷（贞观二十二年十二月八日于北阙紫微殿西弘法院译，至三年六月十七日大慈恩寺毕）

20.《摄大乘论本》3卷（贞观二十二年十二月二十六日于北阙紫微殿

西弘法院译，至二十三年六月十七日大慈恩寺毕)

21.《缘起圣道经》1卷（贞观二十三年正月一日于北阙紫微殿西弘法院译)

22.《阿毗达磨识身足论》16卷（贞观二十三年正月十五日于北阙紫微殿西弘法院译，至八月八日于大慈恩寺毕)

23.《唯识三十论》1卷（贞观二十三年五月二十九日于弘福寺翻经院译)

24.《菩萨戒羯磨文》1卷（贞观二十三年七月十五日于大慈恩寺翻经院译)

25.《王法正理论》1卷（贞观二十三年七月十八日于大慈恩寺翻经院译)

26.《最无比经》1卷（贞观二十三年七月十九日于大慈恩寺翻经院译)

27.《菩萨戒本》1卷（贞观二十三年七月二十一日于大慈恩寺翻经院译)

28.《大乘掌珍论》2卷（贞观二十三年九月八日于大慈恩寺翻经院译，至十三日毕)

29.《佛地经论》7卷（贞观二十三年十二月二日于大慈恩寺翻经院译，至十二月二十四日毕)

30.《因明正理门论》1卷（贞观二十三年十二月二十五日于大慈恩寺翻经院译)

31.《称赞净土佛摄受经》1卷（永徽元年正月一日于大慈恩寺翻经院译)

32.《分别缘起初胜法门经》2卷（永徽元年二月三日于大慈恩寺翻经院译，至八月毕)

33.《说无垢称经》6卷（永徽元年二月八日于大慈恩寺翻经院译，至八月一日毕)

34.《药师琉璃光如来本愿功德经》1卷（永徽元年五月五日于大慈恩寺翻经院译)

35.《大乘广百论释论》10卷（永徽元年六月二十七日于大慈恩寺翻经院译，至十二月二十三日毕)

36.《广百论本》1卷（永徽元年六月于大慈恩寺翻经院译）

37.《本事经》7卷（永徽元年九月十日于大慈恩寺翻经院译，至十一月八日毕）

38.《诸佛心陀罗尼经》1卷（永徽元年九月二十六日于大慈恩寺翻经院译）

39.《受持七佛名号所生功德经》1卷（永徽二年正月九日于大慈恩寺翻经院译）

40.《大乘大集地藏十轮经》10卷（永徽二年正月二十三日于大慈恩寺翻经院译，至六月二十九日毕）

41.《阿毗达磨显宗论》40卷（永徽二年四月五日于大慈恩寺翻经院译，至二年十月二日毕）

42.《阿毗达磨俱舍论》30卷（永徽二年五月十日于大慈恩寺翻经院译，至五年七月二十七日毕）

43.《阿毗达磨俱舍论本颂》1卷（永徽二年五月于大慈恩寺翻经院译）

44.《大乘成业论》1卷（永徽二年闰九月五日于大慈恩寺翻经院译）

45.《大乘阿毗达磨集论》7卷（永徽三年正月十六日于大慈恩寺翻经院译，至三月二十八日毕）

46.《佛临涅槃记法住经》1卷（永徽三年四月四日于大慈恩寺翻经院译）

47.《阿毗达磨顺正理论》80卷（永徽四年正月一日于大慈恩寺翻经院译，至五年七月十日毕）

48.《大阿罗汉难提蜜多罗所说法住记》1卷（永徽五年闰五月十八日于大慈恩寺翻经院译）

49.《称赞大乘功德经》1卷（永徽五年六月五日于大慈恩寺翻经院译）

50.《拔济苦难陀罗尼经》1卷（永徽五年九月十日于大慈恩寺翻经院译）

51.《八名普密陀罗尼经》1卷（永徽五年九月二十七日于大慈恩寺翻经院译）

52.《显无边佛土功德经》1卷（永徽五年九月二十八日于大慈恩寺翻经院译）

53.《胜幢臂印陀罗尼经》1卷（永徽五年九月二十九日于大慈恩寺翻经院译）

54.《持世陀罗尼经》1卷（永徽五年十月十日于大慈恩寺翻经院译）

55.《瑜伽师地论释》1卷（永徽九年二月一日于大慈恩寺翻经院译）

56.《十一面神咒心经》1卷（显庆元年三月二十八日于大慈恩寺翻经院译）

57.《阿毗达磨大毗婆沙论》200卷（显庆元年七月二十七日于大慈恩寺翻经院译，至四年七月三日毕）

58.《阿毗达磨发智论》20卷（显庆二年正月二十六日于西京大内顺贤阁译，至五年五月七日于玉华寺毕）

59.《观所缘缘论》2卷（显庆二年十二月二十九日于东都大内丽日殿译）

60.《入阿毗达磨论》2卷（显庆三年十月八日于大慈恩寺翻经院译，至十三日毕）

61.《不空罥（juàn）索神咒心经》1卷（显庆四年四月十九日于大慈恩寺翻经院译）

62.《阿毗达磨法蕴足论》12卷（显庆四年七月二十七日于大慈恩寺翻经院译，至九月十四日毕）

63.《成唯识论》10卷（显庆四年闰十月于玉华寺云光殿译）

64.《大般若波罗蜜多经》600卷（显庆五年正月一日于玉华寺玉华殿译，至龙朔三年十月二十日毕）

65.《阿毗达磨品类足论》18卷（显庆五年九月一日于玉华寺云光殿译，至十月二十三日毕）

66.《阿毗达磨集异门足论》20卷（显庆五年十一月二十六日于玉华寺明月殿译，至龙朔元年十二月十九日毕）

67.《辩中边论颂》1卷（龙朔元年五月一日于玉华寺嘉寿殿译）

68.《辩中边论》3卷（龙朔元年五月十日于玉华寺嘉寿殿译，至二十日毕）

69.《唯识二十论》1卷（龙朔元年六月一日于玉华寺庆福殿译）

70.《缘起经》1卷（龙朔元年七月九日于玉华寺八柱亭译）

71.《异部宗轮论》1卷（龙朔二年七月十四日于玉华寺庆福殿译）

72.《寂照神变三摩地经》1卷（龙朔二年十二月二十九日于玉华寺玉华殿译）

73.《阿毗达磨界身足论》13卷（龙朔三年六月四日于玉华寺八柱亭译毕）

74.《五事毗婆沙论》2卷（龙朔三年十二月三日于玉华寺玉华殿译，至八日毕）

75.《咒五首经》1卷（麟德元年正月一日于玉华寺玉华殿译）

参考书目

一、典籍文献（按编修时代先后排序）

［1］中华大藏经［M］.北京：中华书局，1993.

［2］法显.法显传校注［M］.章巽，校注.北京：中华书局，2008.

［3］慧皎，道宣，赞宁，如惺.四朝高僧传［M］.北京：中国书店，2018.

［4］费长房.历代三宝记［M］.张春雷，王春阳，等校注.郑州：河南人民出版社，2013.

［5］魏徵.隋书［M］.北京：中华书局，1973.

［6］玄奘，辩机.大唐西域记校注［M］.季羡林，等校注.北京：中华书局，2000.

［7］玄奘.玄奘法师译撰全集［M］.南京：金陵刻经处，1957.

［8］释慧立本，释彦悰笺，大慈恩寺三藏法师传［M］.孙毓棠，谢方，点校.北京：中华书局，2018.

［9］段成式.酉阳杂俎［M］.方南生，点校.北京：中华书局，1981.

［10］张彦远.历代名画记［M］.周晓薇，校点.沈阳：辽宁教育出版社，2001.

［11］智昇.开元释教录［M］.富世平，点校.北京：中华书局，2018.

［12］圆照.贞元新定释教目录［M］.//中华大藏经：第2157部.北京：中华书局，1993.

[13] 圆仁. 入唐求法巡礼行记［M］. 桂林：广西师范大学出版社，2007.

[14] 刘昫，等. 旧唐书［M］. 北京：中华书局，1975.

[15] 王定保. 唐摭言［M］. 上海：上海古籍出版社，1978.

[16] 赞宁. 大宋僧史略校注［M］. 富世平，点校. 北京：中华书局，2015.

[17] 王溥. 唐会要［M］. 北京：中华书局，1990.

[18] 张礼. 游城南记校注［M］. 史念海，曹尔琴校注. 西安：三秦出版社，2006.

[19] 欧阳修，宋祁，等. 新唐书［M］. 北京：中华书局，1975.

[20] 司马光. 资治通鉴［M］. 中华书局，1975.

[21] 宋敏求，李好文. 长安志 长安志图［M］. 辛德勇，郎洁，点校. 西安：三秦出版社，2013.

[22] 朱熹. 四书章句集注［M］. 北京：中华书局，1983.

[23] 祖琇. 隆兴佛教编年通论［M］. 广州：广东人民出版社，2020.

[24] 骆天骧. 类编长安志［M］. 黄永年，点校. 西安：三秦出版社，2006.

[25] 释念常. 佛祖历代通载：上中下［M］. 郑州：中州古籍出版社，2015.

[26] 释一然. 三国遗事［M］. 权锡焕，陈蒲清，注释. 长沙：岳麓书社，2009.

[27] 赵廷瑞. 陕西通志［M］. 西安：三秦出版社，2006.

[28] 彭定求，等. 全唐诗［M］. 增订本. 中华书局编辑部，点校. 北京：中华书局，1999.

[29] 董诰，等. 全唐文［M］. 北京：中华书局，1983.

[30] 永瑢，等. 四库全书［M］. 文渊阁本. 上海：上海古籍出版社，1987.

[31] 王昶. 金石萃编［M］. 北京：中国书店，1985.

［32］徐松. 增订唐两京城坊考［M］. 李健超，增订. 西安：三秦出版社，2019.

［33］高楠顺次郎，等. 大正新修大藏经［M］. 台北：新文丰出版公司，1973.

［34］光中法师. 唐玄奘三藏传史汇编［G］. 台北：东大图书公司，1989 年。

［35］续修四库全书［M］. 上海：上海古籍出版社，2002.

二、现代资料

1. 著作（按出版时间排序）

［1］阎文儒. 西京胜迹考［M］. 西安：新中国文化出版社，1948.

［2］汤用彤. 印度哲学史略［M］. 北京：中华书局，1960.

［3］释东初. 中国佛教近代史［M］. 台北：东初出版社，1984.

［4］R. C. 马宗达等著，张澍霖等合译：高级印度史［M］. 北京：商务印书馆，1986.

［5］畅耀. 大慈恩寺［M］. 西安：三秦出版社，1988.

［6］黄敏枝. 宋代佛教社会经济史论集［M］. 台北：台湾学生书局，1989.

［7］星云大师，慈怡法师. 佛光大辞典［M］. 北京：书目文献出版社，1989.

［8］政协西安市雁塔区委员会，西安大雁塔保管所. 雁塔诗词选［M］. 西安：陕西旅游出版社，1990.

［9］任继愈. 中国佛教史［M］. 北京：中国社会科学出版社，1991.

［10］吕澂. 附录·慈恩宗［M］. 卷5//吕澂佛学论著选集. 济南：齐

鲁书社，1991.

［11］金得榥著，柳雪峰译. 韩国宗教史［M］. 北京：社会科学文献出版社，1992.

［12］张岂之. 中国思想史［M］. 西安：西北大学出版社，1993.

［13］西安市档案局，西安市档案馆. 筹建西京陪都档案史料选辑［M］. 西安：西北大学出版社，1994.

［14］陈景富. 大慈恩寺志［M］. 西安：三秦出版社，2000.

［15］任继愈. 佛教大辞典［M］. 南京：江苏古籍出版社，2002.

［16］牟钟鉴，张践. 中国宗教通史［M］. 北京：社会科学文献出版社，2003.

［17］足立喜六著，王双怀，淡懿诚，贾云译. 长安史迹研究［M］. 西安：三秦出版社，2003.

［18］吕乐山. 大雁塔［M］. 西安：陕西旅游出版社，2003.

［19］释太虚. 太虚大师全书［M］. 北京：宗教文化出版社，2005.

［20］王亚荣. 陕西·中国汉传佛教祖庭研究［M］. 西安：陕西人民出版社，2006.

［21］李克明，邓剑. 党晴梵诗文集［M］. 西安：陕西人民教育出版社，2007.

［22］罗宏才. 慈恩印象［M］. 上海：上海大学出版社，2009.

［23］卢辅圣. 中国书画全书［M］. 上海：上海书画出版社，2009.

［24］赖永海. 中国佛教通史［M］. 南京：江苏人民出版社，2010.

［25］丁福保. 佛学大词典［M］. 北京：中国书店出版社，2011.

［26］杨曾文. 隋唐佛教史［M］. 北京：中国社会科学出版社，2014.

［27］蒋维乔. 中国佛教史［M］. 长沙：湖南大学出版社，2014.

［28］汤用彤. 隋唐佛教史稿［M］. 北京：中华书局，2016.

［29］康寄遥. 陕西佛寺纪略［M］. 康正果，修订. 台北：秀威资讯科技股份有限公司，2019.

［30］景亚鹂. 西安碑林藏石中的佛寺文化［M］. 西安：陕西人民出

版社，2021.

［31］陈正奇，等. 大慈恩寺［M］. 西安：西北大学出版社，2021.

2. 论文（按发表时间排序）

［1］阎文儒. 西安大雁塔考［J］. 史学月刊，1981（2）.

［2］黄钟. 玄奘高足·百部疏主——唐代著名高僧窥基法师［J］. 五台山研究，1986（6）.

［3］白薇. 窥基法师［J］. 五台山研究，1991（4）.

［4］陈景富. 圆测与玄奘、窥基关系小考［J］. 南亚研究，1994（3）.

［5］梁丰. 玄奘题名石佛座考［J］. 中国历史文物，2003（6）.

［6］华方田. 中国佛教宗派——唯识宗［J］. 佛教文化，2005（3）.

［7］刘滔，刘明振. 大雁塔倾斜原因分析［J］. 工程地质学报，2007（15）.

［8］李裕民. 雁塔题名研究［J］. 长安大学学报（社会科学版），2010（2）.

［9］夏维中，杨新华，胡正宁. 南京天禧寺的沿革［J］. 江苏社会科学，2010（3）.

［10］杨剑霄. 唯识宗三祖慧沼生卒年考［J］. 佛学研究，2018（1）.

［11］郑宏伟. 论玄奘因明研究的历史地位［J］. 复旦学报（社会科学版），2018（2）.

［12］景天星. 丝路高僧：中外文化交流的使者［N］. 人民政协报，2018-9-20（008）.

后　记

我老家在陕西扶风，离"关中塔庙之祖"法门寺不足十公里；我现在的家在西安市翠华北路，其西为密宗祖庭大兴善寺，东南为法相唯识宗祖庭大慈恩寺和举世闻名的大雁塔，距两者的直线距离均不过两公里；无论是老家还是现在的家，周边的佛教氛围都比较浓厚。我母亲每年来西安小住的时候，若是赶上诸佛菩萨的出生、出家、成道、涅槃等佛教节日，我都会陪她去慈恩、兴善二寺拜拜佛菩萨。后来我养成了每晚绕大雁塔健步的习惯。每当经过大雁塔和慈恩寺遗址公园，就会心中叽咕：慈恩寺在唐代范围到底有多大？玄奘取回来的佛经藏在了哪里？大雁塔下面有无地宫？其实，每次只是想想，回家随便翻翻，以解心中疑虑，但并没有为此写一本书的打算。人总是会这样，经常见到的东西哪怕珍贵，也会反倒忽视掉。有句话怎么说，这叫"最熟悉的陌生'人'"。

2019年7月，当老朋友、老同事朱利民教授建议我写一本大慈恩寺与大雁塔的书的时候，我欣然同意了。缘分使然！朱教授只说要通俗兼学术，6万~8万字，再没有说其他。我知道，这是对我的信任。尽管我一直从事长安历史文化的研究，但是雅俗共赏类的书写的不多。再说大慈恩寺与大雁塔名气又大、地位又高，大书小书、长短文章不计其数，大人孩子人人知晓，虽然大多数人是知其名而不知其实，但要写好这样的书仍是一种挑战。

　　答应要写之后我一直在思考，如何才能将大慈恩寺、大雁塔的古今历史、佛教文化知识、玄奘取经译经以及佛法传播有机融入？如何让慈恩雁塔印象更深入人心？框架结构如何设置才会引人关注和阅读？我将这些想法与儿子张大兴交流，大兴正在陕西师范大学历史文化学院攻读博士，师从拜根兴教授学习隋唐史，就动员他合作撰写。大兴字写得工整，承蒙老母亲欣赏经常帮她抄抄佛经，久而久之对佛教的基本经文也有些接触与了解。或许这些也影响了他以后的专业方向选择。大兴本科专业学的是社会学，研究生的专业方向是日本史。2019年他曾作为交换研究生在日本奈良大学留学一年多，学习日本宗教史。其间参加过日本奈良府留学生文化交流会的日语演讲比赛，演讲的主题是关于中日文化交流内容，其中就涉及大慈恩寺与大雁塔以及法相唯识宗对日本佛教的影响，获得了演讲比赛第一名。我想这与他从小喜欢阅读中外历史书籍有关。大兴研究生的毕业论文《论日本天理教在华传教活动》，获校级优秀毕业论文，并被苏州科技大学推荐参评江苏省优秀硕士生毕业论文。我认为大兴具备学术写作的基本能力，经我鼓励，他便答应了。

　　接下来就是去大慈恩寺实地考察、调研。经西北大学李利安教授介绍，幸得大慈恩寺监院道弘法师开方便之门，大慈恩寺张志超先生热情地接待了我们，并提供了很多的便利和相关资料。撰写过程中，我们先后几次去大慈恩寺，随同专业讲解员虚心听取他们对钟鼓楼、大雄宝殿、东西配殿、三藏院等历史文化讲解，认真咨询、拍照。登上大雁塔，极目四望，南湖浩渺，终南巍峨，心境豁然开朗。在塔上，大兴告诉我，他有新的想法。结构不用章节用专题，如本书现有框架"一人一路一传奇""一寺一塔一典范""一法一宗一祖庭"和"一城一刹一宝藏"，让人眼前一亮。那段时间，我们跑图书馆、书店，而且认真阅读《四朝高僧传》《唐大慈恩寺三藏法师传》《大唐西域记》《大慈恩寺志》等相关资料。年轻人动起来，总让人感到欣喜与吃惊！

事情总是看起来容易，做起来难。尽管框架立起来了，但层次结构如何安排才能清晰新颖，内容如何设置才能突破传统？一次又一次地构架，一遍又一遍地调整，加上陕西师范大学张艳云老师从一个资深编辑的角度提供的建议和意见，使我们很快确定了大纲，感谢张老师的支持与鼓励！大兴与在河北清河工作的往届学生王博先生关系很好，写作中遇到困难或疑问，他会经常与我和王博探讨或请教，而王博总是很有耐心指导或点拨他一些写作的方法技巧。我们三人分工协作，经过一年多的努力，终于完成了初稿的撰写。

初稿完成后，送给陕西学前师范学院的穆渭生教授审阅。穆老师不仅对字词语句进行了修改、润色，还补充和完善了不少内容，且多是点睛之笔，使我非常感动。穆老师的严谨和对后辈的殷殷提携之情让人泪目。万分感谢！

修改完成后，成功入选2021年度陕西省社科著作出版资助项目（2021SKZZ026）；同时，也得到了西安文理学院经费支持。

人常说："一个好汉三个帮"！在此书即将付梓之际，我要对所有帮助与支持的朋友以及资助单位表示衷心的感谢！感谢朱利民教授的信任与鼓励；感谢陕西社会科学界联合会和西安文理学院科技处提供的出版资助；感谢陕西人民教育出版社提供出版机会，感谢道弘法师、张志超先生为我们的考察和研究给予的支持与帮助。感谢西北大学玄奘研究院院长、佛教研究所所长李利安教授冒着酷暑为本书赐序，不胜感激。此外，陈景富先生主编的《大慈恩寺志》与罗宏才先生所撰的《慈恩印象》，为本书提供了重要的素材；陕西人民教育出版社的贺金娥编审对本书的精编细校，付出了辛勤劳动，在此一并表示衷心的感谢！同时也要感谢著作的合作者张大兴博士和王博先生，你们辛苦了！希望张大兴能从这次工作中得到收获，在学术研究的道路上行稳致远！

金无足赤，书无完品。虽然我们尽了最大努力，但书中难免存在诸多不足，祈请方家斧正！

最后，期愿大慈恩寺香火鼎盛，佛音永驻！更期望四方的朋友常来西安，多到慈恩寺与大雁塔走走看看！

贾俊侠

2023 年 10 月 6 日